imaginist

想象另一种可能

理
想
国

imaginist

[英] 沈艾娣 著　赵妍杰 译

清代中国与大英帝国之间两位译者的非凡人生

The Perils of Interpreting

The Extraordinary Lives of Two Translators between Qing China and the British Empire

Henrietta Harrison

民主与建设出版社
·北京·

图书在版编目（CIP）数据

翻译的危险：清代中国与大英帝国之间两位译者的非凡人生 /（英）沈艾娣 (Henrietta Harrison) 著；赵妍杰译．-- 北京：民主与建设出版社，2024.7（2024.11 重印）

书名原文：The Perils of Interpreting: The Extraordinary Lives of Two Translators between Qing China and the British Empire

ISBN 978-7-5139-4634-6

Ⅰ．①翻… Ⅱ．①沈… ②赵… Ⅲ．①中英关系－国际关系史－史料－清代 Ⅳ．① D829.561

中国国家版本馆 CIP 数据核字 (2024) 第 112299 号

北京市版权局著作权合同登记号 图字：01-2024-3095

翻译的危险：清代中国与大英帝国之间两位译者的非凡人生

FANYI DE WEIXIAN QINGDAI ZHONGGUO YU DAYINGDIGUO ZHIJIAN LIANGWEI YIZHE DE FEIFAN RENSHENG

著　　者　［英］沈艾娣
译　　者　赵妍杰
责任编辑　王　颂
特约编辑　黄旭东
装帧设计　陈威伸
内文制作　陈基胜
出版发行　民主与建设出版社有限责任公司
电　　话　（010）59417749　59419778
社　　址　北京市海淀区西三环中路 10 号望海楼 E 座 7 层
邮　　编　100142
印　　刷　山东韵杰文化科技有限公司
版　　次　2024 年 7 月第 1 版
印　　次　2024 年 11 月第 2 次印刷
开　　本　880 毫米 ×1230 毫米　1/32
印　　张　12.5
字　　数　280 千字
书　　号　ISBN 978-7-5139-4634-6
定　　价　82.00 元

注：如有印、装质量问题，请与出版社联系。

中国人并不真的相信，特使们被派往他们宫廷，所怀的唯一想法是让他们更为便利地瞻仰天命所归的皇帝的圣德，尽管他们在官方的敕谕中如是说——他们在政治上绝非傻瓜。因此，如果我们很不幸地成功说服中国人相信通商并非我们的目标，他们会认为，征服将接踵而至。

——小斯当东，《中国杂论》，1821 年

我从未后悔承担了这项任务，可就连愚蠢透顶的人理解了其中的凶险后也会退避三舍。

——李自标，1794 年 2 月 20 日信件（传信部档案，罗马）

推荐序：历史是在语言中产生的

“历史是在语言中产生的”（In speech is History made）。这是美国人类学家马歇尔·萨林斯（Marshall Sahlins）在《历史隐喻与神话本相》中所阐述的重要观点，我想作为这篇序言的标题是再恰当不过了。* 因为摆在读者眼前的这本书，便是从语言的角度，考察早期近代中国和英国之间的沟通，来展示这两个帝国之间的交往和冲突。

1793 年马戛尔尼使华，是中英关系的一件大事，牛津大学历史教授沈艾娣最近一部专著《翻译的危险：清代中国与大英帝国之间两位译者的非凡人生》，从一个新的视角来解读这个事件，她把“目光从乾隆皇帝身上移开并转向在场的其他人”（第 3 页，以下凡引自这本书，皆只在文末注页码），便发现了马戛尔尼这次出使“新

* Marshall Sahlins, *Historical Metaphors and Mythical Realities: Structure in the Early History of the Sandwich Islands Kingdom* (Ann Arbor: University of Michigan Press, 1982), p. 5.

的意义”。

这里“在场的其他人”，便是参与使华的两个年轻人，李自标和小斯当东。他们的经历非常独特，都通晓多国语言，知识渊博，热爱彼此的文化。两人都曾在年幼时游历海外，因此更能理解对方的思维。沈艾娣以清朝与大英两个帝国的碰撞为背景，讲述了这两位译者的曲折故事，因此把这个专题的研究从那些世界舞台上纵横驰骋的政治精英，转向了大历史后面默默无闻的小人物，提供了一个从微观角度出发的全球史。

文化的误解？

在沈艾娣之前，不少学者对马戛尔尼使华进行过研究，其最有影响者，莫过于阿兰·佩雷菲特（Alain Peyrefitte）《停滞的帝国：两个世界的撞击》和何伟亚（James Hevia）《怀柔远人：马嘎尔尼使华的中英礼仪冲突》两本专著。* 而且这两本书，都不同程度地引起过争议。可以说《翻译的危险》是上述两书的进一步的发展，即从宏观走向微观；也就是从中心人物，走向边缘人物。审视这两本代表性的著作，可以帮助我们理解沈艾娣的这本新书。

佩雷菲特的视野是宏大的，他在书中的许多话，今天看来仍然很有真知灼见：“那些大的帝国都是由伟大的中央集权者建立的，

* 佩雷菲特：《停滞的帝国：两个世界的撞击》，王国卿等译，生活·读书·新知三联书店，1993 年；何伟亚：《怀柔远人：马嘎尔尼使华的中英礼仪冲突》，邓常春译，社会科学文献出版社，2019 年。（何伟亚一书采用“马嘎尔尼”的译名，本书采用“马戛尔尼”）

是他们把那无形的黏土塑造成形的……但没有一个国家能比孔夫子和秦始皇建造的中华帝国更为巩固了。在这帝国里，一切都为了能持久存在，为了国家的强盛而安排得井井有条。个体的作用越来越小，只有在集体里它才能显得完美，这几乎带有宗教的色彩。每个人都镶嵌在一个等级体系中。所有人都得接受共同的价值，个人意识则被磨得平整光滑。"[*]但是他这段话中有一点我不认同，在我看来，中华帝国看起来似乎很强大，虽然幅员辽阔和延续的时间很长，但是频繁的从盛到衰所引发的王朝更迭，给人民带来了无数的灾难，说明它一点也不稳固。

对于英国来到中国，佩雷菲特总结是"世上最强大的国家"面对"天下唯一的文明国家"。英国人已把贸易做到了前所未有的水平，坚信通过贸易，买卖双方都能获利，"犹如两个情人，每人都不可能独自获得只有对方才能给予的满足"。然而，中国对商人蔑视，对经商极不信任，对西方拒不接受，"尽管国内的市场经济相当发达，对外贸易却被官僚政权的控制和垄断所扼杀"。所以，英国派使团到中国，"是自由贸易文化最发达的国家和对此最无动于衷的国家之间的相会"。[†]

在佩雷菲特看来，马戛尔尼使华的失败"孕育着以后两个世纪里的对抗：西方与远东的文化冲突；工业国与第三世界的冲突"。似乎也是因为彼此之间错误的交往方式，"如果使臣以另一种方式

* 佩雷菲特：《停滞的帝国：两个世界的撞击》，第 625 页。

† 佩雷菲特：《停滞的帝国：两个世界的撞击》，第 2—4 页。

提出建议，如果皇上以另一种方式处理这些建议，中国可能不必以世界为之震撼的方式苏醒过来：世界可以使这个国家更有创造力，使它进步得更快”。所以佩雷菲特认为，全世界都为这种“一方面的狂妄自大与另一方面的骄傲自满相对抗”的交往方式买单，结果却是“人类失却了难以估量的财富，这些财富只能随同没有发生过的历史永远埋藏在地里”。* 如果我们拿佩雷菲特的话来审视今天的中西关系，可以给我们许多的警示。

不过，佩雷菲特提出的这种假设，这种错误的交往方式是不是不可改变的，则是值得讨论的。正如何伟亚所指出的，其实双方都是按自己的逻辑在行事。虽然《怀柔远人》在研究对象上与《停滞的帝国》类似，但是提出和解决的问题却非常不同。何伟亚在结论部分提到：1993 年在承德召开了“中英通使二百周年学术讨论会”，有来自中国、英国、美国、法国和德国的学者。会议上，佩雷菲特强调清代的“闭关”政策，乾隆皇帝的保守和中国的落后，并得到了大多数与会中国学者的认可。何伟亚指出，这种观点暗示了，对中国来说，“使团来华是一个未能抓住的机会。如果清廷有足够的远见卓识，就会打开国门，接纳欧洲技术和资本主义。这样，中国与西方之间的差距就会在 19 世纪大大缩小”。这种观点似乎为当时中国的改革开放提供了一个历史启示，那就是“中国一定不能重蹈清廷的覆辙”。† 在那次会议上，佩雷菲特最严厉的批评者，是来自

* 佩雷菲特：《停滞的帝国：两个世界的撞击》，第 622、638 页。

† 何伟亚：《怀柔远人：马嘎尔尼使华的中英礼仪冲突》，第 278 页。

美国约翰斯·霍普金斯大学的罗威廉（William Rowe）。他以“最强的措辞”与佩雷菲德进行了交锋。[*] 从最近三十年西方关于中国历史研究的进展来看，所谓“停滞的帝国”已经几乎没有学者认可了。但是，在我看来，佩雷菲特在书中的许多观点，今天看来仍然是发人深省的。

可以说，何伟亚的《怀柔远人》完全从一个不同的角度，对中英之间的冲突进行了一个全新的解读。他提出这样的问题：“如果欧洲与亚洲的接触，不是被看作生机勃勃的扩张性的西方与停滞的闭关自守的东方，而是被视为两个扩张性的帝国——大英多民族帝国和满族多民族帝国的相遇，那么，自马戛尔尼使团之后的清英互动又该是什么样呢？”[†] 为了回答这样的问题，何伟亚分别考察清朝与英国对这次出使的叙述，强调双方实际操作模式与观念框架的距离。通过对帝国主义和殖民主义理论与实证的研究，来“重新评价清帝国与英帝国的相遇”。他运用萨义德（Edward Said）《东方学》的概念来分析学术界关于“中国”和“西方”的表述，挑战那些模式和理论框架。实际上，何伟亚的研究是把这个课题“置身于与后殖民主义研究和中国研究的对话之中”。[‡]

---

* 见罗威廉：《驳“静止论”》，收入张芝联、成崇德等编《中英通使二百周年学术讨论会论文集》，中国社会科学出版社，1996 年。罗威廉对“停滞论”的驳斥和大量实证还反映在他为《剑桥中国史》第 9 卷（清史卷）所撰写的长篇“社会稳定与社会变化”（Social Stability and Social Change）一章中（Willard J. Peterson ed., *Cambridge History of China, Vol. 9: The Ch’ing Dynasty, Part 1: To 1800*, Cambridge University Press, 2002, chap. 9）。

† 何伟亚：《序言》，《怀柔远人：马嘎尔尼使华的中英礼仪冲突》，第 ii 页。

‡ 何伟亚：《怀柔远人：马嘎尔尼使华的中英礼仪冲突》，第 2、8 页。

正是在这样一个学术背景之下，沈艾娣《翻译的危险》的出版，把马戛尔尼使华的这个涉及两大帝国宏大问题的研究，引向了更微观的层次。这本书是沈艾娣在其《传教士的诅咒》一书之后，对西方传教士在华活动进一步的追溯。*《传教士的诅咒》以山西一个小村庄为叙事中心，讲述从17世纪到20世纪下半叶天主教如何把这个落后乡村与外部世界联系在一起，以及外部世界的变化如何影响到中国农民的日常生活和精神生活的故事。而《翻译的危险》则聚焦早期中英交往，把扮演翻译角色的李自标和小斯当东放到中西外交的大背景中，展现出中国怎样与世界发生联系。清朝限制对外接触的政策，深深影响了李自标和小斯当东的人生。“这些政策属于更大范围内中国人看待世界方式的重塑”（第7页）。他们的人生经历，可以帮助我们理解这些变化，使得我们能够观察到国与国交往的机制及其理解和误解。

漫长的道路

从封闭的甘肃凉州，去那不勒斯求学，到承德见到乾隆，对李自标来说是一条漫长的道路。李自标祖上是最早皈依基督教的家族，也因为天主教会的全球网络而远赴欧洲。1771年，中国籍传教士郭元性声称受到教廷征召，要去罗马，李自标便被交给了郭元性，随他一起去那不勒斯，此时他只有十一岁。他们要走海路，从甘肃启

* 沈艾娣：《传教士的诅咒：一个华北村庄的全球史》，香港中文大学出版社，2021年。

程到澳门，就走了一年。从澳门转海路，1773 年李自标方抵达那不勒斯时，年十三岁。他在这座城市里长大，接受了古典欧式教育，学习拉丁语、修辞、哲学和神学。18 世纪的那不勒斯是欧洲的大城市之一。他在那不勒斯居住近二十年，达到了成为传教士的各项要求，能讲流利的拉丁语、意大利语和汉语，通晓欧洲文化，并在法国大革命中游历欧洲。

在马戛尔尼访华的时候，李自标为其充当翻译。那个时候，中英之间在贸易、宗教、金融方面已经有不少的交流，李自标的幼年经历，可以说是一个典型的代表。自从使团登岸后，李自标成了唯一的翻译，而马戛尔尼的随员达百人之多，个个都充满好奇和问题。马戛尔尼到承德觐见乾隆，是出使的高潮，“这也是李自标策划已久的时刻，一个甘愿以身涉险也要为中国基督徒谋福的时刻”（第 123 页）。在此之前，清朝官员不断说服马戛尔尼行叩首礼，还亲自演示了动作。马戛尔尼反复拒绝，官员们转而向李自标施压，李自标则小心答复说，只会按照马戛尔尼的指示行事。在李自标的眼中，他的任务是传达和解释马戛尔尼的意思，“并通过劝说来达到可以接受的方案”（第 119 页）。当马戛尔尼面见乾隆时，讲的是意大利语和拉丁语，由跪在他身后的李自标翻译成汉语。

翻译所留下的记录，有着重要的历史价值。由于李自标并未做笔记，他不可能逐字逐句记住马戛尔尼所讲的话。李自标的角色已经超出了一个翻译的角色，他“更像是谈判者”。他并非单纯把一种语言转成另外一种语言，而是有不少自己做主的空间，“最明显的是他把一条自己的主张塞进了商谈之中”。李自标在翻译中夹带私货时，显然不是忠于英国或者中国，而是“以天主教徒的身份行事的”（第 9—10 页）。而马戛尔尼选李自标做翻译，很大程度上是由于自己在替英国政府办事，所以要避免用与东印度公司有联系的译员。

从李自标的视角来看，此次出使并没有失败，哪怕英国没有达到原本的目标，但是双方的谈判却是有意义的。李自标在之后写道，“只有愚蠢透顶的人才会承担如此危险的任务”（第 293 页）。口译员在 18 世纪末和 19 世纪初的中英外交背景下，面临着危险，但是又有着强大的力量。通晓外语的人，一直不受到政府的信任，在中国近代几乎是一个普遍现象，留下了许多令人唏嘘的故事。在鸦片战争中，负责谈判的清朝官员“宁可接受他们憎恶的英国翻译，也不愿任用能讲英语的中国商人及其雇员”。沈艾娣认为，其实“当时的中国有为数不少的人对欧洲知之甚多，但是英国的威胁让拥有这些知识变得危险，因此便无人愿意显露”（第 10 页）。这个观点在今天是令我们深思的。

“中国通”的艰难里程

马戛尔尼的副手叫乔治 · 伦纳德 · 斯当东，是耶稣会教徒，热衷于科学发现，信奉卢梭，支持不久前爆发的法国大革命，也是马戛尔尼的老朋友、秘书和亲信。小斯当东生于 1781 年，在他的成长过程中，“英国在印度的势力得到扩张和巩固，这重塑了整个已相互连接起来的世界”（第 5 页）。老斯当东决定让儿子从一开始就将拉丁语作为一门口语来学习，他父亲同他讲话时全部使用拉丁语，这在当时是一种非同寻常的做法。面见乾隆时，也带在身旁，当时仅十二岁。小斯当东居然能听懂中英两边的对话 ，这是因为他父亲从他三岁起就开始教他讲拉丁语，很小就开始学习汉语。可能乾隆也觉得这个小孩不简单，解下腰间的黄色丝绸荷包赏赐给他，他也用汉语致谢。

回到英国后，马戛尔尼因为没能达到目的而广受批评，但是老斯当东对未来再次派出使团保持乐观。因此，他继续让小斯当东学习汉语，花费了许多时间，当小斯当东后来返回中国时，他的汉语水平已经能够口译以及笔译。1804 年，他便乘船返回中国。小斯当东和皮尔逊合写《英吉利国新出种痘奇书》，由小斯当东在两个中国商人的协助下翻译出来。这在当时可能是一件小事，但在今天看来，却是拯救无数生命的大事。也正是这些商人，教他采用能够为清朝官员所接受的格式。他的书面翻译也远较口头翻译更为成功，但他从事翻译时尚无一本汉英字典，因此必须通过口语来学习。

他与马礼逊也有了许多交往。马礼逊受新教传教运动的激励而来到中国。他曾在伦敦学习汉语，小斯当东帮他找到一位天主教老师，两位年轻人年纪相仿，有许多共同的兴趣。小斯当东和马礼逊都知道，要在一种文化中把另一种文化的观点表达出来，所遭遇的问题是很复杂的。两人曾在东印度公司共事，完全了解翻译的难度。在对待翻译的态度方面，两人颇为不同。小斯当东能讲数门欧洲语言，在孩童时曾通过对话来学习拉丁语。他很少去寻找与某个英语单词一一对应的汉语字词，认为即便在欧洲语言之间严格的同义词也是罕见的，“两个国家距彼此愈远，两国的习俗和品性则应当愈加不同，两国语言中严格同义的词语当然也就越少”（第 198 页）。他通常的做法是先掌握整体的意思，然后将其以一种能够为听众所接受的方式传递出去。

对比之下，马礼逊则是从语法书里学习拉丁语，为了翻译《圣经》而学习汉语。他坚信，对于这一神圣的文本，“释义是不能接受的”（第 198 页）。在接手这一任务的初始阶段，他便开始编写历史上的第一本汉英词典《华英字典》。马礼逊影响了 19 世纪后期的许多译者，不少人早期在东印度公司时受到他的训练，后来更多的人则是使用他的字典。应该特别提到的是，马礼逊墓在澳门，我多次带来访的朋友去瞻仰。每次都会感叹，他在那里沉睡快三百年了，比他埋在内地的绝大多数被挫骨扬灰的同侪们幸运，没有受到打扰。棺木依旧，石板上的字，仿佛在诉说着后面的历史。

小斯当东还参加了一些解决外交纠纷的谈判。1807 年，一艘名为“海王星号”的商船上的五六十名醉酒水手，在岸上同当地人斗殴，一个当地人死亡。清朝官府要求英国人交出凶手，但英国方面拒绝了。商船已经到了要离开的时间，贸易每暂停一天，航行的风险和金钱的损失便增加一分。在漫长的交涉中，小斯当东一直充当翻译。双方都颇为紧张，小斯当东也没有仅仅做一个翻译，而是利用他的中国法律知识，成为介入这一事件的重要人员。经过艰难的交涉，双方决定联合审理英国船员肇事一案，这也成为小斯当东一生中最为自豪的成就之一。其实，这次联合审案更多是象征性的，最终编造出一则故事来结案：一位英国船员失手从窗户上掉落物品，不幸砸中受害者致死。被认为责任最大的人交由英方看管，直至遣回英国。

这年夏天，小斯当东开始潜心翻译清朝的法典，即文本近三千页的《大清律例》，不过他决定略去大部分的判例。在小斯当东看来，此书不仅是一部法律指南，更是对清朝政府运作机制的描述 。在扉页上，他引用了古罗马政治家、哲学家西塞罗的话 ："国家的思想、精神、战略以及思维方式全都蕴含于法律之中。"（第 190 页）小斯当东成为一位多产的作家，出版 17 本书。但是他烧掉了几乎所有的书信，仅保留了他儿时访华时的日记，他母亲也留下了他从中国寄来的信件。这些材料又引出了其他材料 ，如李自标胞兄在清军的履历文件、小斯当东友人李耀在广州狱中所写的信等等。这些资料都为沈艾娣重构历史提供了依据。

挖掘被遗忘的历史

在历史事件中，只有那些中心人物的记录保留了下来，连篇累牍地被人们津津乐道，而那些参与其中的小人物，很快就消失在历史的长河中。但是，他们的踪迹，经常藏在什么地方，等待历史学家去挖掘。

史景迁《胡若望的疑问》讲了一个广东人去法国的故事。在李自标赴意大利差不多半个世纪之前，1722 年，一个广东人胡若望去了法国，被关在疯人院两年多，四年后才回到了广州。史景迁把他从各种档案中挖掘出来，还原了他令人惊奇的经历。他十九岁就皈依基督教，去法国之前只是教会的一个看门人，他受过中国传统教育，但是没有获取过任何功名，不懂任何欧洲语言。他之所以来欧洲，只是由于一个传教士需要一个中国助手，在漫长的旅程有个陪伴，练习中文口语，并帮他抄写一些中文书。哪知道他在漫长旅途中精神便出了问题，并拒绝与那位传教士一起前往罗马。传教士之后把他安置在一家医院精神病患者的病房，一住就是三年，后来终于回到家乡。[*]胡的西方之行，是完全的失败，但也是一个意外，而更多的中国人去海外扩展了他们的眼界，半个世纪以后到达欧洲的李自标，就是一个最好的事例。

同样，许多来华的西方人，也有许多的传奇故事。例如在萨拉·罗斯（Sarah Rose）的《茶叶大盗》里，就是讲英国人罗伯特·福钧（Robert Fortune）受东印度公司的委托，把中国的茶种和茶树偷到了印度进行培植。谁也没有想到的是，1849 年 5 月，当福钧在云雾缭绕的武夷山奔走的时候，改变世界的序幕便徐徐拉开，短短二三十年，世界茶叶贸易的重心就从中国转移到了英国的殖民地。[†]这个研究提供了从微观入手的小故事，怎样可能与全球剧变的大问题关联的经典案例。福钧在 1853 年出版的两卷本《两访中国茶乡》，是我 20 世纪 90 年代研究茶馆的常读书。[‡]没有想到的是，多年以后，罗斯在大英图书馆藏的东印度公司档案中，挖掘出福钧致东印度公司的

* 史景迁：《胡若望的疑问》，陈信宏译，广西师范大学出版社，2014 年。

† 萨拉·罗斯：《茶叶大盗：改变世界史的中国茶》，社会科学文献出版社，2015 年。

‡ Robert Fortune, *Two Visits to the Tea Countries of China*. 2 vols. London: John Murray, 1853.

大量信件，把缺失的历史碎片精彩地拼接在了一起。

档案的挖掘往往让我们发现那已经被埋没的历史，提供了许多有血有肉的细节。沈艾娣这项研究使用了拉丁语、中文和英语档案，她对手稿的研究表明，清朝宫廷和马戛尔尼使团都试图改变他们的叙述，以便向其国内的听众呈现满意的叙述。她分析关于磕头的争议，让我们了解到，马戛尔尼更担心他回去后英国公众会如何看待他的行动。双方都明白对方对自己形象的维护需要怎么说，并对文字的记录做出必要的调整。

在沈艾娣严谨的研究和生动的描述下，李自标和小斯当东的故事，就这样展现在我们的眼前。李自标将他参与马戛尔尼使华的活动，写信报告给那不勒斯书院和罗马教会。马戛尔尼使团访华中，李自标的表现令人满意，马戛尔尼和老斯当东都力争让李自标随他们一起返回英国，并许诺在伦敦为他找一份差事。但是，抵达澳门之后，李自标被教会派往中国北方，返回他的老家甘肃。但是半道上，教会指示李自标不要去甘肃，转而继续北上进入山西。所以，李自标穿过黄河以及陡峭的太行山，最终到达潞安（今长治）。他一直躲躲藏藏，并改姓梅，寄居在教徒的家中。直到 1797 年，李自标试图回甘肃探亲，但白莲教席卷而下，所到之处皆遭焚毁，哀嚎遍野，满目疮痍，只好放弃了返乡计划。在山西，他建立了一个捐款人的团体，和这些人都保持着紧密的联系。这个由十二人组成的团体每月见一次，一起进餐、谈教义或行善举。逐渐形成了一个社群，在李自标去世后继续活动，19 世纪 40 年代依然存在。

李自标定期给罗马的传信部、那不勒斯书院的院长和中国学生写信，也给他的朋友写信，包括与小斯当东之间都保持着联系。嘉庆对天主教严加镇压，欧洲传教士也被驱赶殆尽，李自标只得隐匿起来。他面临着政治压力和文化冲突，不仅需要应对英国人对中国文化的误解和偏见，还要应付清朝政府对他的监视。而小斯当东哪怕深入研究中国文化，也面临极大的困惑和挑战，需要克服语言障碍，理解中国文化的深层含义，并将其准确地传达给其英国听众。信件是用拉丁语和意大利语写就的，也曾用汉语写信。交流是缓慢和需要等待的，收到回复需要至少两年的时间，许多信件被延误甚至遗失。有时候，李自标在数年间未能收到来自欧洲的任何信件。在中国的腹地，与外部世界隔绝，但李自标却仍然关心着欧洲的朋友们。

他在山西中部有众多票号的祁县建立了一所神学院，每年都去那里教书。这是一个大宅子，有给学生的房间、一间礼拜堂和一个花园。其余的钱则拿去做投资，用于老师和学生的生活开支。1801年，小斯当东回到广州，他给李自标写了一封信，还附上一封来自马戛尔尼的信件，询问他在甘肃的家人近况如何。李自标颇为感动，并做了回复。后来，当老斯当东辞世时，李自标也致信马戛尔尼致以哀悼。

克服沟通的困难

李自标和小斯当东对中国和英国之间的相互联系，有着共同的信念，都通过尽量减少差异和强调共性，来解释另一种文化，取得双方都能接受的结果。语言障碍仍然是文化障碍，他们在使团与清官员的交往中，一直追求调解的目标，两人都尽量减少差异，拉近两国人民的距离，促进沟通，分享经验和价值观。特别是小斯当东，他是东印度公司的语言专家，作为汉学学者、公众人物和作家，有着漫长的职业生涯，一直持续到 19 世纪 50 年代。他一直以温和的态度，在与中国的关系中寻求理解。

中国和英国的接触，“并不是初次相遇的文明之间发生的冲突，而是早期现代世界全球联系日益密切的结果”（第 4 页）。李自标和小斯当东生活在 18 世纪，“他们翻译的方式也反映了当时的世界”。在为马戛尔尼使团翻译时，李自标竭力缩小分歧，“最终让谈判能够取得成功”（第 291 页）。清朝和大英代表了两种不同的政治制度、文化和价值观念。因此，在交往的过程中，双方都需要在两个文化之间寻找平衡点，参与历史的人物，都要为其使命服务。在这样的使命中，翻译是一项非常困难的任务，因为他们需要在不同的文化背景中转换思维方式，理解并传达两个文化的精神内涵。此外，两位译者还面临身份认同的困扰。他们既是自身文化的一部分，又是另一种文化的传播者。在这个过程中，他们经常会面临对自己的忠诚和立场的质疑，这种身份认同的困扰，给他们带来了巨大的压力和挑战。

在翻译的实践中，不仅取决于个人的语言技能，也关乎文化的取向。中文词语有争议的“夷”字，英语翻译为“barbarian”（野蛮人），中国人简单地翻译为“外国人”或少数民族。“礼物”和“贡品”，既有不同的意思，也包含复杂的内容。以及将 God 翻译为“上帝”,里面都隐藏着许多政治、宗教和文化的因素。小斯当东认为“词语不过是思想的符号”（第 280 页），期望任何汉语词汇能够完整且正确地传递英语中“上帝”一词的概念，是不可能的。

马戛尔尼使华普遍被认为是一场失败，因为所有英方的谈判目标都没有达成，但这并非李自标评判成功的标准。他的目的则更加平衡，即得到一个让双方都能接受的结果。马戛尔尼离开时已经计划再次使华，这就可谓成功。马戛尔尼使华之后的数年，大英帝国在巩固了对印度的控制后，进入了一个新的阶段，这也深刻影响了他们对中国和中国人的看法。同一时期，欧洲国家之间的外交关系也由于法国大革命而改变。沈艾娣指出是“基于平等主权国家之间的外交这一现代理念开始生根发芽”（第 7 页）。

清朝对英国的缺乏了解，给中国带来了严重的问题。1839 年，钦差大臣林则徐被派往广州，打击鸦片走私。令人不可思议的是，尽管已经有了长期的交往，林则徐被认为是中国最早“睁眼看世界”的人，竟然向皇帝上奏称，英人“其腿足裹缠，结束紧密，屈伸皆所不便，更无能为，是其强非不可制也”。沈艾娣指出，“在同欧洲人密切接触两个世纪之后，这种荒唐的说法居然出现在关键的决策过程中。一种可能的解释无疑是中国精英历来崇仰本国文化而轻视他国文化，这也是长期以来的论调”（第 11 页）。不过，从李自标和小斯当东以及他们生活的世界和时代，本书也告诉我们，不能简单地认为彼时的中国人对西方一无所知。

国与国之间的紧张关系，导致了许多周旋在两国之间的人们艰辛曲折的经历。不过，李自标和小斯当东却又是幸运的，两人都以高龄辞世。即使他们的独特经历和本领“无人赏识，但至少他们都能苟全性命，未遭流放”（第 295 页）。长期以来，中西方的冲突被解释为缘自清廷对外部世界的无知，是古老的朝贡体制在近代国际关系中遭遇的危机。19 世纪，英国为开战寻找理由，也是使用的这一观念。这种历史解释，随着中国民族主义者的反清宣传，以为革命的合法性进行论证，“于是更是将这一理念嵌入中国近代的国家历史之中”（第 6 页）。

翻译在两个大帝国之间的外交和贸易中，扮演着举足轻重的角色。两个帝国本身不断变化的国际国内政策，造成持续地跨文化碰撞。关于对方的知识可以获得，但也可能被遗忘或丢失。早期近代的中英关系，可以说是体现了国与国、文明与文明之间会出现的所有的矛盾和冲突。从商业贸易，到文化交流，然后到战争爆发……中国的大门被西方所打开，给中国带来了一个复杂的后果。在这个过程中，绝大多数人的故事已经永远地被遗忘了，所以要感谢沈艾娣教授，把埋藏在历史深处的生动故事挖掘出来，对我们理解过去中西交往的历史以及怎样处理中西方关系，都提供了一个非常杰出的样本。

王笛

2024 年 5 月于澳门

中译本序

《翻译的危险》一书的中译本即将与中国读者见面，我非常欣喜。罗马天主教廷档案中存有李自标的信件，信中讲述了他作为一名中国人在18世纪穿越欧洲的旅途，从发现这些信件的那一刻起，我就一直确信中国读者会为他的故事所吸引。

此外，李自标的信件还将我们带至英国首个访华使团的事件中心，这一事件在英国和美国都广为人知，但是在中国可能更是家喻户晓，中国读者应该都在课堂上学过。使团中还有在孩童时就学习汉语的小斯当东，随着他的故事，本书延伸至广州贸易的黄金时代并收尾于鸦片战争前的辩论。这本身也是一个为中国读者所熟知的故事，但是通过聚焦于李自标和小斯当东，又变得有所不同。这不再是一个由马戛尔尼勋爵、乾隆皇帝和林则徐占据主角的故事，我们转为透过译员的视角来观察，所以有别于一场文明的冲突或者一个同外部世界隔绝开来的大清帝国，这成为关于彼时的欧洲和中国之间所存在的友情和联结的故事。

除了看到一个新的讲述中国近代史的方式，我希望这本书也能够吸引众多曾经在海外游历、学习和生活的中国读者，因为这是曾经和他们有相同经历的一代人所留下的故事。中国留学生的故事通常被理解为始于容闳、美国传教士和洋务运动，但是在此很久以前就已经有中国人在欧洲学习。那不勒斯的中华学院创办于 1732 年，当十三岁的李自标于 1773 年到来时，共有十五名中国学生在此学习成为神父，同时还有一群来自奥斯曼帝国的学生，而学院的本地学生则主要来自那不勒斯的贵族和精英阶层，他们因为学院提供出色的人文教育慕名而来。同后来的许多代中国留学生一样，这些幼童和青年都需要学习一门新的语言（对他们而言是拉丁语），并使用这门语言开展学业。李自标到来的时候年纪尚小，便掌握了近乎完美的拉丁语和意大利语，在宗教培训中他们还学习了希腊语和希伯来语。与后来历代出洋学习的中国学生一样，尽管置身海外多年，但他们始终没有忘记故土，也经常思乡，一位已经归国的年长的同学还给李自标寄来了一首诗鼓励和宽慰他。这些中国人时刻记挂故乡，但他们也结下了超越国界的友谊。李自标的年纪比其他中国学生都小得多，而他最好的朋友是一位和他年纪相仿的意大利男孩——瓦雷梅赞公爵的继承人乔瓦尼·马里亚·博尔贾。我所遇到的最令人动容的一份档案是李自标写给博尔贾的一封信，写信时他藏身于山西的一座小村庄，且已是风烛残年，信中讲的却是他们年少时相互交织的灵魂。在使华之后，小斯当东于十七岁时返回广州，就职于东印度公司，为了能够从事翻译，他学习并提升了汉语能力，同样也同许多华人结为好友。实际上，正是这些友人使得他在尚没有汉英词典的时候就能够开展《大清律例》的翻译工作。

许多出国留学的中国读者会有口译的经历，至少是在非正式的场合。他们会天然地理解本书的一个主要论断，即翻译在塑造所要传递的信息时所具有的重要性以及这在谈判中所发挥的作用。在亚洲，翻译研究以及口译的历史是重要的学术领域，针对这一主题的许多重要研究都用汉语书写。在本书中，我主要关注口头翻译，但这是一个远早于留声机的时代。我希望能够将读者带离那种翻译职业化的叙事，因为这指向的是精准无误、不偏不倚的译文，相反，我希望读者转而将翻译视为总是复杂且不完善的，而口译——特别是在外交中——总是有其特定的社会和政治语境。正是如此，那些做过口译的人会更加容易理解和接受此事。而这种情况也给口译者赋予权势，但这也会将他们置于潜在的危险当中，这也是书名“翻译的危险”的由来。

为了从事这项关于译员及其生平故事的研究，我使用了一些中国学者无法轻易获取的档案材料，并将它们同我在电子数据库中所能够找到的史料联系起来。长久以来，天主教会都是一个全球性的机构，其档案虽使用多种语言，但主要是欧陆的语言，直到20世纪末期之前都很少使用英语。现存的李自标的信件乃是用拉丁语和意大利语写就，对这个故事感兴趣的翻译史学者或许未曾读过这些信件。我随即使用网络搜索来追踪那些我辨认出来的人物。例如，罗马的档案中有一封意大利语信函提到李自标的兄长李自昌，我也找到了他名字和军衔。随后通过电子数据库，我在《平台纪事本末》中找到了与李自昌相关的材料，此前从未有人想到这一材料会与马戛尔尼使华有关联，同时在北京的第一历史档案馆中也有相关的材料。为英国人担任翻译的李自标和他的这位兄长之间的关联也成为我就马戛尔尼使华所发掘的最为精彩的故事之一。

我也感到很有必要摆脱那些已经发表的档案汇编，它们在很大程度上都有所取舍，而且深刻地影响了我们对历史事件的理解。关于使团的档案有民国时期故宫博物院的中国学者刊印的《掌故丛编》，其中强调了清朝拘泥于叩头仪式而忽略了军事防御，还有差不多同期出版的马士（Hosea Ballou Morse）的《东印度公司对华贸易编年史》，在这些文献中，这一问题显得尤为突出。有别于此，我使用了北京中国第一历史档案馆于 1996 年所刊印的《英使马戛尔尼访华档案史料汇编》中的全部档案，也通读了现存于大英图书馆的印度事务部档案中所录的中国商馆档案 [Adam Matthews 出版社于 2019 年在网上发布了《东印度公司：中国、日本及中东的商馆档案》（*East India Company: Factory Records for China, Japan and the Middle East*）]。

最后，我也想向来自中国社会科学院的译者赵妍杰表达衷心的感谢。多年以前，她翻译了我之前的作品《梦醒子：一位华北乡居者的人生》。她在译文中所展现的“信”和“雅”以及她本人作为一名备受尊重的历史学者所体现的认真负责，让那本书广受中国读者的欢迎，我相信《翻译的危险》一书也能获得同样的认可。

沈艾娣

2024 年 4 月 25 日于牛津

人名表

凉州李家

李自标，又称李雅各（Jacobus or Giacomo Ly）、梅先生（Mr Plum）、梅雅各（Jacobus May or Mie 乜）

李方济，李自标之父

李自昌，李自标之兄，清朝军官

李炯，李自昌之子，儒生

麦传世，原名 Francesco Jovino di Ottaiano，传教士

戈尔韦的斯当东家

小斯当东，原名乔治·托马斯·斯当东（George Thomas Staunton）

老斯当东，准男爵乔治·伦纳德·斯当东爵士（Sir George Leonard Staunton bart.），小斯当东之父

简·斯当东（Jane Staunton），娘家姓柯林斯（Collins），小斯当东之母

约翰·巴罗（John Barrow），小斯当东的数学老师，后成为海军部秘书

伊登勒（Johann Christian Hüttner），小斯当东的古典学老师

本杰明（Benjamin），为照顾小斯当东而购于巴达维亚的一名奴隶

阿辉（A Hiue），一名被带到英国同小斯当东讲汉语的男孩

吴亚成（Assing 或 Ashing），曾用名吴士琼，随斯当东一家于 1794 年来到伦敦，后来投身贸易

彼得·布罗迪（Peter Brodie），老斯当东的朋友，后来娶了简的妹妹**萨拉**（Sarah），他们的孩子中有医生**本杰明·柯林斯·布罗迪**（Benjamin Collins Brodie）和律师**彼得·贝林杰·布罗迪**（Peter Bellinger Brodie）

托马斯·登曼（Thomas Denman），小斯当东的一位表亲，后来成为首席大法官

乔治·林奇（George Lynch），小斯当东的继承人，以及其他信奉天主教的林奇家族的爱尔兰表亲

清廷

乾隆帝，1736—1795 年在位

嘉庆帝，1796—1820 年在位

道光帝，1821—1850 年在位

和珅，乾隆宠臣，掌管帝国财政

福康安，一位成功的将军，其弟为**福长安**

徵瑞，一位与和珅交好的税务专家

松筠，一位恪守儒家道德的蒙古族边务专家

梁肯堂，直隶总督，他的两位僚属盐政官员**乔人杰**和武官**王文雄**曾陪同**马戛尔尼**使团

和世泰，嘉庆帝的妻弟

苏楞额，一位长期在内务府供职的官员

广惠，阿美士德使华时徵瑞的继任者

张五纬，阿美士德使华时乔人杰的继任者

林则徐，1838 年被派去查禁鸦片贸易的钦差大臣

袁德辉，一位英文和拉丁文的翻译

两广总督：**郭世勋**，经办了通报马戛尔尼使华一事；**长麟**，贵族，**吉庆**是他的表亲；**吴熊光**，曾处理1808年英国占领澳门一事；**蒋攸铦**，为人谨慎

英国人

国王**乔治三世**，1738—1820年在位，但是自18世纪80年代起便患有严重的精神疾病，于是在1810年由其子任摄政王代替，即后来的**乔治四世**

威廉·皮特（William Pitt，小威廉·皮特），首相，以及他的外交大臣**亨利·邓达斯**（Henry Dundas）

乔治·马戛尔尼（George Macartney），利萨诺尔伯爵，1793年担任英国首位出使中国的特使

简·马戛尔尼（Jane Macartney），马戛尔尼之妻，布特伯爵之女，虽已失聪但是在政治上颇为活跃

爱德华·温德尔（Edward Winder）、**约翰·克鲁**（John Crewe）及**乔治·本森**（George Benson），马戛尔尼的爱尔兰亲戚

额勒桑德（William Alexander），青年画家

威廉·皮特·阿美士德（William Pitt Amherst），蒙特利尔的阿美士德男爵，带领了1816年的访华使团

亨利·埃利斯（Henry Ellis），白金汉郡伯爵的私生子，陪同阿美士德使华

亨利·约翰·坦普尔（Henry John Temple），以**巴麦尊勋爵**之名为人所知，外交大臣

义律（Charles Elliot），鸦片战争期间驻广州的商务总监督

天主教会

郭元性，又名 Vitalis Kuo，李自标父亲的朋友

郭儒旺，（Giovanni Kuo，别名 Camillus Ciao），郭元性之侄

李自标在那不勒斯的同学：**严宽仁**（Vincenzo Nien）、**柯宗孝**（Paulo Cho）、**王英**（Petrus Van）和**范天成**（Simone Fan）

真纳罗 · 法蒂加蒂（Gennaro Fatigati），那不勒斯中华书院院长

乔瓦尼·马里亚·博尔贾（Giovanni Maria Borgia），瓦雷梅赞（Vallemezzana）公爵的独子，李自标的朋友

詹巴蒂斯塔 · 马奇尼（Giambattista Marchini），掌管澳门中国传教团财务

锡拉巴（Lorenzo da Silva），一位法国遣使会传教士在澳门的仆人，能讲多种语言

索德超（José Bernardo d'Almeida），居住在北京的葡萄牙前耶稣会士

刘思永（Rodrigo de Madre de Dios），澳门的通译处负责人

吴若瀚（Giambattista da Mandello），方济各会士，山西名誉主教（主教），及其继任者**路类思**（Luigi Landi）和**若亚敬**（Gioacchino Salvetti）

中英贸易

弗朗西斯 · 百灵（Francis Baring）和**威廉 · 埃尔芬斯通**（William Elphinstone），位于伦敦的东印度公司董事会主席

亨利·百灵（Henry Baring）、**乔治·百灵**（George Baring）和**益花臣**（John Elphinstone，约翰 · 埃尔芬斯通），东印度公司高层安置在公司驻广州办公室的儿子们

潘有度，又称潘启官（Puankhequa），多年的资深行商，以及他的亲戚**潘长耀**，又称康官（Consequa）

刘德章，又称章官（Chunqua），以及其子**刘承澍**，一位京城的户部官员

伍秉鉴，又称浩官（Howqua 或 Houqua），同美国人交从甚密

郑崇谦，又称侣官（Gnewqua），其生意破产

安顿奥（Antonio），华人通事之子，能讲西班牙语

李耀（Aiyou 或 Ayew），一位鲁莽的年轻通事

何志，又名约翰·贺志（John Hochee），后移居英国

乔治·米勒（George Millet），一位东印度公司的船长

伊拉斯谟斯·高尔（Erasmus Gower）、**度路利**（William Drury，威廉·德鲁里）、**弗朗西斯·奥斯汀**（Francis Austen，简·奥斯汀之兄）和**默里·马克斯韦尔**（Murray Maxwell），英国海军军官

马礼逊（Robert Morrison），首位前往中国的新教传教士，他的儿子是**马儒翰**（John Morrison）

梁发（Liang Afa），马礼逊的皈依信徒，他的儿子是**梁进德**

目 录

第三部分　小斯当东与广州贸易

第四部分　疏离

引言

1793 年季夏的一日清晨，英国派往中国的首位使节、利萨诺尔伯爵（Earl of Lissanoure）乔治 · 马戛尔尼（George Macartney）身着巴斯骑士团（Order of the Bath）的长袍，鸵鸟羽毛垂于头顶，在乾隆皇帝面前下跪，双手将一金匣举过头顶，金匣外嵌钻石，内含英王乔治三世的信件。[1] 乾隆是 17 世纪入主中原的满族勇士的后裔。他能讲汉语和满语，同时也懂得足够多的蒙语、藏语、维吾尔语，接见来自这些区域的使团时无须翻译，他也颇为此自豪，但此时此刻却须得有翻译不可。[2]

年少时曾遍游欧陆的马戛尔尼，此时讲的是意大利语。他的言辞由跪在他身后的一位年纪稍轻的人译成汉语，此人身着英式服饰，戴有粉状假发，自称姓梅（Plum），但真名李自标，是来自中国西北边区的天主教徒。[3] 李氏在那不勒斯受学，讲的是简单的汉语而非朝廷中的官话，对皇帝却极为恭敬，同时也有一种他自带的引人亲近的真诚。当他转向马戛尔尼时，则是将皇帝的话以文雅且正式的意大利语转述出来。皇帝听了一小段陈词，问了几个礼节性问题，之后赏给马戛尔尼一块玉如意。

当马戛尔尼退下时，上前的是他的副手乔治 · 伦纳德 · 斯当东(George Leonard Staunton)，这是一位接受耶稣会教育的爱尔兰新教徒，热衷于当时的科学发现，信奉卢梭，蓄有奴隶，支持新近的法国大革命，也是马戛尔尼长期的朋友、秘书和亲信。老斯当东一辈子的大事就是教育他的儿子，年方十二的乔治 · 托马斯 · 斯当东(George Thomas Staunton)，此时也跪在他身旁。李自标仍在翻译，这次是译成拉丁语，小斯当东能听懂两边的话：他父亲自他三岁起就开始同他讲拉丁语，他在前一年见到李自标后就开始学习汉语。当乾隆帝询问英人中可有能讲汉语者，此前已见过小斯当东的大学士和珅颇懂得如何逗老皇帝开心，便禀报有个男童能讲些许，并将他叫上前。小斯当东有些腼腆，不过当皇帝解下腰间的黄色丝绸荷包并赏赐给他时，他也能用汉语讲出几句致谢的言辞。[4]

御座旁边，一起观礼的是当世最有权柄的三位大臣：后来成为嘉庆皇帝的亲王、刚刚在西藏平定廓尔喀人且最受乾隆赏识的将军福康安、掌控帝国财政的和珅。在场的还有松筠，蒙古族，此人原本是从事满蒙翻译的生员，那时刚从北方边境归来，他在那里同俄国人议定了《新恰克图条约》。在接见和宴请英国使团后，乾隆命福康安、和珅和松筠带马戛尔尼去花园赏玩，相较于和珅的闪烁其词和福康安的傲慢无礼，松筠则热切地打听俄国政治和政府的信息，令曾出使俄国的马戛尔尼颇为受用。

这是中国同西方交往的历史中最著名的时刻之一，而乾隆皇帝不论是在历史中还是在生活中都处于舞台中央。此时他已年过八旬，简单地穿着深色长袍，盘着双腿坐在御座之上，不过他作为这个幅员辽阔的帝国的专制君主已近半个世纪。即便是和珅和福康安同他讲话时也需要下跪，他也乐于被人颂扬他在位时是中国历史上最辉煌的时期之一：在经历朝代更迭带来的百年战乱之后，人口剧增，农商俱兴，清帝国在对西北的蒙古人和准噶尔人用兵之后达到全盛，在他的赞助之下，艺术与学问也日益繁荣。远在华南海岸，中国的物产令欧洲人慕名而来：精美的丝绸和瓷器尚无法在欧洲复制。近来同英国的贸易也兴盛起来，主要是因为欧洲人和美国人渐尚饮茶，而茶叶只能在中国种植。

在接见英国使团之后，乾隆果断拒绝了英国人在京师派驻使臣和在岸边觅一小岛作为贸易基地的要求。很快在欧洲，人们便传言乾隆此举是因为对马戛尔尼不悦，马戛尔尼仅愿单膝跪地，而非行朝廷中正式的三拜九叩之礼。[5]此后，此次出使的失败便归咎于乾隆皇帝：作为天子，自诩为文明世界的主宰，却对崛起的英国势力一无所知，也未能意识到马戛尔尼绝非仅是一位远方君主派来护送贡品的使臣。

然而，当我们把目光从乾隆皇帝身上移开并转向在场的其他人时，这次出使便有了新的意义。这是一本关于译者的书：为马戛尔尼勋爵翻译的李自标以及凭借父亲所写的使团官方记录而大获称赞的小斯当东。他们的经历引人入胜，因为他们都是难得的通晓多国语言的人，两人知识渊博，精通并由衷热爱彼此的文化。两人都曾在年幼时游历，因此在理解对方的文化时颇为无碍。这一点还得到了强化，因为两人在成长的关键时期都与一般的同龄人疏离：就李自标而言，他在那不勒斯天主教神学院学习时，年纪较其他中国学生小了很多；就小斯当东而言，当他被派往广州的东印度公司工作时，当地的英国年轻人排斥任何他们社交圈子之外的人员得到任命。这种疏离促使李自标和小斯当东两人在少年和青年时期都形成了超出寻常的跨文化友情，而这又塑造了他们后期认知世界的方式。两人都常常思乡，从来都将自己视作另外一个大陆上的异客，但是当他们返回故国时，却又往往显得不同于常人。

戴粉状假发的李自标和跪在中国皇帝面前的小斯当东的故事，向我们展现了中国和英国的接触并不是初次相遇的文明之间发生的冲突，而是早期现代世界全球联系日益密切的结果。把英国人带到中国的茶叶贸易，实则源于 16 世纪葡萄牙和荷兰海员将香料从东南亚贩至欧洲的航行。在很多地方，这些贸易已扩展为领土统治，荷兰人控制了大部分爪哇，在一段时间内也在台湾建立了据点，而葡萄牙人则在果阿、马六甲以及华南海岸的澳门建立了贸易基地。随葡萄牙人而来的是第一批天主教传教士，其后来者仍然在清廷担任艺师、技工和星象师。近两百年间，天主教传教士遍布中国：李自标祖上是最早皈依基督教的家族，也因为天主教会的全球机制远赴欧洲。

同期英国定居者在美洲建立的殖民地也因为美国革命而丢失大部。到马戛尔尼使华时，英国对外扩张的重心已经转移至印度，在那里原本的一些小型贸易据点已经转变为一个庞大的殖民帝国。老斯当东与马戛尔尼初次相遇于加勒比海的格林纳达岛，而马戛尔尼那时刚获任此地总督。当格林纳达被法国人占领时，马戛尔尼觅得新职，这次是去印度东海岸的马德拉斯任总督，老斯当东则担任他的助手。然而，迈索尔的军事力量不断扩张，马德拉斯长期受此威胁；两人回国时相信，英国在印度建立的新帝国会崩塌，一如之前在美洲建立的帝国。英国政府意图通过扩大对华贸易来支持和资助在印度的扩张，所以派出使团，两人也因此来到了中国。

小斯当东生于1781年，也是他父亲出发去马德拉斯那年，在他的成长过程中，英国在印度的势力得到扩张和巩固，这重塑了整个已相互连接起来的世界。位于中国西藏南境的廓尔喀邦不断扩张，马戛尔尼使华时，福康安正忙于征讨廓尔喀人，因此听说了英人在印度的势力，但彼时对于他来说这并不是什么重要的军事问题。英国在印度海岸占领的一连串地盘原本并不大，而且朝夕不保，然而在此后的数年间却转变为一个庞大的殖民政权。拜这一进程所赐，在与法国人和美国人的战争中，英国海军的巨型战舰也在中国南海游弋，令人心悸。

到马戛尔尼使华之时，通过贸易、宗教、金融方面的交流，中国已同英国、欧洲、美洲之间互通互联，李自标和小斯当东的幼年经历也充分展现了其程度之深。从李自标的视角来看，此次出使取得了成功：即使英国没有达到原本的目标，双方已开展了有意义的谈判，当使团离开时，英国和清廷的官员都对结果感到满意，并对未来充满希望。然而，到了19世纪前期，对于掌握居间翻译技能之人，其处境却变得日益险恶。小斯当东后来成为著名的汉文译者，亦在英国对华贸易中成为银行家，但当英国海军于1808年武力占领澳门后，他的两位华人密友被发配边疆，而乾隆的后继者嘉庆皇帝威胁要捉拿他时，他也不得不以走为上计。嘉庆同样对作为外来宗教的天主教严加镇压，李自标只得隐匿起来，自 16 世纪耶稣会士来华后便在宫廷中效力的欧洲传教士也被驱赶殆尽。1838 年，林则徐前去接管广州，虽然他为人机敏，也乐于了解英人，但其禁烟政策则主要基于现成的中文书面材料，有时他掌握的情况甚至不如早前的乾隆皇帝。结果他引发了一场战争，而曾旅居海外或在广州城同洋人打过交道的中国人都知道这场战争不可能打赢。

本书聚焦于作为翻译的李自标和小斯当东，自然也关注外交事务，大的背景是中国与早期近代世界的互通互联，而此时的世界日渐成为帝国主义和暴力冲突的舞台。长期以来，这些冲突被解释为源自清廷对外部世界的无知，尤其是从古老的朝贡体制调适为近代国际关系的新世界所遇到的困难。自 19 世纪英国的帝国主义者以此作为开战的理由以来，这一观念便牢牢地扎下根来。嗣后，中国的民族主义者亦以此攻讦清廷，以正革命之名，于是更是将这一理念嵌入中国近代的国家历史之中。[6]

中国作为文明的中心，外人前来纳贡以示恭敬，这一理想既历史悠久又根深蒂固。实际上，这一理念近来在中国的国际关系学者中有所复苏，他们以此来解释中国当下在东南亚及其他地方施加更大影响力的愿望，并为之张目。[7]然而，对清朝而言，这只是一个强大的理想，而非对于现实世界的表现，至少在清朝皇帝眼中是如此。清朝由 17 世纪入主中原的满洲武士所建，他们为了管理帝国所建立的制度中包含了诸多本族传承的元素，这些与汉族固有的古老传统大不相同。[8] 即便是到了 19 世纪中后期，处理与外国关系的决策仍是皇帝和近臣的特权，他们也多为满人。我们越是了解他们制定政策的细节，就越会发现他们的决定也受到当下现实政治的左右。朝鲜一直被视为标准的朝贡国，而清朝同朝鲜不断变化的关系便是一个例证，作为国家收入来源的贡品的价值同样也是。[9]

我们一直以来都清楚中国同欧洲以及后来同美洲接触的重要性：16 世纪以来耶稣会士在华传教以及 18 世纪贸易的大扩张。马戛尔尼使华之后的数年，是这些对外接触的重大转捩点。丧失美洲殖民地后几近崩塌的大英帝国重心东移，在巩固了对印度的控制后也进入了一个新的阶段。英国人在心理上免不了要证明印度殖民统治的正当性，这急剧改变了他们对欧洲之外族群的观念，也深刻影响了他们如何看待中国和中国人。同一时期，欧洲国家之间的外交关系也为法国大革命所改变。数百年来，欧洲的外交都是由君主和皇帝们所议定，他们的社会地位都有正式的层级，而到了 19 世纪初，基于平等主权国家之间的外交这一现代理念开始生根发芽。[10]

这一时期的中国同样面临着转折，乾隆驾崩后显现出来的财政危机，在整个 19 世纪里支配了政策制定的过程。由于要同法国开战，英国已习惯于发行国债这一新手法，也使其能够造出威胁华南海岸的巨型战舰，而清政府为维持日常运转已显得左支右绌，根本无力再在军事上进行大的投入。[11] 这场危机驱使清朝官员制定了限制对外接触的政策，这又深深影响了李自标和小斯当东的人生。窃以为，这些政策属于更大范围内中国人看待世界方式的重塑，官员们重振了传统思想的元素，其中便有朝贡体制的仪式，这也是他们面对英国海军威胁的政治因应。

李自标和小斯当东的人生经历帮助我们理解这些变化，因为作为翻译，他们使得我们能够聚焦于国与国交往的机制。王宏志将翻译问题视为理解清朝早期对英关系的关键，就这一时期的译员写过许多文章。尽管在此书中，我认为英国海军力量的威胁驱使清朝采取禁绝西方的官方政策，我也认同王宏志的论点，即翻译对于外交而言至关重要，因为对于汉语、英语这两种彼此迥异的语言来说，翻译的过程不可能是简单而透明的。[12] 外交翻译的角色不可或缺，特别是在罕有他人具备必需的语言技能的情境中。在马戛尔尼使团中，李自标既要译成汉语又要将汉语译出，绝大部分时间没人能听懂他在讲什么。当今专业的口译者通常是女性，她们被想象为隐形的声音，即便如此，外交翻译仍然颇具分量：上层领导人可能有专属的翻译，而重要的谈判可能会让高级别的外交官参与翻译。[13]

口译者的力量源自翻译的特性。今天我们经常谈论信息由一地到另一地的流动，但是对于所有的信息，呈现即塑造。翻译者开始要先选择他想传达的内容，然后必须决定是严格对照原文——这样会显得外国腔十足，还是用读者使用的语言本身的表述方式重新写出来。当这些信息被呈现给政治决策者时，这些决定通常至关重要。最著名的例子就是“夷”字，中国人经常用它来称呼英国人。李自标和小斯当东都将它理解为“外国人”，但是到了 19 世纪 30 年代，支持战争的英国作家坚称它的意思是野蛮人，这也广为英国议员所知。小斯当东为此大声疾呼，认为这种翻译在道德上即属错误，因为它“倾向于加深我们与中国人的裂痕”。[14]

口译者面临着与书面译者一样的选择，而且需要速度更快，同时需要置身于一种社会情境中，即双方在文化上的态度可能截然不同。即使是今日最精准和最专业的口译者，也仅能做到部分传递，除非事先能够获取文件并提前准备。同声传译要求译员做到边听边讲，这直到 20 世纪才出现。在此之前，所有的口译都是讲顺序的：译员先听取别人讲的话，然后用另一种语言表达出来。[15] 在这种情境下，口译者的选择和决定变得更加重要。

口译对于历史学者而言是一个难以处理的主题，因为在录音设备出现之前的时代，言出即逝。我们仅能从小斯当东和李自标的书面译文中猜测他们如何开展口译，而李氏的大部分材料已散佚，仅余残章，因此也更为困难。据我们所知，李自标并未做笔记，他也不太可能逐字逐句记住马戛尔尼所讲的话，因此他一边听一边需要决定传递哪些要点。他同样要选取正确的语调和方式，以适合马戛尔尼希望传递的内容并且能够为乾隆皇帝所接受。李自标的选择不可避免地塑造了皇帝和大臣所听到的内容以及他们对此的反应，这丝毫不亚于马戛尔尼的话。

成功的翻译远非仅是一项语言能力。同这一时期的诸多译员一样，相较于翻译者，李自标的角色更像是谈判者。尽管理想的译员应当单纯把讲话从一种语言转成另外一种语言，但在 18 世纪通常的期望并非如此。[16] 在北京为马戛尔尼和清朝官员翻译时，李自标经常穿梭于两边，他们甚至不是同处一室。他将此举描述为向清朝官员阐释“特使心中所思”。[17] 这给了他很多自己做主的空间，最明显的是他把一条自己的主张塞进了商谈之中。

正是这种权力使得翻译变得如此凶险。译员要获得语言技能，不可避免要深深沉浸在另外一种文化之中，而民族身份也显然是一个引起猜疑的问题。然而引发猜疑的绝不止于此，还有社会阶级、机构利益和宗派政治：李自标在英方的要求中夹带私货时，显然不是忠于马戛尔尼或是中国，而是以天主教徒的身份行事的。出于同样的原因，英、清两国政府都极度担心广州贸易的既得利益会影响到两国之间的商谈。马戛尔尼选李自标做翻译，很大程度上是因为他认为自己是在代表英国政府行事，因此要避免起用与东印度公司有联系的译员。在多年后的鸦片战争中，清朝负责谈判的官员宁可接受他们憎恶的英国翻译，也不愿任用能讲英语的中国商人及其雇员。

译员的经历告诉我们，同另外一种文化打交道时，拥有外语技能是至关重要的，而这也会带来许多信任的问题，以及当两国关系交恶时会身处险境。19 世纪初期，随着英国扩张在印度的势力，这种情况就出现了。本书认为，当时的中国有为数不少的人对欧洲知之甚多，但是英国的威胁让拥有这些知识变得危险，因此便无人愿意显露。

马戛尔尼使华令历代历史学者着迷，部分是因为事件本身充满谜团。马戛尔尼的日记中到处都是他对遇到的中国官员的抱怨，他难以理解这些人为何那般行事。今天我们从清朝档案中了解到更多乾隆皇帝做出官方决定的过程，但是仍有诸多方面尚未可知：为什么马戛尔尼被问到了位于喜马拉雅山脉的英属印度边界处正在发生的战争？清朝西北边疆的专家在制定对英政策中发挥了何种作用？

他们对于欧洲列强知道多少？而乾隆本人又知道多少？我们仅能通过被书写且保存下来的东西来了解过去，但是在云谲波诡的清廷政治中，离权力中心越近的人，越少留下私人记录。我们认为口头翻译颇有价值，一定程度上是因为它把非正式会面和谈话带回政治决策的核心，这也提醒我们有多少东西是我们无从得知的。我们清楚知识本身就是一件强大的政治工具，而这也把知识问题带回至我们对中西关系的阐释的中心。

此外，很重要的一点是要认清在外交谈判中欺诈是常有的事，甚至真正的无知对政治决策者而言可能有战略意义。[18] 中方和英方都写到对方天性狡诈。但这实际上并不是实情：广州贸易之成功，就是因为双方在打交道时都小心翼翼地诚实以待，大额买卖完全依赖所涉商人的荣誉和信用。然而在外交互动的过程中，双方无疑都时不时地欺骗对方：在马戛尔尼是否在乾隆面前下跪叩头这一最为著名的问题上，中方和英方的证据互相矛盾，很显然有人讲了假话。甚至当我们面对这些谈判的书面记录时，我们也不能总是完全相信。

这给我们带来了另外一个疑问：为何清朝政府在 1839 年对英国如此无知，以至于他们挑起了一场压根就无望获胜的战争？在鸦片战争前夕，被派往广州取缔英国人主导的鸦片贸易的钦差大臣林则徐向皇帝上奏称，英人“其腿足裹缠，结束紧密，屈伸皆所不便，更无能为，是其强非不可制也”。[19] 在同欧洲人密切接触两个世纪之后，这种荒唐的说法居然出现在关键的决策过程中。一种可能的解释无疑是中国精英历来崇仰本国文化而轻视他国文化，这也是长期以来的论调。同样真实的情况是，不论在中国还是在欧洲，成年男性精英都想从书本中获取学识，而非向仆人、水手甚至翻译这样的普通人学习，而恰恰是这些人对世界的了解更多。

回顾李自标和小斯当东以及他们生活的世界，我们不能简单地说此时的中国人对西方一无所知。可能本书的读者最终仍然会认为1839 年的中国依然封闭且对西方缺乏了解，但我希望你最终会相信我们仍需更加努力地思考究竟是谁无知，且原因是什么。在 19 世纪早期的中国究竟对欧洲有何种了解？而这种知识为何不能传递到最高决策层？这些都是不可能回答的问题，但是即便如此，思考这些问题依然重要。

李自标和小斯当东被请去做翻译，是因为他们具备必要的语言和文化技能。他们都不是职业翻译：李自标是天主教神父和传教士，而小斯当东在中国的职业是作为英属东印度公司的职员从事贸易。然而不同于后文会遇到的对华贸易中的专业通事，他们两人都是在重要的外交场合做翻译，因此我们能够对他们了解得更多。李自标将他参与马戛尔尼使团活动的情况都写信报告给那不勒斯书院和罗马教会里的上级。在之后的生涯里，他每年都持续向他们写信报告，同时也给那不勒斯书院的学生写了大量的信件。小斯当东是一位多产的作家，也有足够的家赀来出版十七本书，大部分都是自掏腰包，其中呈现了他想要传递给后代的人生际遇。出于谨慎，他烧掉了几乎所有书信，却保留了他儿时访华时的日记，他母亲也留下了他从中国寄来的信件。这些材料又引出了其他材料：李自标胞兄在清军的履历文件、小斯当东友人李耀在广州狱中所写的信以及其他诸种材料。

为了将这些故事置于历史情境当中，本书使用了当时主导了中西关系的三大机构的档案：清朝政府、天主教会和英属东印度公司。李自标和小斯当东的人生皆为这些机构所塑造，也通过它们为世人所研究。樊米凯（Michele Fatica）是第一位述及李自标及其在马戛尔尼使团中的角色的人，他也正是研究那不勒斯书院历史的专家，而该院自 18 世纪中叶便开始将中国人训练为天主教神父。[20] 陈利在小斯当东的观念如何影响西方人理解中国法律方面写有不少文章，也研究了广州的混合司法实践，彼时商业和刑事案件都在具有不同法律传统的双方之间反复交涉。[21]

这些档案中的任何一个都卷帙浩繁且复杂无比，单独研究其中一个都意味着学者要穷其一生。随着越来越多的档案获得出版并数字化，搜索引擎使得我们能够将这些档案联系起来，大大转变了我们对于此时中西关系的理解。通过研究在华传教的耶稣会士，我们知道了乾隆的祖父康熙掌握西方算术，令朝臣叹服，同时欧洲和中国学者之间也建立起了私人社交网络。[22] 广州贸易的海量档案，远远超出英属东印度公司的资料，经过探究也为我们展示了另一个世界，其中数以百计的中国人每日进出外国库房，英国富商同华商共餐并享用鳖汤，甚至华人精英能讲英文并在美国投资。[23] 现在的学者也逐渐发现，以这些贸易的规模之大、价值之高，总有途径能够通往英国和中国的政治高层，不仅是通过例行的税收体系，还能借道乾隆皇帝的内廷度支以及英国私人投资者的政治影响力。[24]

在这些档案里，斯当东和李自标都有诸多别名，这反映了当时复杂的起名习俗，并融入了作为本书主题的跨文化历史。小斯当东在获洗礼时被母亲起名托马斯，这是他儿时使用的名字，而当乔治·伦纳德·斯当东（老斯当东）从印度回国时，希望自己的儿子能随自己叫乔治。在父亲故世之后，小斯当东也经常被称为乔治爵士，而出版时的署名为乔治·斯当东爵士。在汉语世界中，他则以“斯当东”一名为人所知。为了避免混淆，笔者使用他的全名——乔治·托马斯·斯当东（译文中为“小斯当东”或“斯当东”），同时也使用他父亲的全名乔治·伦纳德·斯当东（译文中为“老斯当东”）。我也在行文中使用了李自标的全名，而实际上他可能并未用过此名：幼年时，在中国他可能会有一个小名，而他现存的信件通常落款为李雅各（Jacobus Ly 或 Giacomo Li），后来他又改了姓，成了梅雅各（Jacobus May）。英国人称他为梅先生（英文中梅子与李子为同一词），但是当面则称其为神父（Padre）或教士（domine）。时至今日，在他工作的村子里仍有人记得梅神父，这可能是“李”对应的英文单词重新译为汉语时变成了“梅”，但在广东话中的意思则是“谁”神父（又有了无名之辈的意思）。

同样的复杂情况也出现在本书的其他人物身上，特别是在广东的人们，这里经常英语同汉语混用。本书在讲述李自标和斯当东的生平的同时，也讲了许多生活在两种文化之间的其他人的故事。有的年轻人的小名后来成了他们的英文名字，例如到了英国的阿辉（A Hiue）和斯当东的另外一位朋友吴亚成，又被称为阿成（Ashing）。曾是小斯当东保人的资深商人潘有度，他最为人知的名字是潘启官，这是他从父亲那里继承的经商时的名字，也传给了他的儿子，但是潘有度同样是一位汉族文人，还有亲戚在朝里做官。我尽可能使用了这些中文名字的现代拼音转写，即使这经常并非他们最广为人知的称呼。如果使用他们的英文名字，能够起到消除中国人同欧洲人实实在在的差异的效果，但很不幸也会暗示这些中国天主教徒或是从事对英贸易的人并不是真的中国人。由于这样的一种机制，生活在不同文化之间的人长期被排除在国家历史之外。与之相反，我希望本书能够让读者相信这些人正是这些国家历史的重要组成部分。

第一部分　跨越世界的人生

第一章

凉州李家

马戛尔尼使华的三十三年前，也是乾隆皇帝在位的第二十五年，中国西北边疆小城凉州的一个大户人家诞下了一名幼子。[1]这户人家姓李，他们给这个刚得的儿子起名自标。因为他们都信天主教，所以他们也给他起了个教名雅各（詹姆斯）。多年以后，老斯当东曾评论道，李自标“出生在被并入中国的那部分鞑靼领地，并没有那些表明纯正的汉人出身的特征”。[2]这一看法或许来自李自标本人。通过这样介绍他的背景，他强调了凉州的生活，这可能会有助于他成为一名翻译：清帝国近期向西迅速扩张，这个边境小城也有着漫长的文化交流史。

凉州，现名武威，是古老的丝绸之路上的一座城市。它位于青藏高原的边缘，山上积雪融水流过一片平坦而肥沃的土地，最终消失在一直延伸到蒙古大草原的戈壁荒漠中。基于这样的位置，这座城市的历史充满了数百年来汉族、蒙古族和藏族势力此消彼长的故事。18 世纪时其居民以汉族为主，回溯唐朝（618—907 年）的荣光，彼时国力强盛，处于扩张之中，控制了与西方贸易的路线，王翰在《凉州词》中写道：

> 葡萄美酒夜光杯，欲饮琵琶马上催。
> 醉卧沙场君莫笑，古来征战几人回！[3]

这是汉语文学中最为有名的诗篇之一，但是其中的葡萄、琵琶和夜光杯对于唐朝读者而言都颇有异域风情，而城墙之外黄沙蔽日。这是一个能强烈感知和表达汉族文化的地方，因为它正地处汉族世界的边缘。

李家祖上应是在17世纪来到凉州，当时明朝接连兵败而亡国，取而代之的清朝统治者是来自东北边疆部落的满族。李家起初来自宁夏，这里也拥有悠久的中原与内亚民族交往史。他们可能曾经经商或从军，或者仅是为了躲避兵乱。我们所知的是他们自认为汉人，不知何时家中有人加入了一个新传入的宗教群体，成了基督徒。[4]

基督教传到此地时，这里已经被纳入清朝版图，此时来到这里的欧洲传教士颇有名望，钻研从星象到中国古代典籍的学问，并将《圣经》翻译成汉语，也能出入宫廷。1697年，法国耶稣会士安多（Antoine Thomas）和张诚（Jean-François Gerbillon）随康熙皇帝西征时曾经过宁夏。耶稣会士已经提供了专为此次作战制造的最新式的欧洲武器装备。在宁夏，安多预测了一次日偏食。康熙对外发布通告，并将安多传至身边，一同观看日食，并展示了他所使用的科学仪器。[5]

仅数年后，凉州就有了一小拨基督教家庭，1708 年传教士也到了这里。到来的法国传教士皆是奉了上谕：杜德美（Pierre Jartoux）和雷孝思（Jean-Baptiste Régis）都在为康熙绘制地图。他们旅行途中测量所覆盖的距离，并经常观测子午线。他们携带有一个异常精准的时钟，通过确定这些观测的时间，他们能够计算出他们所处位置的经纬度。在凉州，他们观测到一次月食，并将其同欧洲观测到这次月食的情况联系起来，以验证他们为城市所确定的坐标，并据此测绘地图。他们在汉语上造诣精深：杜德美有中文的地理著述并同伟大的德国哲学家莱布尼茨通信，而雷孝思则以将中国古代的《易经》译成拉丁语而闻名。[6]

耶稣会士在凉州仅待了数月，接替他们的是意大利的方济各会士，后者在的时候皈依基督教的人数曾短暂增加。叶崇贤（Giovanni Maoletti）曾数次访问此地，并声称为近千人施洗。[7]来自那不勒斯的麦传世（Francesco Jovino）后来接管此地，在城中待了许多年。他言语不多，灵性极强，对教长言听计从，同时也有语言天赋，还有明显的治学兴趣。这些都帮他获得了当地教众的支持，即便康熙死后信教日益成了一件危险的事情。当年有一场旱情，城中官员谴责基督教义，言辞殊为激烈，但是麦传世受到了一位信教的亲王的保护，此人远征归来，路过凉州，但不知实为何人。新皇雍正于 1723 年登基后，将基督教谴责为异端邪说，并驱逐了所有不在宫中任职的传教士，但是麦传世因受到了巡抚的庇护而一直留在城中。最终他被迫迁居广州，在那里潜心研究中国典籍，但是很快就回到了凉州。[8]

回到凉州后，麦传世只能蛰居于最虔诚的信徒家中，极有可能就是李家。在他的家书中，麦传世坦言，正是皈依教众的关怀使得他能忍受夹生的饭食、无眠的长夜和艰难的旅途，甚至不得不用镊子拔掉胡须，将鼻子糊起来，以便装作驴车车夫。外出时，他有时会被认作当地的回教徒（这些人长相有内亚特征），被人询问身份时则惊骇不已。然而绝大多数时间，他都闭门不出，“比修女更加与世隔离”，一心从事将《旧约》首次译为汉语这一浩大的工程。无疑他也花了很多时间祈祷，因为他用汉语写了一本关于基督教冥思的册子。[9] 麦传世于 1737 年离世，被葬在李氏家族墓地中。[10] 此后再没有新来的传教士，当地的基督教群体因此也很快式微。1746 年，巡抚下令镇压教众，共捕获二十八人，其中五人来自凉州。他们禀报巡抚，外国传教士都已离去，近来更无人入教。光阴流转，城中的基督教徒也从逾千人降至百人左右。[11]

此时的凉州也兴盛起来。随着清军不断西进，军队需要补给，而大部分生意都路过此地。清朝开创的稳定局面也使古老的丝绸之路得以重开，灌溉系统也得到扩建。[12] 城中居民回望着昔日唐朝的辉煌，但在 18 世纪 40 年代，一位颇有教养的官员从内地转任此地时，他为新贵富人所表现出的粗鄙的奢华所震惊：

> 今凉地会请亲友，客至，先用乳茶、炉食、油果，高盘满桌；是未饮之前，客已饱饫矣。茶毕，复设果肴，巨觥大瓯，哗然交错；是未饭之先，而客又醉矣。一二上以五碗，佐以四盘，而所盛之物又极丰厚，究之客已醉饱，投箸欲行。[13]

图 1.1　1910 年的凉州，经历了 19 世纪晚期的战乱，18 世纪的荣光不再。

虽然凉州已经富庶起来，但是仍然要等二十多年后才又来了一位天主教神父。此人最终于 1758 年到来，他更加与时代接轨，也迥异于天性恬静、虔心苦行的麦传世。这是一个多姿多彩的人物：富有感召力，极其虔诚，野心勃勃，饭量惊人，穿着精致。而对于凉州的教众，最显眼的地方是，这是一位汉人。事实上，郭元性来自山西，许多在凉州做生意的商人也来自该省。他出生时，家境优渥（他的一位叔父曾任县令），但很早就成了孤儿。他在十七岁时改宗，在近十年间一直担任一位欧洲传教士的助手，此人大为所动，决定将他送到那不勒斯，那里新修了一个学院，专门为了培养汉人做神父。在那里，他也是一位表现优异的学生，在最终考试时获得教宗的赞许，这也使得他自视颇高，可对于后来的同事而言，这并非幸事。[14]

李家此时仍是这个基督教小社群的领头人，欢迎了郭元性的到来，一如当年欢迎麦传世。当郭元性于 1761 年再次到来时，他恰好能为李方济一年前出生的儿子李自标施洗。[15] 或许正是这个时候，李方济初次有了将这个孩子送到欧洲受训成为神父的念头。这是个大家族，因此将李自标献给教会并不会让李方济断了后人。大一点的儿子李自昌已经二十来岁，作为常备兵加入驻扎在城中的绿营，投身行伍之间。李自昌到了这个年纪可能已经婚娶，所以他的儿子李炯可能与李自标一般年龄。所以李方济已经有了孙子，而且很可能，在李自昌出生后的数年间，也有其他儿子降生。[16]

李方济为这名幼子所设定的计划，无疑与他对教会重新燃起的希望有关。凉州的基督教社群又开始增长，甚至获得了新的建筑作为教堂之用。此时针对基督教徒的动乱仍不时发生，皈依者的数量也无法与 18 世纪 20 年代的高峰相比，但是教会在扩充：在 18 世纪的 60 年代和 90 年代之间，城中基督徒的数量已经不止翻倍。[17] 唯一的问题是，由于地处西陲，很难请来神父。

尽管李方济的远大计划是针对教会的，但也反映了当时城中的氛围。凉州的富商出资兴学，希望借此让自己的子嗣出将入相。整个明朝，凉州只有一人考中进士。清朝为来自甘肃的考生设定了较高的配额。专门为考试修建了大殿，而在乾隆一朝，当地有数人考中进士，也因此有了功名。[18]

同宁夏李家的其他族人一样，李方济雄心勃勃，看来李自标同他的侄子李炯极有可能一起接受教育。鉴于李炯后来考中进士，李自标从小读的也是传统的儒家典籍。此时一位有名的凉州塾师曾记载，早上从他的学堂经过的人只会听到老师大声朗读、学生背诵以及老师打学生的声音。如果学生犯错，老师会大力敲打学生的掌心，为了缓解疼痛，学生们会热一些卵石握在手心。日积月累，学堂门前便有了成堆卵石。[19]

这些都带有很浓重的汉人色彩，而凉州仍然是位于汉族文化世界边缘的小城，这里汇集了诸多其他文化，背后也都是各自复杂的文明。在凉州，汉人用后来惹恼英国人的"夷"字来称呼蒙古人，而用指代外人的"番"字来称呼藏族人。蒙古牧民往来于位居城市和高山之间的牧场。而在新年时，作为学童的李自标会看到成群的藏族男女青年，身着皮革，腰间悬着长串的珠子，从南边的山上下来，不仅仅是为了欣赏汉人的风俗表演，也为了参加大型佛教节日，其间戴着面具的巨人跳起吓人的驱魔舞蹈。[20]

口译和笔译自然是这个世界的一部分。城市中央的古代佛塔据说保存着 4 世纪高僧鸠摩罗什的舍利，他也作为最早将佛经由梵文译成汉文的人之一而闻名于世。[21] 而这一时期从这里走出去的最有权势的人并不是汉人，而是一名西藏喇嘛，后来成为乾隆皇帝的使臣和翻译。章嘉大师出生于城市南边的山区。后来他被选为一位重要的佛教喇嘛的转世灵童。当清朝于 18 世纪 20 年代加强了对于此地的蒙古族、藏族部落的控制时，他被带到京师的宫中，与未来的乾隆皇帝一起学习佛教经文。他一生中的大部分时间都在藏语、蒙古语、汉语和满语之间转译佛教典籍。由于皇帝信任他，他成了御用的翻译和使臣，数次出使西藏，并且在位高权重的班禅喇嘛访问京师时担任翻译。[22]

硕大的凉州八旗兵营里仍然使用着满语：通过官方考试的人经常以译员的身份入仕。[23]不管满人看上去有多大区别，汉人把他们写成外人往往会招致凶险：李蕴芳是当地博闻强识的学者，而当赏识他的朝中官员因一句诗文被认为讥讽清朝时，他和他的儿子受牵连被处死。[24]

1771 年，郭元性回到凉州，带来了一个令人激动的消息，即他被召回罗马。在他的鼓励下，李方济和甘肃的其他主要基督教徒起草了一封致教宗的信件，请求拥有一位他们自己的神父。他们希望这位神父来自当地，盖因此地路途迢迢，而且气候难耐。[25]这封信体现了郭元性的野心，既希望觅得职位，又不想置身欧洲传教士的监督之下，但同样也反映了李方济对儿子的期望：随着这封信一起，李自标被交给了郭元性，要随他一起去那不勒斯接受神职训练。李自标此时只有十一岁。关于在这样的年纪启程登上这样的旅程，李自标并没有留下记录。我们所知的唯一的事情，就是在他在此后的人生里，他受到所有认识他的人的喜爱。似乎他作为大家族中幼子的童年经历给了他某种自信和勇气，使得他能接受父亲的决定。

他们要走海路，所以他们启程奔赴葡萄牙在华南海岸的据点澳门。这就走了一年，有时走路，有时乘船。郭元性还带了另一个年轻人，来自位于丝绸之路更远处的甘州，已经为他工作了一段时间。在省城兰州，又有一个年轻人以及来自大城市西安附近村子的王英加入他们。在澳门，随另一位神父从京师而来的三位年轻人也加入了团队。其中两人是官宦子弟，包括十七岁的柯宗孝。还有来自四川的何明宇。团队中的大部分人都已近弱冠之年，或是二十出头。

王英和何明宇分别是十四岁和十五岁。李自标年纪最小。[26]

后来，郭元性并没有同他们一起远赴欧洲；所谓的征召也不过是海市蜃楼，源自他自己的愿望和野心。然而，他依然热衷于此：这些男孩仍是他的项目，他希望一切顺利。澳门的教会组织本来只想送三名学生，但他说服他们要了全部八名。他四处奔忙，为他们挑选欧式衣服和西式餐具。他们需要数套衬衫和裤子，也需要袜子、鞋子、外套和帽子。旅途中需要床具、毛巾、餐巾、餐具、茶叶及饮茶的碗，也需要上课所需的墨水与纸笔。当一切都准备妥当后，郭元性把他们送上了两艘开往毛里求斯的法国舰船。从那里，他们继续驶过非洲的南端，再折向北奔赴欧洲，先是到了巴黎，随后南下穿过法国抵达马赛，之后乘船去那不勒斯。[27]

李自标能够从凉州来到那不勒斯，是因为他一出生便加入了天主教会，这也是早期现代世界最伟大的全球机构之一。教会也是知识和学问的渊薮。基督教来到凉州，正是因为康熙皇帝将耶稣会士的欧洲学识运用到了他南征北战、增扩疆土的抱负中。出于这种与宫廷的紧密联系，彼时很多选择到中国当传教士的欧洲人——特别是耶稣会士，不过也有像麦传世这样的方济各会士——成为研究汉语的重要学者。乾隆一朝，在那不勒斯学院学习的中国男童和青年有四十人，李自标只是其中一个。他们来自中国各地的基督教社群，郭元性在挑选年轻男子时看重家世背景也不足为奇，因为等他们到了意大利后这是一个重要的地位标志。在他们出身的中国家庭中，学习是成功的关键路径，这些年轻人因此也会期望通过学习欧洲语言和知识来提升自己。

第二章

戈尔韦的老斯当东

李自标开启前往那不勒斯的漫长旅程的1771年，亦是老斯当东和简·柯林斯（Jane Collins）相遇并结婚的那一年。直到十年后，他们的儿子小斯当东才降生，此间他们有两个孩子都在加勒比不幸夭折。像李自标的家族一样，斯当东一家也来自一个讲多种语言的市镇，位于一个扩张中的国家的外围，但是不同于清朝在向内陆扩张，英国正在建立一个海洋帝国：这个新的帝国将老斯当东从爱尔兰的故乡带到了加勒比地区，继而又到了印度。年老时，小斯当东曾回想，他一生的道路其实都是先人为他铺就。[1] 而造就这一切的决定都来自他那才华横溢、野心勃勃且容易激动的父亲。

斯当东家族的祖上是一名英格兰士兵，在17世纪征服爱尔兰的过程中，他在爱尔兰的戈尔韦港附近得到土地。战争结束后，爱尔兰的天主教徒在英格兰的法律之下长期面临着财产被充公的风险，而且几乎无法担任公职。林奇（Lynch）家族，作为戈尔韦最富有的家族之一，通过将自己的女儿们嫁入信奉新教的斯当东家族，部分规避了这些法律。数代之后，斯当东家的男子都是在市镇政府中活跃的新教徒，但他们经常被视为代表着天主教的利益，而且他们的妻子经常是来自林奇家的天主教徒。[2]

老斯当东就来自这样背景复杂的家族，正式的身份属于英格兰的新教徒，但又是一位同天主教会有密切联系的爱尔兰人。他曾是一名瘦削、白皙、充满热情的男孩，出生于1737年，其童年在他儿子后来所称的城堡中度过，但实际上只是一座位于科里布湖岸边讲盖尔语的地区的小城堡。老斯当东的父亲是家中的长子，本有望按照英格兰习俗继承家业，但是林奇一家做出了一项婚姻安排，使得家业在所有孩子之间平均分配，这是依照爱尔兰的惯例，所以堡垒被售出，全家也搬到了戈尔韦市区。[3]在他十六岁时，像许多当地天主教徒一样，他被送到了法国的一家耶稣会学院，继而又在蒙彼利埃的医学院里度过四年。耶稣会的教育使用拉丁语，所以当他结束在法国的学习时，他能够讲流利的法语和拉丁语，当然也有英语，极有可能也会讲童年时期身边经常听到的盖尔语。他学业上的兴趣是自然科学，而政治上则有革命倾向：能同一位爱尔兰人穿越法国旅行令他非常激动，此人曾因反叛英格兰人而遭审判，后来从伦敦塔中逃出。[4]

在完成医学训练后，老斯当东的第一个想法是去伦敦，尽管他在那里广交好友，却未能觅得一个职位。他转身启程去西印度群岛当一名医生，他的许多林奇家的亲戚在那里都有投资。[5]这时恰好是加勒比的甘蔗种植园兴盛的年代；不管是英国定居者还是非洲黑奴都大量染疾而亡。医生面对的风险令人生畏，但是潜在的收益也相应增加。

老斯当东幸存下来并在格林纳达定居，英国刚从法国手中夺来此地，他也开始向家中寄钱。他的家信充满闲聊，对家中的事情也颇为关心，几乎可以从中听见他的爱尔兰口音和他的魅力："我不认为别处会有像戈尔韦这边的做法，可以想象那家公司里的人都三心二意，从来没有这样的监察官选举。"[6] 格林纳达的白人定居者大多是法国天主教徒，都乐于接受这位通晓法语且亲近天主教的年轻医生。在他们的支持下，他成为新总督的秘书，这在伦敦的报界引发了热议，他们支持新来的、信奉新教的苏格兰定居者。[7]

老斯当东现在深信，如果他有钱在这里投资置产，不出数年他便可以发家致富。他于是返回英格兰去募集资本，并发现他之前在伦敦结识的朋友之一、一直有志于担任神职的彼得 · 布罗迪（Peter Brodie）在索尔兹伯里（Salisbury）附近的温特斯洛（Winterslow）租下了一处村舍，以便加深他同斯蒂芬 · 福克斯（Stephen Fox）的交情，福克斯的父亲正是辉格党的资深政治人物霍兰勋爵（Lord Holland），在此处也有房产。[8]

就像这些圈子里的其他人，老斯当东和彼得 · 布罗迪想必也听说过乔治 · 马戛尔尼激动人心的故事，马戛尔尼在霍兰勋爵的庇护下平步青云，最近的婚姻也令人惊叹。马戛尔尼的父亲在爱尔兰拥有土地，又从担任爱尔兰议会议员的叔父那里继承了一笔钱财。马戛尔尼用这些钱去欧洲广泛游历了一番。在日内瓦，他遇到了斯蒂芬 · 福克斯并与之赌博，赌注之大已远非他所能承受，但由此结下的过硬交情让他赢得了斯蒂芬的父亲霍兰勋爵的青睐，并为他打开了通向伦敦上层精英圈子的大门。有了霍兰勋爵的支持，他受封为骑士，并获命带领外交使团前往俄国，同叶卡捷琳娜大帝讨论通商事宜，理由便是他形象颇佳，举止文雅，这些在同女性统治者的谈判中会有帮助。回国之后，他便同位高权重的前首相、布特伯爵（Earl of Bute）的女儿简·斯图亚特（Jane Stuart）结婚。夫妻两人都对政治感兴趣，但是简素以不尚修饰而著称，此时也患有严重的听力障碍。婚后，她迫切地希望马戛尔尼能真正喜欢上她。有了泰山大人的助力，马戛尔尼随后被任命为爱尔兰布政司。[9]

老斯当东和布罗迪总觉得这类生涯也是他们理所应得的，但是在现实中，老斯当东急需资金，而索尔兹伯里的一位富有银行家有四个女儿还待字闺中。本杰明·柯林斯（Benjamin Collins）是一位强硬的商人，通过印刷业发家，现在拥有索尔兹伯里的一家运行不错的报纸，还投资了当时伦敦的许多相当成功的期刊。近来，他开始涉足对外放贷，把自己形容为银行家。[10]抵达英格兰后不到四个月，老斯当东便娶了本杰明·柯林斯的女儿简。她充满深情，但是因为有一个严厉且满脑子都是生意经的父亲，也显得胆怯和颇为焦虑，很可能为老斯当东冲劲十足的自信和魅力所倾倒。

与女儿相比，本杰明·柯林斯远没有那么热心：他给了女儿一千二百五十三英镑作为陪嫁，同时每年还有四百英镑。此外，在婚礼当天，他向老斯当东提供了一笔四千英镑的按揭贷款，用于购买一处种植园，该种植园由老斯当东和柯林斯的长子共同所有，老斯当东为此还需要每年向柯林斯支付五百英镑租金。陪嫁的金额比租金少，贷款的金额也不足以将地产直接买下来。老斯当东有的可不仅仅是魅力，他还有火暴的脾气，终其一生，他都十分憎恶这样的安排。[11] 对于婚姻而言，这样的开端并不美妙。

年轻的夫妻启程前往格林纳达，在那里不久简便产下第一个孩子，这个叫玛格丽特的女儿不幸早夭，而老斯当东的经济状况也没有起色。[12] 随后，马戛尔尼也来到此地，并接任总督，为了配上他的新职务，他现在还获授马戛尔尼勋爵的头衔。两个人有许多共同点，相处也不错。马戛尔尼的看法是，老斯当东是一位绅士，“接受过通识教育，心胸开阔，有异常的进取心和眼界，还有我所遇到的最好的头脑”。[13] 马戛尔尼夫人，在社会阶层上显然超越了岛上的所有人，对简 · 斯当东（简 · 柯林斯）也非常和善。她们两人此刻都有烦恼：马戛尔尼夫人至今未育，而简 · 斯当东又一次遭受丧子之痛，这是一个叫乔治的男孩，取的是和父亲一样的名字。[14]

老斯当东最终贷了一大笔款，设法凑齐了购买种植园的钱，如今在岛上拥有了一处家产，有奴隶在其中劳作。几年后，当本杰明·柯林斯开始向他追讨按揭贷款的利息所形成的债务时，他答应用抵押奴隶所贷出的六百一十七英镑为之作保。[15] 几年之后，在面临针对蓄奴的批评时，他声称在温暖的气候中人们需求更少，因此西印度群岛中奴隶的处境并不比许多欧洲农民差。[16] 当然，这般态度并不稀奇。马戛尔尼同他一样对此并不在乎，却有些愤世嫉俗，认为“赋予法国人和黑鬼们自由是愚蠢到家的行为”。[17] 老斯当东在政治上是激进分子，他关于中国人的看法却证明是十分不同的。他从未解释过是什么促使他相信买卖乃至抵押某些人是合适的，而另一些人则不行。

美国革命的爆发，是一场令老斯当东在西印度群岛的雄伟计划最终破灭的灾难。由于法国人支持美国人，英法之间开战，1779 年格林纳达落入法国人之手。老斯当东的庄园被洗劫，英国人的财产也被没收。他将部分财产私下赠与朋友，但是其中大部分都很难再收回。他对于买来的非洲奴隶的态度在给父母的信中一览无余："在货物、牲畜、奴隶、家具等方面，我的损失都相当大。"[18] 他和岛上级别最高的英国官员马戛尔尼被押到法国当人质。简与他们同行，有过一段恐怖的经历，即眼睁睁地看着旁边的一艘船在风暴中沉没，船上的人无一幸存。[19] 她似乎已经下定决心，不管她的丈夫做什么，她都不会再到海上来。

共患难的经历使得马戛尔尼和老斯当东的友情更加牢固。两个人都债台高筑，急需找到工作。马戛尔尼开始运作，试图获授近在眼前的英国殖民地马德拉斯总督一职，也跟老斯当东商定，让他作为秘书一起赴任。[20] 关于是否同自己的丈夫一起前往，马戛尔尼夫人十分苦恼，在给姊妹的信中写道："我若去，则令母亲痛苦；若不去，则等于放弃所有同爵士保有真挚和友情的希望。"[21] 简·斯当东此时又身怀六甲，住在自己父母家，老斯当东则催促她在生完孩子后随马戛尔尼夫人一起到印度来。[22]

所以小斯当东是在其外公位于索尔兹伯里附近的房子里出生的，就在 1781 年其父向马德拉斯扬帆启航后不久。彼得 · 布罗迪此时已经娶了柯林斯家的另一个女儿，他写信给老斯当东，告知了这一消息。[23] 随后是简的来信，随信附上一簇婴儿的金发，并让她的丈夫放心，孩子和他长得一模一样：

> 他的额头也像你，眼睛像我，鼻子在我看来跟咱们的都不一样，小嘴也是这样，远比你我的好看，但是他的身形和四肢都十分完美，也是继承你，这还体现在许多方面，比如说他只想在手里拿着本书，有点类似你习惯入睡的方式，他的小手点在脸颊下面，正是你看书看到睡着的姿势，克莱姆森夫人说他像你一样早上醒得很早，这一点我是没法评判的，因为我不像她一样起那么早。[24]

在之后的生涯里，小斯当东确实长得跟他父亲非常像，一样苍白的爱尔兰肤色、金黄的头发和矮小的身材。

老斯当东在同本杰明·柯林斯就谁应该承担在格林纳达所遭损失的成本而对簿公堂之后，现在肯定不会允许自己的孩子由妻子的家人抚养。他是从利莫瑞克（Limerick）启程前往马德拉斯的，这也让他得以回到戈尔韦探视家人，简很快发现老斯当东已经答应母亲让她在自己旅居印度时照料幼儿。简写信央求婆婆："夫人，您千万不要责备我（已经失去两个孩子）对让孩子（尚在襁褓之中）长途跋涉的想法如此警觉，何况还要途经海上。"[25]然而，在孩子刚满周岁时，她还是让保姆陪着小斯当东去了爱尔兰。两年之后，她仍然想要让孩子回来，但是孩子的祖母称他为"世上最可爱的男孩之一"，显然十分疼爱，坚持只能将他交还到母亲手中。而简显然并不想去爱尔兰。[26]

此时的马戛尔尼和老斯当东则远在印度。他们在印度的经历塑造了小斯当东的未来以及他们后来对待中国之态度的诸多方面。在历经法国人重占格林纳达和一支英国军队败于南部印度的一名统治者之手后，同当时的很多人一样，他们开始相信英国的海外帝国很可能会倾覆。他们也明白了作战的基础在于后勤和补给，胜负的关键是信用和融资，而非武器技术。最终，在终结战争的谈判过程中，老斯当东开始意识到翻译所具有的力量，进而希望自己的儿子能担任这一角色。

当两人于 1781 年抵达马德拉斯时，他们发现在这种情势背后隐藏着英国政府和东印度公司之间的复杂关系。这家公司最初是作为一个贸易组织而设立，垄断了英国同东印度群岛的贸易。在整个 18 世纪的进程中，它在印度的权势和财富达到如斯之盛，以至于拥有了自己的军队并开始占领大片领土。到 1781 年，它控制了孟加拉邦以及马德拉斯和孟买这些重要港口。有些英国家庭富可敌国，很多人从中获利，但是政府想要掌控这类极好的互利互惠的机会，许多英国人也感到将这么多财富和权力都集中在一家私人公司手中是一种威胁。于是便有了对腐败和滥用职权的指控。马德拉斯则处于这些指控的中心，因为英国私人投资者曾借了一大笔钱给一位相对弱势的本土统治者，即阿尔科特的纳瓦布（Nawab of Arcot），此时因为一直有战事，他便无力偿还债务，英国人便要求军队帮他们讨债。就在这些争端进行当中，上一任由伦敦派出的总督死于一场政变，而这场政变是由他的理事会成员在英国高级军官詹姆斯 · 斯图亚特（James Stuart）的支持下发起的。[27]

马戛尔尼不消多时便意识到事态远比他从伦敦出发时所预料的严重。伴随着莫卧儿帝国的崩溃，印度许多势力强大的邦都在从中渔利并借势扩张，而东印度公司只不过是这些势力中的一个。他们在印度南部最大的竞争者是迈索尔，该邦因为同法国结盟而卷入了同英国人的战争当中。迈索尔的军队摧毁了马德拉斯周围五十英里的土地，而法国船只则在海上威胁要切断粮食的供应。马戛尔尼发现："沮丧乃至于绝望萦绕在每个人心头，所有的信用都已丧失，政府遭人鄙视，没有任何财力或是能力方面的资源来作支撑。"[28] 老斯当东则更为灰心："至于此地的公共事务，同大英帝国其他地方一样，处于一种不确定——我担心——且危险的状态……如果我们不能很快同这个国家里的各大势力达成和平，作为一个邦国，我们必然会遭毁灭。"[29]

马戛尔尼负责给征讨迈索尔军队的行动提供资金和补给。主责的将军亟须补给以及运送补给的牲畜。孤注一掷的话，他可能会获胜，但是他也不敢勉强，因为他的战马都因为缺乏草料而死亡，即使获胜，他仍然会因为缺乏补给而不得不撤退。英国人在后勤补给和资金支持方面存在短板，却并未在军事技术或素养方面有显著的优势。只有当英国政府最终接受美国独立并终止了同法国的战争时，马德拉斯才获救，因为此时运输的物资已能通过海路运抵。[30]

然而同迈索尔的战争依然持续，当英国人接连战败时，马德拉斯内部的关系变得十分紧张。马戛尔尼和詹姆斯·斯图亚特将军开始就谁拥有对军队的最高权威而发生争执，马戛尔尼也开始确信斯图亚特在策划他发起的针对上一任总督的同类政变。最后是老斯当东率领一个连的印度士兵踏上了斯图亚特住宅的台阶，利刃在手，这才吓退英国军官并让他们接受对斯图亚特的逮捕。[31] 当英国人无法赢得战争并不得不寻求同迈索尔的新任统治者蒂普苏丹（Tipu

Sultan）议和的情势变得明朗之后，又是老斯当东代表马戛尔尼处理此事。马戛尔尼在给他的信中写道："为了使此事能获得圆满解决，除了您的决断、技巧能力和诚实正直，我别无他求，不仅我的声誉和未来命运仰仗于此，大英帝国在此地此境的福祚亦如此。"[32]

老斯当东和东印度公司的一位资深商人安东尼 · 萨德利尔（Antony Sadleir）一道穿越印度前去媾和，随行的还有数量逾千的一队人马以及两头大象。老斯当东代表的是马戛尔尼以及背后的英国政府，而安东尼 · 萨德利尔则代表了东印度公司和马德拉斯的贸易利益。双方的矛盾最终因为翻译问题而爆发。外交函件的书面译文用的是波斯语，出自马德拉斯的波斯语翻译戴维·哈利伯顿（David Haliburton）之手，但此人无法充当相关的南部印度语言的口语翻译，便没有随使团一同前来。萨德利尔则带了一个叫克里亚帕 · 穆德利（Choleapah Moodely）的人，也正是他的"杜巴叙"（*dubash*）。这个词的字面意思就是译员，但是杜巴叙在翻译之外还夹杂着顾问和私人投资经理等相关角色，后来东印度公司在中国工作的人员也沿袭了这种做法。马德拉斯的翻译们也因此经常都是自身坐拥权势和财富的人。很明显穆德利是一个颇有能力的人，同萨德利尔的私交也很好，于是很快便成为同迈索尔的代表进行交流的主要渠道。[33]

对方代表同翻译们举行了一系列直接商谈的会议，却没有理会老斯当东和萨德利尔，于是便有了争端。一位英国秘书出席会议并作了记录，但是萨德利尔否定了他的报告，理由是关于会谈内容，穆德利向他提供了一份完全不同的版本。这位秘书坚称他只是省略了重复的地方以及"迎合东方习俗和政策的客套话"。[34] 当然，问题就在于所说的话当中哪些应当被视为单纯的客套，而哪些又属于对谈判至关重要的内容。当蒂普苏丹的代表被问及他那一版议定事项时，结果却发现他压根就没有记录老斯当东所关切的有关英国囚犯所受虐待的各项抱怨。[35] 英国人刚到达蒂普苏丹的营地，苏丹便亲自问候穆德利，相当于认可穆德利的地位，这令老斯当东惊骇不已。[36]

老斯当东认为穆德利正盘算着要造出一种形势，使得蒂普苏丹想要收买他，可能也有萨德利尔，让他们背叛英国政府的利益。然而，老斯当东却从未暗示担任翻译的印度人有可能会不忠于英国的利益，原因很简单，即英国人的利益本身并不一致：东印度公司及其职员的利益直接相悖于英国政府的利益。相反，他谴责了马德拉斯的杜巴叙之流，理由便是这些人作为中间人的职业使得他们易受腐蚀。[37]

针对穆德利所拥有的权力，老斯当东的回应则是提出给翻译们设定一种截然不同的角色。首先，他要求所有会谈必须有他和萨德利尔在场。他还声称在出使的初期，翻译们的行为尚属恰当，彼时他们所负责的“仅是翻译出每一方所说的每一个独立的句子或是词语，但是议题、论据、方法以及讨论的整个范围则取决于会谈的主事者”。[38] 这种想法尚需要作为一项要求明确讲出来，这一事实提醒我们这并不是实际发生的情形。

最终签订的《曼加洛尔条约》(Treaty of Mangalore) 结束了史称的第二次英国–迈索尔战争，其中要求迈索尔和英国各自归还在战争中占领的领土。这在英国本土遭受了广泛批评，即使往好里说，不过是类似的条款也在欧洲出现于同法国人的条约中。

图 2.1　马戛尔尼与老斯当东，莱缪尔 · 弗朗西斯 · 阿博特（Lemuel Francis Abbott）绘于 1785 年。

马戛尔尼返回英国，要同斯图亚特将军举行决斗，因为是他下令将其逮捕。马戛尔尼对于如何使用手枪知之甚少，以至于需要在笔记本中给自己写下说明，但是愿意通过战斗来捍卫自己的荣誉，如同在赌博中敢于下注一样，已经成为他所跻身的男性贵族世界的一部分。两人同意以十二步的距离使用手枪朝对方射击。在同斯图亚特决斗之前，马戛尔尼重新议定了其爱尔兰庄园地产的按揭贷款，并给妻子写了诀别书。斯图亚特由于在战争中失去了一条腿，不得不靠在一棵树上，但依然嘲弄了马戛尔尼还不知道如何扣扳机。不出意外，马戛尔尼没有命中，而斯图亚特的准头稍好，马戛尔尼被击中肩部。他最终痊愈，但是受托保管马戛尔尼写给妻子信件的老斯当东，由于心中十分担忧，已经将信件转交。她将这封信悉心保存，作为她最终获得丈夫挚爱的证据。[39]

老斯当东因此次出使而获授准男爵的爵位，成了乔治爵士，还有一份来自东印度公司的每年五百英镑的年金。马戛尔尼的职业生涯建立在不受腐蚀的名声之上，但老斯当东则不然，他利用这一机会购买了一些阿尔科特的纳瓦布的债务，而这原本就是起初指控的核心问题。利用新获得的财富，他买回了父亲的地产以及科里布湖的城堡，并找人给自己作画，画中他坐在马戛尔尼旁边，用手指向一张印度地图（图 2.1）。[40]

第三章

李自标在那不勒斯的教育经历

1773 年，李自标抵达那不勒斯，时年十三岁。他在这座城市里长大，终其一生都喜爱和怀念这座城市。在这里，他接受了古典欧式教育，用拉丁语授课，接受了修辞、哲学及后来的神学训练。由于比其他中国学生都小很多，他最要好的朋友是一位意大利同学。随着时光流逝，其他中国学生陆续返回中国时，强烈的思乡之情让他一病不起，而当他无法返乡时，作为这个社群的成年成员，他开始对这座城市有了更深的了解。

18 世纪的那不勒斯是欧洲的大城市之一。由海上而来，这些中国人应该能看到远处的维苏威火山以及近处水岸边富丽堂皇的新建筑（图 3.1）。经历了西班牙数个世纪的统治后，南部意大利在四十多年前成了一个独立的王国，定都那不勒斯。为了离新国王近一些，意大利南部各处的贵族家庭都搬到那不勒斯，也修建了许多宏伟的建筑。此前的百年间兴起了一拨修建教堂的活动，当地原本就有许多古代和中世纪的教堂，现在又添加了不少壮观的巴洛克式建

图 3.1　那不勒斯海湾全景，加斯帕拉 · 巴特勒（Gaspar Butler）绘。

筑，以至于一条街上就可能有五座以上的教堂。男人、女人和小孩在街上大声交谈，载客和运货的马车驶过，轮子碾过熔岩（不同于其他城镇的灰尘和泥土）铺成的马路，更平添了几分喧嚣。当这些新来的中国人沿着山坡向上走时，街道变得更加狭窄和昏暗，抬头只能看见高处的一线天。这些城市新区里的房子都是坚固的石质建筑，五六层高，其中不少为不同的宗教团体所有。为了维持他们的财富和权势，古老的贵族家庭希望能够限制继承家产的子嗣数量，因此鼓励子女加入宗教团体。在那里他们由家人供养，生活悠游自在，而他们的风采和生活方式吸引了上层阶级的诸多其他成员如此生活。[1]

耶稣基督圣家学院（College of the Holy Family of Jesus Christ），亦即众人所知的中华书院（Chinese College），就是这种类型的机构。最初兴建时是民居，风景极好，后面沿着山坡而上有一个围起来的大花园。大约四十年前，传教士马国贤（Matteo Ripa）从康熙皇帝

图 3.2　19 世纪早期的中华书院教堂与学院。一位男子正在进入学院的礼拜堂，而拱形的门洞后即学院。入口上方是一个充满阳光的屋顶阳台，其中有一个花园可以俯瞰城市和海湾。

的宫廷返回那不勒斯，此时的他深信耶稣会士的传教方式是错误的，而在中国传播福音的最佳方式是训练一批中国神父。所以他征召了首批中国学生，并设立了一个宗教团体来教导他们。[2] 后来学院也接收当地学生，他们的学费构成了学院的重要收入来源。[3] 李自标和他的同学们到来之时，此处已经有七名中国学生，还有四人来自奥斯曼帝国，以及十五名导师成员。整个社群大体上有五六十人，最年幼的是十一二岁的学生，最年长的是院长真纳罗·法蒂加蒂（Gennaro Fatigati），此人是马国贤的挚友，现在也已经六十多岁了。[4]

尽管设立书院的目标是培养传教的神父，但它也是一所学校。从进门处绘有壁画的大厅，新来的中国学生会被领到楼上，在建筑

图 3.3　中华学院的门厅。位于徽章正中的是汉字“圣家”，外围一周是拉丁箴言“外出到全世界去，向万民宣扬福音”。

的主楼层有一间巨大的宿舍，供他们同其他中国人一起居住。[5] 一场仪式在几个星期后举行，他们穿上了新的制服：一件有红色条带的黑色教士长袍。[6] 从周一到周五每天有四个小时的授课，此外也有固定的自习时段，每天还要参加弥撒、进行晨祷和晚祷。每日正中的时段被留出来，以便和其他学生一起游憩或是午休，也可以自由活动，人们鼓励学生们外出散步（尽管他们需要由一名成年社群成员陪伴，严格禁止骑马或是去维苏威山），之后要返回继续下午的课程。[7]

对于书院和城市而言，这些中国学生是特殊的，中国作为仁君统治、古老文明和高深哲学之典范的观念在这里仍保有其影响。这种观念的风潮以及与之相伴的略显怪异的中国风装饰，在欧洲别的地方都逐渐式微，但在王权强盛的那不勒斯依然盛行。为了体现中国人的重要性，书院院长真纳罗·法蒂加蒂在中国学生到来时亲自为他们沐足，并睡在他们的寝室里。新学生也被带入宫廷觐见国王，而国王也是学院的主要赞助者之一。总有贵族时不时地造访，而学生也会停课来招待他们，向他们展示学院藏品中的中国物件。[8]

最早的课程是基础拉丁语，由一位年纪大一点的中国学生教授。[9] 数年前，那不勒斯也开始鼓励学校用意大利语授课，但直到 18 世纪 90 年代，拉丁语一直是教育、法律和大部分学术著作所使用的语言。[10] 年幼的李自标很快就学会了这门语言，不久后他的语言能力使得他能够学习学院的正常课程。

那里有许多他这个年龄的学生，所以他也开始交上朋友。来自奥斯曼帝国的男孩本来是一个封闭的小团体，往往反感学院对中国学生的优待。[11] 因此，李自标同从南部意大利各地来到学院学习的男孩们交朋友。这些男孩都是因学院教育质量慕名而来的：他们中的许多人来自富人和贵族家庭，并不打算从事神父职业。[12] 李自标最亲近的朋友叫乔瓦尼·马里亚·博尔贾（Giovanni Maria Borgia），是瓦雷梅赞（Vallemezzana）公爵的独子。李自标后来回忆说，“我们灵魂的相交肇始于我们最初的年纪”，而博尔贾也是唯一一个他一生都以非正式的“你”来称呼的人。[13]

正是李自标同这些男童一起接受的经典教育将这一时期整个欧洲的精英连接在一起。詹巴蒂斯塔·维科（Giambattista Vico）的作品常被用来表述人文主义教育的哲学基础，他曾担任那不勒斯大学的修辞学教授。他所描述的教育同李自标及其同学实际上接受的教育相差不大。他们一开始先学习基础拉丁语和算术，然后转而学习修辞学，阅读所有重要的古典文本，打头的是西塞罗的演讲，之后是维吉尔和奥维德的诗，甚至有卢克莱修论原子的诗。他们受教于费利切·卡佩洛（Felice Cappello），学习公开演讲的技艺，后者在书院编写的教材中有两本得以出版。其中关于修辞的那本强调了对于从事教会或者法律职业而言接受公开演讲训练的普遍重要性，尽管此书以论述在布道时使用的姿势和发音的一节收尾。男孩们也学习用拉丁语作诗：现存的一本由不具姓名的中国学生留下的笔记本中满是拉丁长诗，有不同的格律，论题也从宗教（放弃世界而追随基督）到政治（一首赞美西班牙王后萨克森的玛丽亚·阿玛莉亚的诗）到传奇［为了拯救国家而放弃王位的不列颠国王卡德瓦拉德（Cadwallader）的故事］。[14]

因为他们最终要作为传教士返回中国，所以这些学生继续学习

图 3.4A 与图 3.4B　瓷器装饰的中国风卧室，于 1759 年在波蒂奇为玛丽亚 · 阿玛莉亚王后（Queen Maria Amalia）所建。不同于大部分欧洲的中国风格的装饰品，上面所写的中文是真实的。华人学生提供了文本，由工匠复制上去。里面有一位“远臣”正在称颂国王卡洛（King Carlo）。

中文也至关重要。当马国贤创建学院时，他从中国带回一位教师，但到了此时，安排的是一位年长的中国学生来教授年纪小的。[15]这一角色很快由同批来到的李汝林接替，此人的父亲是京师的一位武官，从小接受了良好的教育，启程时已经十九岁了。[16]对教材的选择看起来也颇为传统：我们恰好知道学院所使用的两本书，一本是在中国被广泛用作教科书的 17 世纪文学选集，一本是更晚一些的科举考试作文指南。[17]在李自标到来的数年前，那不勒斯大主教曾威胁说如果学生们并不能胜任传教工作，将关掉学院，在他看来，这需要对于中国历史和编年史有良好了解，因此这些也极有可能在大纲之中。[18]学生们也写基督教论题的文章：现存的学生笔记本里有一些用中文写成的关于死亡以及基督诞生的思考，但颇为糟糕。[19]同一小拨中国人一起生活以及向年长的同学学习，并不能让李自标获取写好汉语的技能，但足以让他保持讲一口流利的汉语的能力，也提供了书面语言的基本训练。

大概十七岁的时候，李自标开始接受未来作为神父的职业所需要的专业教育。这主要包含哲学方面的课程，之后是教义神学（dogmatic theology），最后是道德神学（moral theology）。教义神学是关于基督教教条的学问。道德神学研究伦理，在这一时期主要是讨论伦理问题，为的是将来能够听忏悔。[20]

这一时期的那不勒斯以其对天主教信仰的高尚情感而闻名，但是启蒙运动的理性主义也已经成为教会中的一股重要力量，而这在李自标的教育中起到了更多的作用。那不勒斯的两任大主教都对科学有很强的兴趣，这也影响了在城市里多起来的那一类教士。塞拉菲诺·菲兰杰里（Serafino Filangieri）于 1776 年成为大主教，颇为热衷牛顿的著作，先前也曾讲授过实验物理学。他将科学研究，尤其是物理学，视为理解宇宙进而增进对上帝的理解的一种途径。[21] 这些理性主义影响给中华书院提供的教育所带来的冲击的最好体现是费利切·卡佩洛编写的一本《童男用天主教圣训》（*Catholic Sacred Instruction for Boys*）。这本书虽然是在李自标返回中国后出版的，但它应该反映了卡佩洛自许多年前加入学院后的教学方式。这是一本关于历史和学术的作品：一段关于剃度的起源的讨论大量引用了普林尼关于 1 世纪卑斯尼亚（Bithynia）基督徒的作品以及各种当时刚刚出版的罗马铭文。此外，虽然卡佩洛最终呈现的都是当时的正统结论，这却是一本重视辩论的书：在所有的主要问题上都有论点和驳论。关于教士独身问题，他不仅处理了教会神父和新教徒的各种立场，也谈及当时关于人口增长和经济之间关系的政治论争。副标题“以考试形式安排的关于教士等级的神圣教导”（*The Holy Teaching Concerning Clerical Orders Arranged in the Form of an Examination*），表明这本书的目的是帮助学生备考，言外之意就是要想考得好，他们必须能够解释争论何以发生以及他们的立场。[22]

与这种相当常规的训练一起，包括李自标在内的四名中国学生和两名来自奥斯曼帝国的学生组成的小组被安排多学了一年形而上学，这是一门介乎哲学、自然科学和神学之间的学科。[23] 他可能也学习了希腊语和希伯来语：卡佩洛在他的教材中时常引用希腊语和希伯来语材料，一名中国学生抱怨一位同学用优雅的希伯来语写信却言之无物。[24] 这位叫王英的学生在学业上比李自标要弱不少，如果他也在学习希伯来语的话，李自标也极有可能一同学习。

李自标是一名出类拔萃的学生。学校每年向罗马提交每一位中国学生的报告，当李自标十六岁时，真纳罗·法蒂加蒂提到他是“一位年龄比别人都小的男孩，但拉丁语比他们学得都好”。[25] 两年后，他将李自标描述为“拥有杰出能力的年轻人，勤奋、谨慎、虔敬，堪称楷模，这都是极佳的”，一年后则是“所有中国人、黎凡特人和欧洲人中最具天赋的，虔敬、睿智、谨慎、好学、有观察力”。[26] 他也写到他喜爱李自标，是因为他始终使人愉快。[27]

年长的法蒂加蒂是一位极有基督教灵性的人，而李自标从到达的那一刻起便是他最钟爱的学生。在这一时期的那不勒斯，加入宗教团体的人经常是出于家庭的意愿，或是职业生涯的最佳出路，或者仅是为了活得轻松，但是也有些人的生活则是完全由信仰所塑造的，真纳罗·法蒂加蒂就是这样的人。为了能够继续留在学院培训中国学生，他拒绝了能为他带来社会地位和金钱报酬的主教职位，也因此受人景仰。[28] 从他的信件中可以看出，他为人谦和，哪怕是在驳斥别人时，选择的言语也多出自《圣经》。他的关爱似乎也激励李自标承袭了他所展现的价值观：李自标自己后来的通信风格与真纳罗·法蒂加蒂的灵性不谋而合，这在中国学生中间是非常罕见的，这也意味着他讲话时经常是这种风格。李自标这种令人愉快的真诚，使得众人为之所吸引，他也始终认为别人会善待他，这些可能源自他早年在凉州的经历，但肯定也是他同真纳罗·法蒂加蒂的关系使然。

李自标投身信仰的决心与日俱增，这也有可能受到了他与乔瓦

尼 · 博尔贾亲密友谊的影响，此人有非常强的从事宗教事业的意识，却遭到了家庭的强烈反对，因此而左右为难。作为家中独子，要继承公爵领地，原本将许多年轻人推向神父职业的家庭策略却要求他必须婚娶并生育继承人。他最终获得国王的批准成了一名神父，但这比李自标和其他中国人都要晚很久。[29]

李自标同意大利老师和朋友保持了密切的关系，而其他中国学生却罕见如此。真纳罗 · 法蒂加蒂认为柯宗孝傲慢无礼、爱与人争执、漫不经心，而且不是十分聪明。[30] 一名问题更大的学生叫范天成，真纳罗 · 法蒂加蒂一直试图让自己相信此人已经克服了大手大脚的习性。[31] 大量来自有钱有势家庭的年轻男子迫于压力进入宗教团体，因此那不勒斯的神父们普遍都有情妇或是偶尔与人共赴巫山。此外，学院附近的山坡上住房条件并不好，也是妓女时常出没的地方。狎妓并不被认为是一个特别严重的问题：马国贤立下的规矩很明确，即中国学生并不会因为守贞方面的罪过而被逐出学院。[32] 李自标作为学生楷模的名声在外，由此可推断他从未行此事，但他一生中都表现出来与人打交道时的戒备和能力，这意味着即使他有心去收养一个情妇，也肯定不会让人发现。

1784 年，李自标被授予圣职，时年二十四岁，这本来标志着他要返回中国了。此前一年，其他几位年长的中国学生已经离开，但是李自标同最年幼的一群人被留下了。[33] 真纳罗 · 法蒂加蒂去世，新院长后来写道，李自标和其他三名学生滞留书院，只因缺少足以让他们返回中国的盘缠。[34] 到中国的路费极其昂贵，但是除了金钱方面的问题，书院要想继续存在，也需要中国学生继续住在这里。

官方一直试图削减那不勒斯的神职人员数量，如果某一团体人数过少或者不能实现起初设定的目标，则时常面临被裁撤的风险。面对这样的威胁，书院不得不将中国学生留下，但最后的数年间罕有中国学生到来。对院长而言，除了将已有的李自标和其他中国学生留下别无他法。[35]

朋友离去和真纳罗·法蒂加蒂辞世，学院临时由一位相当严厉和挑剔的副职掌事，状态一直都很好的李自标生病了。一位已经离开的学生王正礼寄来一首诗来慰藉他：

> 现在身体失去了能量和气力，
> 年轻时享受的那些欢愉已然不再。
> 你有时置身于广场之中，有时在柱廊浓密的阴影中，
> 现在这些阴影召你回来，而你寻找波蒂奇，
> 那里的暖风能够强健身体和心灵。
> 希望圣灵帮助你实现自己的义务。[36]

这些诗句摘自罗马诗人奥维德的诗作，当时他被流放于黑海附近，哀叹着自己身处蛮荒之地的苦楚。[37]这些诗句来自三个不同的章节，王正礼又有所改编，以符合李自标的处境，利用“柱廊”（portico）来引出海边小镇波蒂奇（Portici），书院在这里拥有一处房子，同许多那不勒斯的上层人士一般，整个学校会到此消夏。[38]王正礼拼凑的这首诗要讲的直接意思就是鼓励李自标，告诉他如果去波蒂奇的话病情会好转，他也有义务快点好起来。不过通过选择

奥维德的诗句，王正礼同样也是将李自标的处境比作奥维德在蛮荒之地的流放，只不过两人的处境恰好相反：奥维德因思念罗马而染疾，而对李自标而言，他所在的意大利是蛮夷之地，他思念的故土是中国。最终李自标康复，并作为书院的成年成员安顿下来。

三年之后，新任院长弗朗切斯科·马塞伊（Francesco Massei）写道，李氏已经足以成为一名好的传教士，为人尤其谨慎，待人颇为谦恭有礼而不虚饰。[39] 1789 年，六名新的中国学生到来，李自标作为最年长的学生可能是他们的拉丁语教师。终其一生，他与这些年幼的学生都保持着密切关系。[40]

留在书院的中国人在获授神职之后可以自由出入城市。此时的他们也都有钱来这么干，因为他们可以接受赠礼，也能通过做弥撒来挣钱。[41] 作为同事而非学生来结交书院年长的同事，同样让这些中国人更加深入城市的生活。有些当地人只是被任命为执事，以便在将来能够脱离神职并娶妻生子，而另外一些人则是等着找到新的职位。成为李自标好友的费利佩·科佐利诺（Filippe Cozzolino）十七岁时来到学院，五年后就离开了。[42] 留下来的年长的书院成员专职教学，偶有一人离开后去中国传教，但是大部分人都在城市中过着普通教士的生活，念念弥撒，做做祷告，听听告解。他们本应每周在书院中至少待三天，但是要让他们遵守这项规定却非易事。事实上，有份报告声称要想找个开会的时间是很难的，因为他们几乎不会同时在楼里。即使他们在学院内，他们也有很多访客来餐厅用餐，学院对饮酒也不加限制。[43]

1791 年 1 月，李自标在意大利的经历迎来高潮，此时他与王英、柯宗孝和严宽仁作为传教士，在启程之前一起到罗马参加神学的最终考试，考场中有教宗、传信部枢机主教和其他主要的教会领袖。考试很顺利：所有五人都取得了“优秀”的最高分，也获得教宗的称许。他们参加了一场庄严的弥撒，由教宗亲自主持，也有幸去了他的宫殿并亲吻他的双脚。他们四处观光，获赠的礼物是圣方济各 · 沙勿略（Saint Francis Xavier）的遗物，此人以最早到达中国的传教士而闻名。李自标给在那不勒斯的社群写了一些短信，表达了他在见到罗马巨大的教堂时的惊叹，还承诺在他返回时告诉他们一切，并特别向乔瓦尼 · 博尔贾致以问候。[44]

在那不勒斯居住近二十年后，李自标和同伴已经满足了为让他们成为传教士所设定的各项要求。他们能讲流利的拉丁语、意大利语和汉语，通晓欧洲精英的文化世界，但他们都是为了在中国工作而接受专门的训练，所有人都时不时地为思乡之情所折磨，盼望着回归家庭和故土。

第四章

小斯当东的奇异童年

小斯当东接受的教育与众不同。1784 年老斯当东从印度回国后，他将自己所有的精力都投入对儿子的塑造当中，矢志要隔绝所有外界影响，让小斯当东接受面向一个崭新世界的教育。那时恰好是法国大革命爆发前的几年，同样也见证了发生于英国的工业革命的肇端。当时流行的教育哲学塑造了老斯当东的教育方式，尤其是卢梭的观念。这对于孩童而言则殊为不易：小斯当东在老年时期会引用埃德蒙·吉本（Edmund Gibbon）的评论，即当其他人回忆起孩童时期的欢乐，他却从未品尝过这种欢乐。他的另一个遗憾是，尽管他能讲流利的拉丁语，却从未学会用拉丁语写诗。拉丁诗歌创作十分重要，因为这是联结欧洲精英人士的纽带，即便在马戛尔尼那一代人的欧陆游学、赌博和决斗都遭摒弃后的很长一段时间也依然如此。[1] 小斯当东所错过的以及后来一直让他成为英国社会的一个边缘人物的东西，恰恰是李自标所接受的那种古典教育。

老斯当东一听到儿子出生的消息，就开始为他降生的儿子制订计划。他在从马德拉斯寄到戈尔韦的家书中写道："我所有的精力都会以他为中心。"[2]那时时兴的一种教育哲学鼓励将天真的儿童同世界上的各种罪恶相隔绝，而他给小斯当东（当时叫托马斯）所设定的计划则囊括了一系列他认为很重要的科目，他的观念正是两者的杂糅。[3]一开始，老斯当东便要求自己的母亲"让汤米想着说、读和写爱尔兰语"(她转述给简时的拼写也反映了她的爱尔兰口音)。[4]这是源于爱尔兰民族主义和对学习这门语言的热忱，抑或是如他母亲所期望的回到戈尔韦居住的打算？不过几个月后她便去世了，小斯当东则由她的好友林奇夫人（Mistress Lynch）照料了一阵子。他只有三岁，并不能理解发生的一切，便一遍又一遍地问祖母为何沉睡不起。之后他和他的保姆被安排乘坐公共马车返回索尔兹伯里的母亲身边，他的生活也在瞬间被再次改变。[5]

之后不久，老斯当东便从马德拉斯返回，同妻儿一起在伦敦定居。他现在拥有的钱财足以让他生活得很惬意，但是在短期内却没有受雇的机会，所以他的首要事务便是小斯当东的教育。由于老斯当东性子急，并且不习惯照看年幼的孩子，小斯当东要经历的这些转变对他来说并非易事，他也在一个难忘的场合讲过他父亲应该被送回马德拉斯的"船屋"。[6]

他们起初让简教小斯当东阅读，但是老斯当东并不允许她使用通俗儿童读物《汤米 · 特里普的鸟兽史——包括小汤姆本人、他的小狗朱勒和巨人华格罗格的故事》(*Tommy Trip's History of Birds and Beasts with . . . the History of Little Tom Trip Himself, of His Dog Jouler, and of Woglog the Giant*)，虽然她父亲正是靠出版这些读物发家的。[7] 他给她带来安娜·巴鲍德（Anna Barbauld）的新教材，其中通过一大长串的指示来教授阅读。（“不要洒牛奶。用另一只手拿勺子。不要将你的面包丢到地上。”）[8] 老斯当东尝试控制自己的脾气以便树立一个好的榜样。一段时间之后，他发现威胁将他自己的手放入火中是让孩子听话的一个好办法。[9] 在父亲的持续监督之下，小斯当东似乎继承了母亲的温柔天性和她的一些羞怯，也成为一个极为顺从的孩子。

在小斯当东五岁生日的数天前，他的父亲开始同他讲拉丁语，在他开口讲了“请”（如您乐意）之前一直拒绝给他任何东西。[10] 拉丁语是当时标准教育的一部分，也是科学界的国际语言，但是对于绝大多数的英国男孩，这是一门在学校里通过语法学习的语言。老斯当东接受的耶稣会教育使得他能够在日常生活中使用拉丁语，这在英国是不多见的，而他决定让儿子从一开始就将拉丁语作为一门口语来学习，这也被视为是一种非同寻常的做法。当小斯当东十一岁时，他父亲同他讲话时全部使用拉丁语，“哪怕是最琐碎的话题”，这也被当作一件新奇的事报道在报纸上，他们外出时肯定也会让这个羞涩的男孩招来关注。[11]

报纸的报道显示老斯当东对儿子的教育究其本意而言是一场要为自己带来认可的公开试验，尽管这耗费了他的大量时间，他也越来越为金钱而焦虑。他需要一份工作，前景却不乐观。他和马戛尔尼感觉他们同迈索尔签订的条约是一项巨大的成就，拯救了大英帝国，但是在伦敦更引人注目的则是军事上的惨败。此外，他们回到英国之时，小威廉·皮特（Willian Pitt）担任首相，而马戛尔尼从霍兰勋爵那里获得关照的希望也破灭了。马戛尔尼便试图表现为一个远离政治的专业人士，却又依靠妻子的政治人脉：简安排老斯当东去见皮特，替马戛尔尼谋差事。[12] 最终马戛尔尼获授孟加拉总督的职位，但是因为没有得到他赖以成功的支持，他拒绝了这一职位，退隐到自己在爱尔兰的地产中。[13] 老斯当东既没有一份田产，也没有这样的支持，可以让他像马戛尔尼一样在数年间即使债台高筑也能够安然生活。

一个让老斯当东激动不已的前景出现了，这便是英国新的使华计划。当他还是一个法国耶稣会学校中的男孩时，他肯定听说过在这片土地上，耶稣会士在宫廷中颇有影响力，有学识的人为贤明的皇帝珍视和重用。当然，这绝非皮特要派遣使团的原因。他首要关心的问题也是当初导致马戛尔尼被派到马德拉斯的那些问题：东印度公司统治印度的弊病，尤其是财政方面。对于中国茶叶征收的关税是国家财政的重要来源。东印度公司是伦敦的一个大雇主、航运和其他行业的重要投资者、投资者的一个安全可靠的分红来源，同时也偶尔向政府提供大额贷款。所有这些都很重要，而同迈索尔的战争和在印度的领土扩张几乎导致其破产，尽管公司的雇员都发了大财。皮特政府设置了一个救济方案，与之相伴的是创设了管理局(Board of Control)，以亨利 · 邓达斯（Henry Dundas）为首，逐渐将公司置于政府的控制之下。他们也降低了茶叶的进口关税，认为贸易量会因此而扩张。对华贸易的增长会使公司的财务充实，用以资助对印度的统治。为了达到此目的，英国政府希望利用出使来获得一个在华贸易基地并向中国朝廷派驻代表。尽管他们并未言明，但这一策略在扩张他们在印度的活动时大获成功。另外一项收益则是增加政府对东印度公司的控制。公司的董事们自然尽全力抵制这一方案，试图削减支出并指出中国人将出使视为承认自己低人一等。[14]

老斯当东毛遂自荐要率领新的使团，但是他和马戛尔尼在东印度公司那里很不受欢迎。在马德拉斯时，马戛尔尼在加强政府对东印度公司的控制方面可谓毫不留情。而近来老斯当东同埃德蒙·柏克（Edmund Burke）走得很近，两人都有相仿的爱尔兰背景，而柏克此时正在准备猛烈抨击东印度公司在印度的腐败统治。他甚至还曾将小斯当东带在身边。[15]于是出访中国的特使职位便给了一位没那么多争议的人选：查尔斯·卡斯卡特（Charles Cathcart），这是一位同政府有密切关系的军官和议员。[16]

在老斯当东失望之余，法国也传来了坏消息，在那里，国王的政府已经岌岌可危。老斯当东启程前往巴黎却又不得不折返。是年冬天，他几近崩溃：他整日里坐在炉火旁，有气无力，甚至于不愿起身用餐或是给他的密友们写信。[17]他也没法让自己继续教授小斯当东。于是便聘用了伦纳德·威尔逊（Leonard Wilson），作为讲拉丁语的用人来照看儿子，这是一位接受了和他一样的法国神学院教育的爱尔兰年轻人，不过他依然保持了足够的兴趣，还将小斯当东送到一位苔藓和地衣专家那里上课。[18]

但是此时的世界似乎终究还是在改变。1789年，法国发生了剧烈的政治变革。老斯当东此时已经康复，便冲向巴黎，尽管当他看到一个人的头颅被挑在长矛上穿街过巷时惊骇不已，（在写回爱尔兰的信中）他仍然感觉到这里“正在进行一场极其绝妙的、有利于人民的革命”。[19] 就他在格林纳达所遭受的损失，他同柯林斯一家打了一场官司，此时也已了结，而简也从父亲的家产中继承了五千四百七十七英镑，他的财政状况随即获得改善。[20] 后来查尔斯·卡斯卡特在远赴中国的航行中亡故，所以又要重新筹备英国使团。此次马戛尔尼被提议出任特使，同时也有意让老斯当东担任他的副手，并在使团离开之后接任特使常驻北京。

小斯当东现在已经八岁了。讲拉丁语的用人威尔逊下场并不好：一天晚上他在让小斯当东入睡后外出饮酒，身上带着一块极其昂贵的金表，表上镶有钻石以便能在黑暗中报时，这块表曾被简挂在她卧室里的一个楔子上。他被捉拿并受到审判，尽管法庭施加压力，但曾经十分信任他的老斯当东还是低报了表的价值，远低于其实际价值，以免这桩盗窃案以死刑起诉。后来，威尔逊被判流放非洲。[21]

老斯当东此时也回到了易于激动的状态，决定让小斯当东开始将古希腊语作为口语来学习。18 世纪晚期的伦敦，要找到一个讲拉丁语的人并不是特别难，但是一位真正能够讲古希腊语的辅导教师则是另外一件事了。老斯当东便给位于希腊语研究重镇莱比锡的一位教授写信，请他推荐一位辅导教师。教授用拉丁语复函，推荐了伊登勒（Johann Christian Hüttner），此人便从德国启程前往伦敦，与斯当东一家住在一起，教授小斯当东拉丁语和希腊语。[22] 与此同时，老斯当东也找到了一位兼职的数学辅导教师：约翰·巴罗（John Barrow）曾在一所语法学校接受教育，十四岁时在一家铸铁厂做学徒，在捕鲸船上出海一年，沿途自学了相当多的数学和航海知识，让他后来在格林尼治的一所学校里谋得了教师的职位。他在语法学校接受的教育意味着他也能够用拉丁语授课，这也是老斯当东所要求的。同伊登勒一样，巴罗也很欣赏老斯当东友善的风格，后来还忆起他曾保证小斯当东是“一个可爱、活泼的男孩，能力超出平均水平，十分温顺”。[23]

同时，出使中国的新计划逐渐成形，也与促进英国出口密切相关。因此，次年小斯当东十岁的时候，老斯当东决定带他游览英格兰和苏格兰，聚焦于制造业，以提升他实践方面的教育。小男孩的日记中记载了他如何同爸爸妈妈、伊登勒老师以及一位来访的瑞典植物学教授一起出发（图 4.1）。

老斯当东一如既往地充满活力和热情，于旅程之初访问了天文学家威廉·赫舍尔（William Herschel），小斯当东震惊于“望远镜的巨大尺寸”，也被允许通过其中一架望向远方。[24] 一路北上，他们参观了新修的运河、制造别针的工厂和制造长筒袜的工厂（“一台极其复杂的机器”）。[25] 在伯明翰时，他们同马修·博尔顿（Matthew Boulton）和詹姆斯·瓦特（James Watt）一起用餐，他们所开发的蒸汽发动机如今被视为奠定工业革命基础的发明之一，这也是希望能够向中国人展示的物品之一。[26] 在后来的旅程中，他们看到了一台在纺棉花的机器上运行的新式蒸汽发动机。小斯当东和父亲还乘着一个吊桶下到盐矿井中，令可怜的简心悸不已。他们还遇见了一位盲人数学家、植物学家，他用来计算和记录天气的板子让小斯当东十分着迷。这趟旅行被解释为小斯当东所接受的教育的一部分，他也拼尽力气想要跟上，但是他只有十岁，也经常感到疲惫。大部

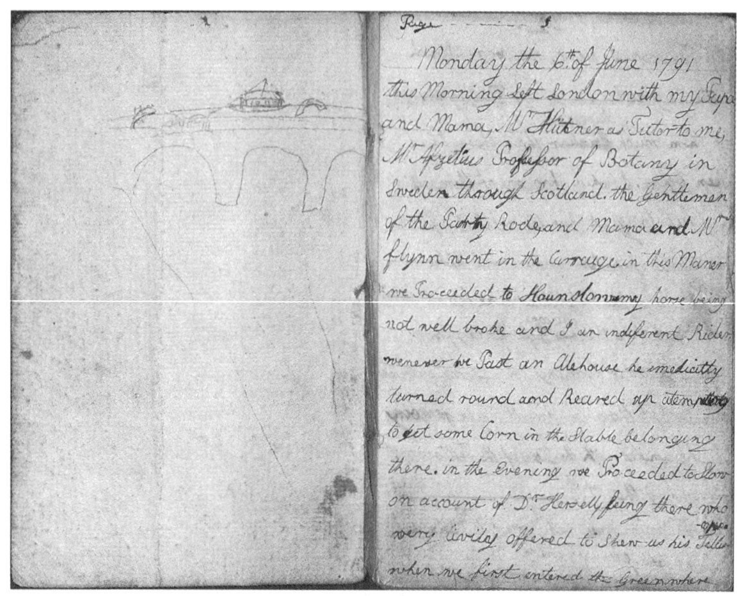

Page ——— 1

Monday the 6th of June 1791
this Morning Left London with my Papa
and Mama, Mr Hütner as Tutor to me,
Mr Afzelius Professor of Botany in
Sweden through Scotland. the Gentlemen
of the Party Rode, and Mama and Mr
flynn went in the Carriage. in this Maner
we Pro-ceeded to Hounslow my horse being
not well broke and I an indiferent Rider
whenever we Past an Alehouse he imedicitly
turned round and Reared up atemting
to get some Corn in the Stable belonging
there. in the Evening we Pro-ceeded to Slow
on account of Dr Herselly being there who
very Civily offered to Shew us his Teles-
when we first entered the Green where

图 4.1　小斯当东日记的首页，作为一项作业所写。他还画了一艘由一匹马拉着的运河船只，行驶在引水渠上。

分情况下，他的日记通篇闪耀的是他父亲对这一时代的新科技发明的热情。[27]

所有这些都处于科学知识和教育理论的最前沿，但是令所有人印象深刻的是，这也算得上一种极不寻常的抚育孩子的方法。老斯当东喜欢到处夸耀儿子，在给他的植物学家朋友詹姆斯·史密斯（James Smith）爵士的信中谈到他们如何在贝克韦尔观察化石并从中发现竹子，“我儿子认为他能够辨别另外一种印记为流星花（*Dodecatheon Meadia*）”，但“这个小家伙作为贝壳学的新手还是很厉害的，能够确定贝壳的种属”。[28] 当他们来到格拉斯哥时，另外

图 4.2 托马斯 · 希基（Thomas Hickey）所绘的小斯当东，时年十一岁。小斯当东正在地球仪上指着中国。打开的书本是希腊语的欧几里得《几何原本》，以展现他超常的语言和数学能力。

一位植物学家乐意听“半着魔的斯当东爵士”讲新鲜的消息，却同詹姆斯·史密斯开玩笑说小斯当东是个如此古怪的孩子，以至于中国人可能会将他作为稀有物种留下——“天啊，这个幼童满脑子都是些什么想法。”[29]

老斯当东很清楚教育在年轻人融入社会方面发挥着核心作用，但他依然决定让儿子做好准备，迎接一个他期望会到来的全新世界。李自标在那不勒斯的同学相信他能读懂拉丁文诗句的言外之意，而马戛尔尼也能够在海上航行时用拉丁语赋诗来打发时间。[30]他们的古典教育将他们同欧洲的精英阶层联结起来。老斯当东认为儿童具有通过观察和沉浸来学习语言和科学的能力，这些观点非同寻常，也迥异于传统观念。小斯当东的确学习了拉丁语，他后来的一生中也对科学保持兴趣，不过他所接受的教育却总是将他与来自相同阶层和背景的人们区隔开来。

第二部分　李自标和马戛尔尼使团

第五章

为使华寻觅翻译

马戛尔尼在获任新使团的特使一职后，要做的第一件事情就是任命随从人员，而找到一位合适的译员实则是最艰巨的挑战。广州贸易不可避免地要用到商事译员，而马戛尔尼也有意给京师的耶稣会士带些礼品，期望他们能够充当翻译，但是他对雇用这些群体中的人颇有疑虑。他在给邓达斯的信中写道：

> 不过谨慎起见，如有可能，断不可全然依赖此时北京或广州的译官。他们可能有当地的观点和关系，或是自身因敬生畏，以至于不能将最得体表述之涵义忠实、完整地呈现出来。故而应当在欧洲觅得一位高超的汉语译官，此人或能将各类暗语明示都加以传达，甚至包括一些汉语的观念，而在船上时，首要之处便是彼此在长途旅行所难免的亲密接触中能够形成一种依赖，以确保其履职时的忠诚和热忱。我们至少要能够发掘他的情感，此外是他真实的性格，这些能表明究竟能对其加以何种程度的信任；在

所有场合，他都能发挥制约常驻传教士的功用。[1]

这不单单是找到一个具备必要语言能力的人的问题。其中的关键在于信任，而这正是马戛尔尼希望在旅途中能够建立起来的东西。

起初最大希望似乎是找一名从中国回来的法国传教士，所以决定让老斯当东去法国。前往法国的行程由东印度公司付费，他也因为能够观察进行中的大革命而激动不已。1792 年 1 月，他启程前往巴黎，小斯当东及家庭教师伊登勒随行。到达后，他会见了教会组织，也确实找到了一位先前的传教士，但此人二十年前就已回来，直接拒绝了再次前往中国。同时，斯当东父子也去旁观了国民大会（National Assembly）和激进的雅各宾俱乐部的会议，这令小斯当东感到无趣，因为他听不懂法语。更有戏剧性的是前往巴士底狱遗址的旅行，在那里老斯当东给儿子上课，告诉他那些“不幸的可怜人……被投入深深的地牢中，戴着镣铐，全靠面包和水来维系生命，以满足君王和其他掌权者的反复无常”。[2] 除了给儿子灌输革命观念，老斯当东也在考虑在爱尔兰置产的风险，因为“任何财产，不论是不动产还是个人财产，在任何地方都不可能被长久保有”。[3]

无法在巴黎找到翻译，老斯当东决定继续他们的旅程，进入意大利并一路南下，直奔那不勒斯的中华书院。他已经在巴黎逗留了不少时日，而旅途中耗费越多，就越需要找到一位翻译来证明其必要性。他给英国驻那不勒斯的特使写信，后者回信说他同书院的院长颇为熟稔，也相信他们会同意，但是中国学生担心如果他们到了京师就会被捉拿问斩，因为此前离开中国时并未获得批准。[4]这确实是一项法律，但是人们肯定知道它实际上从未执行过。尽管如此，当老斯当东到达那不勒斯时，他告诉书院，译员的职责仅是在旅程中向英国人教导中国的习俗和语言，他们可以在澳门同使团作别。他知道他需要一位讲官话的翻译，因为宫廷里用的也是这种北方方言。在完成学业的书院学生中，柯宗孝出身于京师的官员家庭，而李自标也来自中国北方，所以他们被选中，同使团一起返回中国。[5]

实际上，老斯当东希望翻译所做的事情远不止在旅途中教导英国人：他想让他们跟着使团一起去京城。因此，在那不勒斯之后他去了罗马，在那里他鼓励李自标和柯宗孝去寻求批准，以便能一直跟随使团。两人在梵蒂冈宫廷内到处奔走，安排会面，也感到莫名其妙的重要。他们恰好见到了一位书院先前的赞助者，现在是一位枢机主教，安排他们私下见了教宗，教宗本人也对他们参与使团给予了首肯。之后老斯当东自己也接触了一些枢机主教。他们把他视为一位显要人物和捐助者，给了他一本珍贵的手写的汉语—拉丁语词典以及一封请求在华主教们协助使团的信，这些都让李自标印象颇深。[6]在罗马的这些天，李自标逐渐意识到自己给使团当翻译可能是为了教会的利益而承担的一项任务。

他和柯宗孝也有一个更直接的目标：他们想安排另外两位他们的同学严宽仁和王英一起返回中国。王英是一名来自西安的男生，多年前与他们一起南下澳门。他在书院时成绩从来都不突出，但是作为同学，他们并不想舍他而去。[7]严宽仁则是另外一回事：他是晚了好些年才到书院的，当时已经二十岁，却成为一名出色的学生。

四年后，真纳罗 · 法蒂加蒂就曾讲过他的拉丁语胜过许多意大利读书人。[8] 当李自标和柯宗孝发出请求时，老斯当东允诺使团会免费将王英和严宽仁带回中国，只是他们需要走海路到伦敦，这样更快（也更便宜）。传信部的枢机主教同意了这种方案，因此书院也无法拒绝。[9]

从一开始，老斯当东就对李自标和柯宗孝以礼相待。他为“两位中国绅士”购置了一辆单独的旅行马车（而非期望他们与自己的用人同行），而现在又答应带上他们的同学。[10] 李自标在给那不勒斯的回信中写道：“和我们一起的那些英国绅士实在是考虑周全而且和蔼可亲。”[11] 他和柯宗孝同斯当东父子以及伊登勒一起进餐，由于同小斯当东的对话始终都是用拉丁语，他们交流起来没有障碍，尽管他们要习惯英国食物的口味：早饭和晚饭都是面包与黄油配上加奶的茶或咖啡，以及里科塔干酪。英国人在午间吃肉，但老斯当东一直都考虑到李自标和柯宗孝作为天主教徒的需求，所以安排他们在大斋节期间吃鱼肉和鸡蛋。他也找时间让他们举行弥撒，甚至安排他们在著名的朝圣地洛雷托做弥撒，这令两人欢欣不已。[12] 老斯当东既同情天主教会，也天性和善，但是他也在执行马戛尔尼的计划。凭他在印度的经历，他深知一位值得信赖的翻译对于外交的成功至关重要，同马戛尔尼一样，他相信这样的信任可以建立在友谊的基础上。即便如此，李自标也时不时感觉到，不管老斯当东多么友善，“这都有些让人厌烦，我们就像撒马利亚人和犹太人，虽然住在一起，但是在财富和习俗上都差异巨大”。[13]

后来，老斯当东了解到使团启程的日期被推后了，他受痛风侵扰，所以旅程慢了下来。他决定避开穿越法国的危险，而是带着小斯当东走一条更为有趣的线路，要途经威尼斯和德国。在威尼斯，李、柯二人单独外出观光，而李自标尤其偏爱去参观教堂。他欣赏了运河边上的主要宫殿，也去听了著名的女童合唱，但他对此评价不高——她们太像女演员了。他也去采买物品，要找一本小祈祷书和一本教会法的教材。但是他的书信显示他同老斯当东讨论了欧洲政治，这显然也让他感兴趣。[14]

小斯当东要听李、柯二人用汉语对话，以便能够熟悉这门语言的发音。他父亲决定让他跟着使团一起走，可能也要充当老斯当东在印度艰难谈判时所设想的那种翻译：单纯、极度忠于其父，并且是语言间的透明中介。只有他身在伦敦的母亲抵制这一计划：当她想起旅途中的危险时便感到十分绝望，以至于她让自己的兄弟给老斯当东写信，劝他打消这个念头。[15]

他们从威尼斯向北穿过阿尔卑斯山进入德国，沿着莱茵河谷而上，中间绕道去了法兰克福，接着前往科隆。此时，法国大革命之后的第一场大战已经在法国同奥地利统治下的尼德兰边境打响。李自标给那不勒斯的信中带来了蒙斯战场上的消息：到处都是逃窜的法国士兵和贵族。一日清晨，其中两人钻进了他的旅馆房间，夺了他的钱袋，里面只有些硬币，幸运的是没有拿走他们别的物品。[16]

5 月时，他们一行抵达布鲁塞尔。这是他们到达英国之前停留的最后一座大城市，天主教在这里严格受限，李自标和柯宗孝都无法穿那不勒斯学院的教士服，所以老斯当东给他们置办了新衣服。李自标认为这样十分妥当，也觉得老斯当东“念及我们作为神父所恪守的清贫，丝毫不亚于我们自己”，[17] 对此也很高兴。李自标给他的同学们发送了一篇专题论文，讨论英格兰和爱尔兰近期与天主教相关的政治，其中强调了允许天主教徒实践信仰、兴办学校、进入法律行业的议会新法令。而这只可能来自老斯当东，他似乎告诉李自标，在这之后英国议会中就会出现一个“抬高人民而贬抑贵族”的提议。[18] 李自标自身的政治立场则远为保守：他乐于见到法国人在帽子上别上国王的帽章，因为他希望大革命失败而法国王室复辟。[19]

关于宗教，李自标和老斯当东也有分歧，但是很明显在这一阶段他们讨论问题的层次要比旅途刚开始时深得多，老斯当东向他展示了自己同天主教会之间的联系之深，在李、柯二人进行每日祈祷时也甚是虔敬。甚至李自标似乎曾劝老斯当东改宗，因为他曾写道，乔治爵士“心善、大方、博学且无丝毫骄奢之气……但是在信仰上颇为固执，也并不想改变，虽然其母亲是天主教徒而且他的信仰也是由耶稣会士传授的”。[20] 所有这些都是真正信任的体现，因为老斯当东的天主教背景对于他的职业而言一直是一个重要的风险。实际上，他母亲的天主教信仰在小斯当东为他所作的长篇传记中只字未提。[21] 很明显李自标也了解到这个情况，他只是在写给那不勒斯书院院长的信中提及此事，在此之后还提了一个要求，就是让院长给乔治爵士写信，感谢他对他们的善意。

当他们到达伦敦后，李、柯二人在斯当东家里住了四个月，度过了整个夏天。他们同简·斯当东相处得很好，柯宗孝曾写道：“她对我们很和善，尽管她是圣公会信徒，她甚至提到自己因为欧洲女子不能前往京师而伤心。”[22] 位于哈利街上的宅子是斯当东一家在两年之内租住的第三处房产。[23] 然而这一区域新近的发展给李自标留下深刻印象，他在给乔瓦尼·博尔贾的信中写道：“可以说伦敦拥有欧洲最好也是最大的市区。因为没有城墙，市区一直在增长。每年要新建五百处宅邸，全都很恢宏壮丽，样式也都是一致的，也因此造出了和谐的街道和秀致的景色。房子里都很干净、舒适，家具也都是英式的。”[24] 他接着讲了货物琳琅满目的商店、美丽的公园、马车、马匹和街灯。老斯当东还安排他们去参加天主教弥撒，李自标喜欢那里的男童合唱。“只有天气不佳。从来都是一样的，一会儿很热，一会儿又变凉了，很难有一整天是晴的。”[25]

李自标和柯宗孝都穿着他们在布鲁塞尔买的及膝长的深色大衣和马裤，还有老斯当东为他们准备的旅途所需的鞋子（两双）和衬衫（一人十二件）。“我们还需要戴围领，绕脖子两周。”[26] 李自标向他的同学们讲了他们的穿着，是为了让他们确信自己和柯宗孝都保持了神父的得体举止，但另一方面穿着对他们来说也很重要。李自标和柯宗孝是中国人无疑，但在 18 世纪的伦敦，他们的服饰表明了他们作为绅士的社会阶级以及他们作为天主教神父的身份。[27]

同老斯当东一家住在一起也让李自标和柯宗孝接触到了他所在的圈子。据说，他的周六夜间谈话聚会仅次于伟大的自然学家和科学的赞助者约瑟夫·班克斯（Joseph Banks）爵士张罗的聚会。[28] 当然，出使中国也是绝佳的谈资。李自标遇到的人中有埃德蒙·柏克，他是爱尔兰人，但同老斯当东一样，“虽不是罗马天主教徒，却是到了作为一个法律上的新教徒所能接近的极限”（马戛尔尼语）。[29]

小说家范妮·伯尼（Fanny Burney）不久在一场聚会上遇到了柏克。两人因为柏克对法国大革命的敌视而争论起来，不过当他坐下来向她讲述使团和两个中国人的事情时，她又重新来了兴致，柏克“对两人描述得很仔细”，在谈及使团的目标时“颇为高调，甚至还有些夸大其词，但是其中交织着许多典故和逸事，又充斥着寻常信息和奇思妙想”。[30]

老斯当东已经带李、柯二人去见了马戛尔尼。他们同他能用意大利语交流，马戛尔尼在欧洲壮游时学过意大利语，当然也能用拉丁语。为了筹备使华，马戛尔尼做了大量阅读，令李、柯二人印象颇深。他们非常高兴看到了一组关于皇帝在承德的行宫的雕版画，而这恰好是那不勒斯中国书院创办者马国贤所作。马戛尔尼很谨慎。在他确信能够信任这些翻译之前，他并不想告诉他们此次使华的真实目的，但是李自标对此很感兴趣，而且知道他在意大利的朋友也是一样。[31]一个月后，李自标给乔瓦尼·博尔贾写信报告严、王二人安全到达伦敦，信中也提到他已经能够判断出此次出使的动机，尽管如他所言，他由于缺乏经验且不会讲英语而受到了妨碍。他现在相信“此次出访中国皇帝的最终目的（如同所有具有重要意义的事务一样被隐藏起来）就是在北京附近获得某个口岸，只允许英国人在此贸易，使得他们能够免受广东商行的各种要求，从而自由做生意，也能增加收益”。[32]后来有许多著作将马戛尔尼使华描绘为一次在英国和中国之间建立现代国际关系的尝试，但是李自标的分析却是敏锐的。在幕后，东印度公司的董事会主席弗朗西斯·百灵（Francis Baring）已经开始同邓达斯争论此次使团成功获取的任何地域应当属于东印度公司还是英国政府。[33] 有鉴于奴隶贸易和英国在印统治的扩张，一位激进分子在看到访华使团的消息时写下了几句诗，意在提醒中国人要小心提防：

> 当这些口蜜而心空的
> 拜金奴伸出他们沾满鲜血的手，
> 不要触及他们——记住印度的过失——
> 记住非洲的悲哀——保住你们祖传之地。[34]

一旦了解到使团的最终目的是获取一处港口以便英国人能够从贸易中获取更多利润，李自标不禁感到自己受了马戛尔尼和斯当东一家不少恩惠。此时，严、王二人过得并不轻松，他们同一位英国天主教神父住在一起，每日为所有的花销担忧，而李自标和柯宗孝却有慷慨的供给。此外，老斯当东还告诉他，马戛尔尼已经同意无偿带严、王二人去中国，并不是为了要帮助天主教传教，而仅仅是因为他和柯宗孝曾开口请求。[35] 如此的美意令李、柯二人无以为报：前往清廷的使团的正式公告已经用英语和拉丁语发出。在英国制造业的实物之外，有人说李自标和柯宗孝曾帮助使团挑选献给清廷的一些贵重礼品，但是哪一类物件更能成为吸引中国高级官员的礼品则是东印度公司更有发言权的话题，而不是这两位此前二十年都待在那不勒斯的年轻人。[36]

这些中国人能做的一件事情就是给小斯当东讲授语言，而这是由柯宗孝负责的。柯宗孝来自京师的官员家庭，他应该能讲官话，且他离开中国时已经接近二十岁，所以他也接受了更多的汉语教育。英国人明白他对汉语的掌握超过李自标，但是他们仍然更喜欢同李自标打交道。柯宗孝没有那么灵活，也认为他们在伦敦的生活远不如人意。[37] 当巴罗向他展示了一本《英国圣公会祈祷书》（*Anglican Book of Common Prayer*）的拉丁本时，他将书扔到地上，并称“这是恶魔之书”。[38] 多年以后，巴罗仍将柯宗孝描述为小斯当东的脾气很差的老师。[39]

柯宗孝同一位名叫安东尼奥 · 蒙突奇（Antonio Montucci）的意大利人交谈时则更为开心，此人曾设法让人把自己引荐给老斯当东，并解释称自己“在学习汉语”，希望能够同中国人聊上几句。[40] 蒙突奇的汉语知识来自艾蒂安·富尔蒙（Etienne Fourmont）的作品，后者是位法国人，认为汉字或许是一门通用语言，受此想法所驱使对汉语产生了兴趣。富尔蒙同一位中国青年交谈过，此人来到巴黎原本是要学习成为神父，但后来娶了一位法国妻子，而富尔蒙关于汉语的观念几乎完全来自他根据基本原理解读汉语字典和文本的不懈努力。蒙突奇也对汉字的结构感兴趣，所以柯宗孝使用一本汉语字典向他解释了用以构造汉字的偏旁部首系统。老斯当东之前曾带着柯、李二人去大英博物馆看汉语书籍，因此柯宗孝也能在那里给蒙突奇做些简单的介绍。基于这些会面以及他能从字典里学到的东西，蒙突奇从一名意大利语教师变为了汉语专家。多年后，他在写到柯宗孝时仍带有感激，但实际上他从未能够真正阅读汉语文本。[41]

到这个时点，意大利的传教士学习汉语已有两个世纪：曾在凉州与李家一起住过的麦传世很难说是在中国传教的最厉害的学者，但是他能够用汉语写书。蒙突奇学习汉语时的困难提醒我们，并非只有在中国才存在这种对遥远文化非同寻常的知识匮乏：在英国一样，某些知识仅为某些特定群体或社会阶层掌握，或是单纯被遗忘。在大英博物馆里藏有汉语书籍，但已没有人能够阅读。此外，马戛尔尼借以了解中国的书籍是由一百年前的早期天主教传教士所作：关于中国近期宫廷政治的知识，对于外交而言至关重要，却是完全缺失的。

汉语是获取更多知识的关键，但这并不是依赖出版物的欧洲学者能够轻松获得的东西。早期传教士曾编写了词表和语法，他们却无丝毫动机要让它们能为大众所获取。[42] 多年以前曾经有三名英国男童被带到中国，想让他们拾起这门语言。其中最有名气的是洪任辉（James Flint），此人幸存下来，也学习了足够的汉语来为东印度公司担任翻译一职。然而，他最终获刑三年并被驱逐出境，因为他曾代表英国人尝试将贸易扩展到宁波，但并未成功。洪任辉此后再未回到中国，到开始为出使制订计划时，这位已知具有相当的汉语知识的英国人已经离世。[43]

实际上也有中国人在伦敦居住：长途旅行中经常有水手身亡，也需要加以替换。因此，虽然有英国和清朝政府的禁令，中国水手住在伦敦已达十年之久。他们住在船坞附近的穷人区，像其他水手一样，只有当他们陷入打斗或是赤贫时才会被精英人士关注到。几年前，一位中国水手喝醉了酒，然后被妓女抢了工钱，为此对簿公堂，另一位叫约翰·安东尼（John Antony）的中国人出面做翻译。安东尼在十一岁时就离开中国，从 18 世纪 80 年代起便不断乘船出入英国，也曾往返于中国。到这桩讼案时，他已经娶英国女子为妻，开了一家客栈为印度和中国水手提供膳宿。东印度公司为客栈付钱，所以他们肯定知道此人，但没人会将这些中国水手视为可能的信息来源。当然，他们大多数都是讲广东方言且目不识丁，但是约翰·安东尼有足够的家赀来穿着时髦的长裤，也识得足够的汉字来拥有一本皮面的袖珍记事本。如果有人继续四处找寻，或许能够找到威廉·麦考（William Macao），这是一位在 18 世纪 70 年代作为用人来到英国的中国人，后来就职于苏格兰税务局（Scottish Board of Excise）。[44] 不论如何，即使是一位不识字的中国水手或许也能给学者助一臂之力，否则后者只能像面对天书一样去破译汉语书籍。

李、柯二人与马戛尔尼会面，同他用拉丁语和意大利语讨论珍本典籍，也因此被视作精英人士并被接纳进他们的社交圈。他们的汉语知识被奉为稀有宝贵之物，而身处城市另一端的中国水手则被视若无睹。探究这一时期英国科学知识兴起的历史学家认为，许多新的观念是通过绅士之间的信任这一社会关系而获得接纳：谁能相信和谁不能相信取决于阶级、地位和私人关系等因素。[45] 同样，李自标所受的教育和作为绅士的表现举止，便成了英国人如何对待他以及如何衡量他的语言技能的关键。

第六章

远渡重洋

临近 1792 年 8 月底，出访中国的使团成员在朴次茅斯集合，从那里登船前往中国。旅途的确如简 · 斯当东担忧的一样危险。旅途中的危险会让李自标，以及年纪尚幼的小斯当东同使团成员在经历并战胜这些危险时建立友谊，这也是马戛尔尼所期望的。这同样会让他们感受到英国海军的威力及政治影响力之盛，而随后当他们到达东南亚时，则感受到中国移民分布之广。

朴次茅斯是英国重要的海军基地之一，驻防森严，船坞里还在建造大型舰船，以备众人所预料的与法国人的战争。使团的舰船包括拥有六十四门炮的皇家海军战舰“狮子号”（HMS *Lion*）和一艘庞大的东印度公司商船“印度斯坦号”（*Hindostan*），停靠的地方都离岸边很远，因为这种规模的船只很难驶进港湾。当老斯当东带着随行众人去参观时，李自标和柯宗孝也一同前往并见到了已经住在“印度斯坦号”上的严宽仁和王英。登船意味着要通过绳梯攀爬晃动的大船船舷，梯子随着波涛而晃动：小斯当东力有不逮，只能坐在椅子中被拉上去。他们随后登上"狮子号"，特使和他希望能伴随其左右的随行成员乘坐此船，其中就包括了李、柯二人。马戛尔尼将住在船长的房间，而船长伊拉斯谟斯·高尔（Erasmus Gower）和老斯当东则住在旁边较小的房间，使团里的其他男士则要挤在下层的舱位。小斯当东发现自己有一个小间，是用帆布从一个较大船舱中分隔出来的。[1]"狮子号"代表了当时军事技术所达到的高度：这是一座浮动的炮台，能够操纵自如，在全世界航行，并将其他船只或是岸上的堡垒轰成碎片。数排巨炮占据了上层甲板的大部分空间，乃至凸入船舱之中。帆布隔成的小间被设计成能够快速拆除，以备要清理船只准备战斗。逛过市镇并参观舰船之后，李自标肯定不会忽视英国海军实力之强大。

回到朴次茅斯，马戛尔尼的随从成员开始相互认识。组成使团的绅士们，据说是凭借他们的技艺和能力被遴选出来的，尤其是科学方面。实际上，大多数都同马戛尔尼有亲近的个人关系：他有三个秘书，但是实际干活的是他谨小慎微的私人秘书艾奇逊·马克斯韦尔（Acheson Maxwell）。另外两个秘书爱德华·温德尔（Edward Winder）和约翰·克鲁（John Crewe），以及护卫队长乔治·本森（George Benson），都是他表亲的儿子。[2]"狮子号"船长高尔曾指挥护送粮食运输船的舰队前往马德拉斯，而马戛尔尼当时正在那里。他曾经两次穿越太平洋航行探险，但遗憾的是，在一趟旅程中，他的船在南美洲最南端失事，六个人划船划了三百一十五英里到福克兰群岛寻求援助，这才得救。[3]老斯当东作为使团的秘书，不仅能够带上十一岁的小斯当东，还能带上他的老师伊登勒以及作为使团总管的

约翰 · 巴罗。当巴罗得知这一消息时，他正在给小斯当东上课，忍不住用拉丁语脱口而出："没多少人能有幸前往北京。"[4] 托马斯 · 希基（Thomas Hickey）名义上是使团的画家，但是在中国什么也没画，只是近期给马戛尔尼和小斯当东作了肖像画（图 4.2）。[5] 同行的还有两名医生，但显然是老斯当东的朋友。有一位科学家叫登维德（James Dinwiddie），此人并不是私人关系，但是被雇来展示科技类的礼物，他想被视为一位数学家，但是马戛尔尼坚持称他为机械师。[6]

仅有的未被马戛尔尼选中的绅士们是东印度公司派来的。"印度斯坦号"船长马庚多斯（William Mackintosh）独立、富裕，且经验极其丰富。这次旅程是他第十次前往中国，他也为获得这一职位付了不少钱，希望通过出使过程中做点自己的生意赚回这笔钱。他的船上载有美洲太平洋海岸的皮草，想在北京售出。但如同许多开往中国的英国货船一样，与将要运回的茶叶相比，"印度斯坦号"此时只运载了很少的货物，所以有大量的空间可以存放献给乾隆皇帝的绝佳礼品，也能住下使团的低级成员以及严宽仁和王英。东印度公司的董事会主席百灵也派上了他十六岁的儿子亨利来监控整个进程。[7]

在朴次茅斯会合后，使团的成员开始等待风向的转变。[8] 像"狮子号"和"印度斯坦号"这样装着横帆的大型帆船在海上是相对安全的，也能运载大量的货物，但是它们很难操控，逆风时几乎难以航行。这意味着他们必须跟着地球自转造成的洋流和盛行风航行。高尔计划向南航行，随后跟着西向的风穿过大西洋到达巴西，然后是沿着南美洲海岸向下的洋流把他带到环绕大西洋的强劲洋流，这会将他带向东面进入印度洋。从那里他会顺着北向的信风到达荷属东印度群岛（现在的印度尼西亚），之后跟着一年一度的季风向北抵达中国。整个航行耗时一年之久。

一旦“狮子号”启航，所有人都要住进很小的隔间里。船上共有三百五十名水手和五十六名使团成员，其中包括士兵、用人和乐师。李自标和柯宗孝被算作使团的十位绅士，同海军军官一样同属船上的社会精英。马戛尔尼称呼他们“神父”（*padre*），这是专指天主教神父的敬称，而使团的初级画师额勒桑德（William Alexander）则称呼李自标为“牧师”（*dominus*），这是一种通常用以称呼老师的叫法。作为这一群体的成员，他们能够同马戛尔尼和高尔船长一起进餐，而当他们登上甲板时，他们也会被允许进入后甲板上专为船长和他的高级属员预留的一侧。[9]他们在伦敦停留时学了几句英语，也能同马戛尔尼和希基讲意大利语，但是他们通常讲拉丁语。其他绅士应当都在学校里学过拉丁语，关于旅程的各种记叙都表明许多日常谈话都因为李、柯二人在场而使用拉丁语。伊登勒这个稳重的年轻人，他们在伦敦时便知道他通晓拉丁语，自然成了他们的伙伴。他对使团的记载中经常提到李自标讲的事情，这表明他们已成为朋友。[10]

不同于李自标，小斯当东则没有太多交朋友的机会。船上有许多他这个年龄的男孩，但他父亲的教育体系仍然要求他无时无刻不在监督之下。他还有些胆怯：“狮子号”上的海军见习军官也都是些海军低级军官，其中一些是他的同龄人，当他看到他们爬上索具时，他所讲的第一句话（用拉丁语）便是：“他们母亲看到了该怎

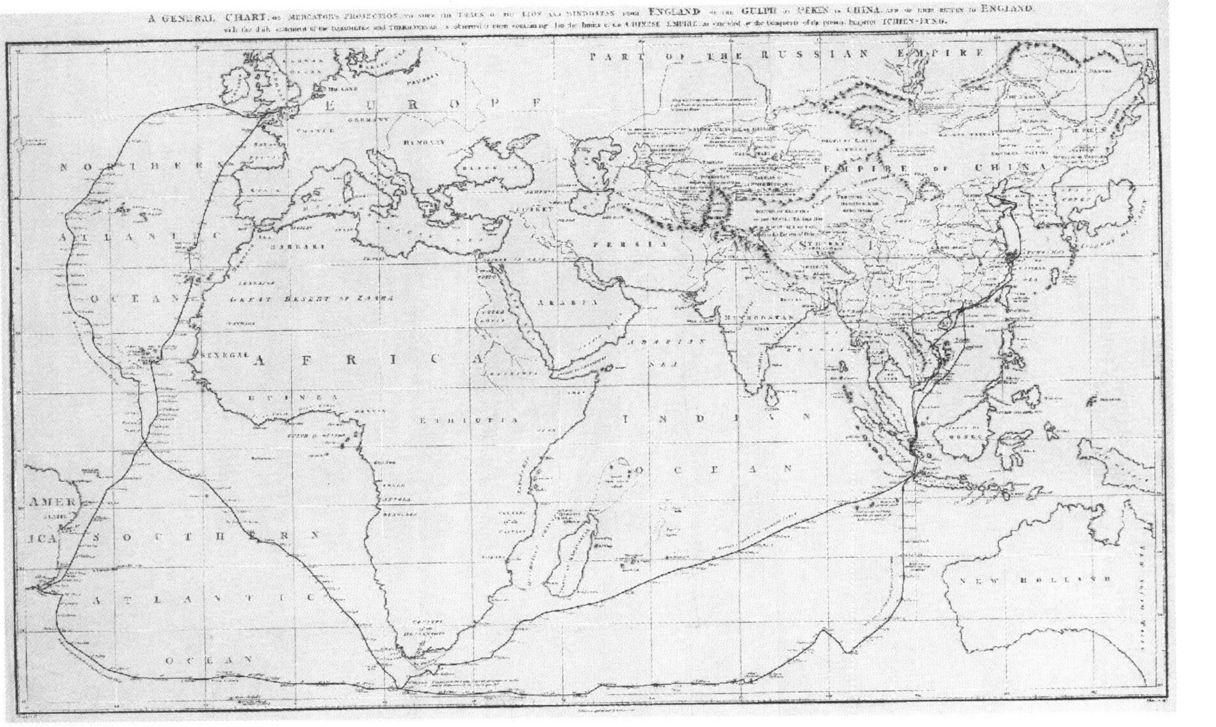

图 6.1　约翰 · 巴罗所制《每日午间运用气压计和温度计的记录展示“狮子号”和“印度斯坦号”从英格兰到中国北京海湾以及返回英格兰的路线之墨卡托投影法全图；亦包含当今乾隆皇帝之征服所扩张的中华帝国疆界》。

图 6.2　额勒桑德所绘《皇家海军狮子号》。额勒桑德在商船“印度斯坦号”上绘画，该船航速较低，通常位于“狮子号”身后。除了给这艘战船带来速度和敏捷的巨幅风帆，他还画出了马戛尔尼作为特使所占据的大为装饰的船尾舱室以及六十四尊巨炮所留的两排炮门。

么办！”[11] 老斯当东曾安排他下到船舱内部饮茶，在这里海军见习军官睡在发臭的锚索上方的吊床里，这样的事情也仅此一回。[12] 此后的旅程中，他偶尔被派去同见习军官一起学习，他们要上如何操控船只和导航的课程。他喜欢数学课，后来他的日记也开始看上去像见习军官们要记的船只航行记录，但是他像他们那样攀爬索具的尝试以失败告终：“我想要爬上桅索，却发现这差事又难又脏。”[13] 不管怎样，他很少有自己的时间：在大部分旅途中，他被要求严格遵守以汉语课程为主的时间表，即早餐后他要跟柯宗孝学两个小时的汉语，稍事休息后跟伊登勒上一节希腊语课。之后，他勉强有时间去更换参加正餐的好衣服。餐后再学一小时的汉语，而“剩下的时间则归我自己所有”。[14]时不时也有成年人加入汉语课，但是最用功的是在“印度斯坦号”上航行的成年人，他们要求严宽仁和王英给他们上课，所以小斯当东则是自己跟随柯宗孝学习。[15]

离开朴次茅斯大约两星期后，使团抵达位于非洲海岸边的葡萄牙殖民地马德拉，船只停下来装载穿越大西洋所需的酒水和其他补给。在这里以及之后他们登陆的地方，马戛尔尼作为英使上岸时要鸣炮致礼，总督会举办持续数日的正式接待。[16]鸣炮时使用的是实弹，使整艘船为之晃动，声音之响，马戛尔尼有时都难以忍受。凡是英国战舰驶入港口以及马戛尔尼登岸时，照例都会安排这般重型武器的展示，令人心悸。李、柯二人作为马戛尔尼的随从成员，同斯当东父子待在同一处房舍，也会参加正式的接待活动。老斯当东喜欢带上小斯当东一起四处探险。这一次，他跟随约翰·巴罗外出登山。天下起了雨，尽管约翰·巴罗沉浸在对陨石的高谈阔论中，小斯当东却觉得这一天到头来“漫长且无趣”。[17]

当他们朝着巴西穿越大西洋时，有大把的时间可以交谈。在一片空阔海域航行的数日里，马戛尔尼也放松下来：在夜间，他喜欢站在船尾的栏杆处，看着后甲板上人群上上下下，在月光下聚成小团一起聊天。他也同李、柯二人侃侃而谈，李自标抽着烟，柯宗孝嗑着西瓜子。[18]

在马德拉时，马戛尔尼为他自己和随员买了酒，而数日后高尔船长在特内里费岛为船员装上了便宜一些的酒。船上存储的水很快就变味了，自然要喝掉大量的酒。一段时间后，马戛尔尼做了一份清单，清点了自己手头上还有多少波尔图酒（port）、里斯本酒（Lisbon）、马德拉酒（madeira）、克拉雷酒（claret）、霍克酒（hock）、马姆齐甜酒（malmsey）、特内里费酒（tenerife）、阿拉克烧酒（arrack）、杜松子酒（gin）、甜酒（shrup）、波特啤酒（porter）、麦芽啤酒（ale）、苹果酒（cider）、梨酒（perry），其中包含了仍有的一千八百瓶克拉雷酒。在船上这样一个全是男性的逼仄空间里，一起饮酒消弭了很多摩擦，也增进了彼此间的伙伴关系。[19]

另外一边，小斯当东享受了当轮船第一次穿越赤道时的娱乐活动。对于英国海员而言，这意味着他们进入了浩瀚的南部大洋，一个危险且陌生的世界。一位水手扮作海神，浑身滴着水，手握三叉戟，旁边有人打扮成他的妻子，他爬上船头，要求获知是什么船只正在入侵他的领地。马戛尔尼的随员中之前没有穿越过赤道的人被允许缴纳一笔罚款，而没交钱的人则被抓住、剃掉须发并浸入水里。当天结束时有一顿大餐，就着风笛的音乐痛饮一番。这些仪式、充满蛮力的浸水、聚餐和饮酒都是另外一项能够将船上的人员联结起来的活动。[20]

12 月，使团在离开英国三个月后抵达里约热内卢。他们发现葡萄牙人有些不安，对使团也明显不甚友好。葡萄牙是英国的盟国，使团在马德拉时受到了欢迎，但是英国扩张对华贸易也会威胁到葡萄牙占据的澳门。老斯当东带着儿子去看了一个蝴蝶的收藏、一座瀑布和面粉磨坊，还有玉米、菠萝、咖啡、橙子、可可、蔗糖和棉花的种植园，以及一个将昆虫处理成染料的胭红花园。马戛尔尼曾笑话老斯当东热衷于这些东西，这次小斯当东却和父亲有同样的兴趣爱好：他看到蝴蝶和瀑布时非常开心。[21] 同时，这些中国神父则舒舒服服地住在富裕的本笃会修道院里，俯瞰整个港口，因为这里的僧侣对使团非常感兴趣，邀请他们过去同住。[22]

高尔船长在里约的时间则花在为穿越南部大洋的航行中的危险做准备：装上了足够两个月的淡水，屠宰牲畜，调整风帆，替换掉一些船桅，并把木条固定在另一些桅杆四周，用以加固它们。[23] 正如他所预料的，船只几乎一离港就遇到了恶劣天气，在 1 月份，他们被狂风袭扰达三周之久。此时，他们已经深入南大西洋，沿着绕南极洲的洋流航行，此处也以波涛汹涌而闻名。当船只被狂风和大浪冲击时，船板嘎吱作响，声音之大让小斯当东觉得整艘船会散架。另一些时候，他觉得船会倾覆："船比任何时候都晃得厉害，似乎要翻船，海面像山峰一样高。"[24] 众人时常都是浑身湿漉。船舱里也都是从舱口流下的水，又从船板的缝隙中渗走。一个大浪直接打过了整艘船。有几天，小斯当东在用餐时都双腿盘着桌腿以防止自己摔倒。后来就没有定时的餐饮了，只能有啥吃啥。[25] 高尔船长的航行记录，通常只记录了"飓风"，在风暴最盛的时候则转为了详细描述，此时写道："海面浪高，不同寻常，船体倾斜严重，三点钟风向突转为西北，风力甚大，收卷主帆，调转船头向东北以保持船只驶向大海。"[26] 此刻如果有波浪从一侧冲击船体，船就有可能倾覆，但是在这种条件下攀爬索具去卷起船帆是极端危险的。三天后，当天气最终平静下来时，高尔让所有见习海军军官上下索具，加强练习。此时，船体每小时渗进八英寸的水，因为平常使用的水泵在风暴中损坏了。他们也不知道自己究竟身在何处。[27]

数日间，他们都希望看到阿姆斯特丹岛，这是正好位于南印度洋中央、非洲最南端和澳大利亚最西端中间的一个小地方（图 6.1 约翰 · 巴罗的地图中被标注为新荷兰）。一个很早的早上，当值的年轻海军上尉约翰 · 翁曼尼（John Ommanney）大声喊自己看到了陆地，老斯当东很激动，直接穿着睡袍便走出了自己的舱室：苍白、消瘦，睡帽的红色长丝带飘在风中，硕大的睡袍拖在身后。翁曼尼拿起扩音的喇叭，用平时向船员发布命令的声音大声喊叫，询问着："他究竟为何物，又从哪里而来，是受祝福的精灵，还是受诅咒的小鬼，带来的是天堂的气息还是地狱的狂风。"[28] 老斯当东花了片刻明白了其中的笑话，随后便笑起来。马戛尔尼和其他人一样都出来看发生了什么，也不禁莞尔。爆笑声感觉像是对他们刚刚经历过的危险的回应，但是这种玩笑也体现了船上众人之间日渐增长的友情。吵闹又古怪的翁曼尼也即将成为小斯当东一生的朋友。[29]

很快他们就进入了刮过印度洋的东北向信风。从那里开始，他们的航行变得特别快，一度在二十四小时内完成二百三十英里的航程。因此，在离开里约热内卢两个月后，他们抵达了位于爪哇和苏门答腊之间的海峡，即现今的印度尼西亚。他们开始看到飞鸟，随后看到很多小岛中的头一批。之后便有很多船只围绕，独木舟里的马来人拿鸡肉、水果和海龟做买卖。[30]

他们到达了巴达维亚（现在印度尼西亚的雅加达），这是来自欧洲、北美洲和中国的贸易之交汇点。港口里有比里约更多的船舶：

图 6.3　额勒桑德为老斯当东在巴达维亚购买的本杰明所绘的肖像。同使团的其他多位成员一样，额勒桑德为奴隶贸易所震惊，颇具同情的肖像也反映了这一点。

统治着城市和爪哇岛其余大部分的荷兰东印度公司的大型货船；同印度开展贸易的英国船只；大型中国舢板；船员要求同长官一起进餐的法国船只，这些船员对最近的大革命深信不疑；以及往来于其间的马来人的独木舟和帆船。在城市中，街道上人流熙熙攘攘，他们不是那些与世隔绝的荷兰人，而是服饰各异的亚美尼亚人、波斯人、阿拉伯人、来自印度北部的商人、中国人、爪哇人和马来人。[31]同样也有奴隶：这里也是东南亚贩卖人口的中心，老斯当东想要一名帮助照料儿子的用人，便出去买来一名奴隶，这是一个又高又瘦、皮肤黝黑的年轻人，并管他叫本杰明。[32]

巴达维亚也是一座华人很多的城市。他们看到了富裕的华人身着丝绸长袍，梳着几乎长及脚踝的辫子，而更多的贫穷华人则穿着松垮的裤子和短衫。小斯当东看了一些中国店铺的招牌，并从中能识得一些他跟柯宗孝学习的汉字。马庚多斯船长接上了五名来自澳门的中国领航员，他们能讲些英语。荷兰人鼓励中国商人来到此地交易中国货物，免受清朝的限制，也不用向清朝交税，但是自此他们开始主导东南亚内部大部分的贸易，同时也替荷兰人收税并建立矿山和种植园。华商并不会同荷兰人社交，但是有些富商在经营生意时需要广泛了解荷兰人以及他们如何行事。[33]后来，马戛尔尼担心取代荷兰人的是中国人而非英国人，在他看来，荷兰人一直在衰落，因为离开了中国人，生意便无以为继，并断言“中国人会成为此地的主人”。[34]

如同别处一般，荷兰人为英国特使及其随员举行了正式的欢迎仪式，但是荷兰东印度公司是英国人的主要竞争对手，而英国同中国的新贸易安排也构成了重要威胁，所以此次的排场比之前都大得多。仪式在荷兰堡垒大门外开始，有礼炮、阅兵和茶点。所有人都穿着欧式的正装，而气温却让人窒息。马戛尔尼的随从人员被带到一位荷兰商人的家中休息。在这里，荷兰人脱掉了他们的天鹅绒外套和沉重的假发，然后坐下来享用晚宴，菜品有煮鱼和烤鱼、咖喱鸡和鸡肉饭、火鸡和阉鸡、煮牛肉、烤牛肉、焖牛肉、汤、布丁、奶油蛋糕以及各式糕饼，全都一齐上桌。一组马来乐师在外边演奏。之后又上了中式的面点、水果和蜜饯。[35]

之后在总督的乡间别墅举行了舞会。当英国人到来时，入口的一侧演出中国的戏曲，另一侧是荷兰的杂耍。彩绘的中式灯笼用花环相连，装饰了后边的花园。小斯当东注意到花园中的池塘和沟渠映射了灯笼发出的光。他还欣赏了壮观的中国烟花，最后如同满天的星辰和太阳倾泻而下，依次爆裂。后来在舞会上，英国人见到了荷兰人在当地的妻女，身着马来服饰，浑身裹满珠宝，黑发向后梳起并饰以珠宝别针。午夜时又开始了一顿饭，官方的祝酒词一个接一个，而有些绅士“不少受到酒气的影响”，小斯当东如此写道，后来他才回到他们落脚的住处，又是“非常疲惫”。[36]

尽管有宴会，但是气候并不友好，马戛尔尼感到不适。他赶紧带着使团回到船上，在那里他们至少还能享受一下海上的微风。[37]起初，这让随行的中国人松了一口气：严宽仁在给那不勒斯写的信中（不忘损一下老斯当东）提到，“这样的旅途对于那些有闲情逸致的有钱人来说是享受，可对我们这些身无分文又思念故土的人来说可真的是乏味”。[38]在他们等风的同时，船上拥挤的生活条件意味着在巴达维亚染上的痢疾及其他传染病极易传播。老斯当东也因发烧而病倒。有些已经患上坏血病的人，身体虚弱，突然遭遇病情猛烈发作，随后身亡。曾照顾濒死天主教徒的严宽仁，记下了有六名海员死在“狮子号”离开爪哇之前。马戛尔尼开始在他的笔记本中记录死亡或逃逸者的名单，但是字体越来越小，直到因为没有地方下笔便停下了。季风比平时来得晚，船只在印度尼西亚群岛中缓慢北上。此时死掉的人远比先前在所有风暴中丧生的人多。[39]

严宽仁也非常担心，因为李自标也生病了，后背和前胸都有肿胀，伴有高烧。医生让他宽心，因为这是坏血病导致的肿起，李自标性命无虞。他们知道坏血病可以通过新鲜食物治愈，但严宽仁仍忍不住担心，因为李自标肿得厉害，疼痛异常。他祈祷上帝将李自标治愈，让他继续参与出使，“由于他至关重要，为我们所有人所珍视”。[40]在一起吃饭饮酒让船上的绅士之间产生了情谊，但也总会有差异：在海军军官和使团成员、富裕的年轻人和老斯当东的科学家友人之间，以及在英国人和这四名中国人之间，将他们紧密联系起来的，除了共同的国籍，还有他们的教育、对传播天主教的希望和他们对彼此的关心。

第七章

其他可能的译员

当使团沿着越南的海岸继续北上到达中国海岸时，他们便开始需要汉语翻译，但是直到他们登陆开启他们旅程的最后阶段时，马戛尔尼才决定起用李自标作为自己的唯一译员。直到这一刻，几乎所有口头和书面翻译的工作都由其他人完成，但是这些人要么因为不愿承担前往京师的风险，要么其自身利益可能会影响到谈判。在漫长的旅途中，马戛尔尼逐渐加深了对李自标的了解，认为自己能够信任他。所以最终选用李自标并不是因为缺少其他可能的译员，而是对马戛尔尼而言，找到自己能信任的人的重要性超过了特定的语言能力。

第一位翻译是严宽仁，不同于李自标，他在前往那不勒斯之前就在中国接受了系统教育，同时也在语言方面颇有天赋。他成长于中国沿海城市漳州的一个富商家庭，而此地有与洋人打交道以及移民的悠久历史。严家有人很早就皈依基督教，出身于这样的家庭扩展了遍布四海的联系：他是家里赴那不勒斯学习的第二代人，有一

图 7.1　额勒桑德为严宽仁所作肖像，他标注为“严牧师——一位来自那不勒斯传信部的中国传教士，作为翻译加入了使团”。

个亲戚在泰国做神父，另外一个也考虑过在印度的一家学院学习成为天主教神父。[1]

几乎可以确定是严宽仁提供了马戛尔尼所持国书的第一个中文译本，现存于英国国家档案馆。国书里面都是套话，通常由特使在初次觐见君主时呈递：英国国王恭维了皇帝，介绍了特使及其副手的全部职衔和荣誉，请求特使能够获准进驻宫廷。翻译的质量尚可，覆盖了所有要点。但最让人瞩目的是原本在英文中仅是常规的基督教内容被大为强调：在提到造物主上帝时，要高出其他文字，与皇帝的称谓平齐，而上帝也成了此次出使的终极肇因。文本的主体部分省略颇多，全文结束于“英国国王写于圣詹姆斯宫”，但英王的名字并未被拔高，而圣詹姆斯正是李自标的主保圣徒。[2]

李自标生病时，严宽仁也担任了使团的翻译，因为没有人认为脾气暴躁的柯宗孝适合这项任务。当轮船抵达越南的南端时，使团派人登上一座岛，试图购买新鲜食物。人们走出来，来到海滩上，尝试了各种汉语方言却都无果，但当严宽仁掏出本子写下汉字时，因为越南语也使用汉字，一位岛民接过他的铅笔并写下回复。后来，来了一位能讲汉语的妇女，严宽仁讲了英国人所要之物。看上去进展顺利，但当他们第二天返回时，发现整个村庄的人都跑了，留下一封信解释此地的民众实属贫困，无法提供这些东西。严宽仁将信翻译成拉丁文，请求英国人放过村民，也的确奏效。这不太可能是村民所写内容的精确翻译；更像是他在那不勒斯所学的修辞学习作，意在说服英国人平静地离开。他获得了成功，船只继续前行。[3]

在越南发生的事件也揭示了充当翻译所面对的风险。“狮子号”

于一周后到达岘港时，许多人都生病了，以至于剩下的船员几乎难以行船。不过，越南人看到的却是四艘全副武装的舰船闯进了一场正在进行的内战中。控制岘港的一派拥有清朝的支持，乾隆皇帝派了他的内侄、最喜爱的将军福康安率领军队前来援助。由于欧洲战船乍一看像是来自他们受法国传教士支持的对手，因此他们集结了部队。[4] 英国人派了一小队人马上岸，严宽仁居中翻译。严宽仁用书面形式缓慢交流，减轻了他们的担心，并安排病人上岸以便对船只清洁消毒，也让英国人能够买到肉类、水果和蔬菜。诸事皆顺，第二天英国人被邀请赴宴，尽是美味佳肴，“他们大快朵颐”。[5] 然而“狮子号”的巨炮仍然萦绕在每个人的心头：越南人集结队伍并献上了更大的礼物，包括一百吨米。马戛尔尼回赠以武器和布匹。当一位英国海军军官外出探索河流时，他和兵士被当成间谍捉了起来，经历了一场令人心惊胆战的模拟行刑。又是严宽仁不惧凶险，登岸谈判放人。[6]

有了新鲜的食物，李自标也从坏血病中康复过来，却面临着一项艰难的决定。是他答应了担任使团的翻译，而非严宽仁。所有人都很清楚，1759 年洪任辉因为提交诉状、请求延展对英贸易而被囚禁，协助他的中国人刘亚匾被公开处决。官方规定仅可由受雇于商行且在官府注册的华人担任英人翻译，因为这些人的行为能被追究责任。对于无视这些风险的译员，诛杀刘亚匾是以儆效尤，而此事殷鉴不远，难以忘却。[7]

所以马戛尔尼要求李自标继续留在使团，“并非担任译员，而是作为友人，因为兹事体大，他亦无法觅得十足可信之人”。[8] 一如老斯当东在罗马时，他甚至承诺他会做教宗的使者，尝试为天主教在华传教向皇帝说情。他也抚慰李自标，让他无须多虑，因为只要求他作为秘密顾问，专听他人所言之事。[9] 在给好友乔瓦尼 · 博尔贾的信中，李自标解释了马戛尔尼心情之殷切。然而他人所不知的是，李自标答应马戛尔尼的要求实则是做了个人的牺牲：在欧洲这么多年后，李自标打算去澳门见如今驻扎在海南岛的长兄李自昌。当凉州驻军被派往四川的金川山中平乱时，李自昌逐渐成长为一名杰出的下级军官。李自昌得到提拔，先后派驻新疆和广东。1788 年，他被调往台湾平定叛乱，在那里他多次率队冒险突袭，深入险峰密林。福康安在被转派越南之前负责率领此次远征，在战报中曾提及李自昌，战争结束时李自昌也因英勇而获嘉奖，并得到押解匪首进京的殊荣。最近的四年里，他作为清朝水师的将领驻扎在海南。[10]

在中国的道德体系中，贤良的官员以国事为重而放弃探家的故事比比皆是，李自标也一直是模范学生。既然决定无法拒绝马戛尔尼，他便穿上带有佩剑和帽章的英式制服，并以“李”的英译“梅”（清朝档案中记为“娄门”）为姓。[11] 严宽仁为之叹服：他安抚那不勒斯书院的上级们，李自标“并不担心自身危险，因为他为人机巧，随时能化身他人，如伶人一般”。[12] 当他们到达澳门时，李自标留在“狮子号”上，而老斯当东则悄然同柯宗孝、严宽仁和王英一同上岸。他计划同在澳门的东印度公司的人和欧洲传教士会面，并通过他们找到一名接替柯宗孝的译员。

在澳门有为数众多的讲葡萄牙语的华人，原本能够帮助使团进行翻译。大约四十年前，负责此地的一位中国官员曾记载华人如何接纳洋人服饰，改信洋人宗教并同洋人婚配。其结果便是都习得了葡语，需要时都能口译或笔译。[13] 实际上城中的葡方机构拥有官方的通译处（Macao’s Translation Office），员工五人，负责翻译同清朝官员的往来文书。[14] 马戛尔尼带来的随行画师托马斯·希基亦能讲葡语，他心里显然知道此事，但是他和老斯当东同样担心从澳门请来的翻译很有可能会反对使团获取独立英方基地的目标。

老斯当东在澳门的首次会面见的是亨利·布朗（Henry Browne）和其他两位资深商人，这些人告诉他他们如何通过资深华商潘有度和蔡世文向上转交了弗朗西斯·百灵宣告英国来使的信件。信是写给两广总督福康安的，但是信件抵达时他已经被派去西藏征讨廓尔喀人，所以交到了广东巡抚郭世勋手里。百灵的信件用英文写就，伴有拉丁文翻译，但是两个版本都使用了复杂、正式的文体，内容晦涩，小心翼翼地避开了使团试图常驻宫廷或是获取新港口供英人贸易的目标。郭世勋将拉丁文版本发至澳门通译处，但他还想核对英文版本的内容。因此，不顾英人的错愕，他将他们同潘、蔡二人一同打发至旁边的房间，让他们将信件译成汉文。[15]

其结果是既过于简化又有失准确：乔治三世号称是大不列颠、法兰西和爱尔兰国王的夸夸其谈变成了一长串转写的音节，商人起到了主导作用，而使团的主要目的看上去是来给皇帝祝寿。[16] 即便英国人讲不了汉语，但潘、蔡二人长期浸淫对外贸易，却懂得英语，尽管他们并没有读信。行内的惯例是由一方阐释某一文件，由另一方写下对应翻译。[17] 问题在于英国商人此时要解释这些模糊的用语“在伦敦和北京的宫廷之间增进联系、交往和良好的通信”和“增加和延展他们各自臣民之间的贸易往来”究竟所指何意，而对象恰好会因为使团所寻求的改变而损失惨重。[18] 他们无意讲得明白，其结果便是他们将其中的混淆归咎于华商难以理解英语。[19]

澳门通译处发来的译文则更简短而正式。它传递了信件的主要意思，但聚焦于君主之间的外交而略过了商人。整体而言，澳门的译员十分严谨精准，所以省略内容肯定是有意为之，大体上与葡萄牙人对英人使华的担忧有关。[20] 原信和翻译都被发至京师，宫廷里的欧洲传教士（同样为葡萄牙人）又一次翻译了拉丁文版本。这次译文更为简短，主要聚焦两个关键点：使团的意图在给皇帝祝寿，以及英人有意直接驶向天津的事实。[21] 所有三个版本的译文都具有高度概括性，并且使用了针对中国皇帝的惯常颂词，但是其局限之处的主要成因与其说是语言上的困难，不如说是译者有意选择了要呈现的要点。

亨利 · 布朗声称这些事情促使他开始安排一些汉语课程，尽管更有可能是他知道马戛尔尼一直因东印度公司的雇员不学汉语而对他们大加指摘。他们找到的教席是已登记在册的华人通事，专为英国商人处理文书。在澳门上几节课肯定不能让英国商人胜任翻译一事，但布朗却能够告诉马戛尔尼有位教席之子是可用之人，他为要去京师甚至能见到皇帝而激动不已。这位年轻人，在英人那里识作安顿奥（Antonio），曾住在华人众多的马尼拉，既能讲西班牙语也能讲官员讲的官话。在老斯当东到达之时，安顿奥已经坐上布朗派出的船去寻找使团，在船上他被作为宾客相待，十分体面地同船长共餐。[22]

在澳门时，老斯当东也前去见了詹巴蒂斯塔·马奇尼（Giambattista Marchini），此人负责教宗驻华传教团的财务。马奇尼听说李自标要留在英人处担任翻译，十分惊愕：他确信李自标会被人发现是华人神父，这不仅给他本人还会给整个天主教在华传教带来严重后果。然而，老斯当东手持罗马要人的信函，李自标的同学也坚称让他下船的命令既无用也费力，因为无人能改变他的主意。当老斯当东询问是否有别的翻译时，马奇尼建议他去找法国传教团的庶务克洛德·勒顿达尔（Claude Letondal）。勒顿达尔说他的用人锡拉巴（Lorenzo da Silva）能讲汉语、拉丁语、葡萄牙语和法语。[23] 锡拉巴的姓氏、职业和语言技能显示他可能是来自澳门的混血儿，起初是要受训成为神父的。这也显示他可能不只是一位私家用人，但是英国人一直被告知他是用人，也便一直以此相待。

老斯当东离开不久，马奇尼很快就同李自标的哥哥李自昌取得联系，这也是他所知道的中国仅存的少数信奉天主教的官员之一。李自昌肯定意识到了他弟弟所要面对的危险，因此决定立刻赶往京城。他需要从官长处获得批准，但他上一年刚获擢升，需要传唤他到京，所以他可能是为了等他弟弟的到来而有意推迟，此时便有了合理的借口。来自京城的柯宗孝也能够在他的庇护下一路向北，这也很可能是他们为李自标所计划的。[24]

与此同时，使团沿着海岸向北航行，而安顿奥、锡拉巴和李自标都在不同的时候被派上岸做翻译。现在同行的有五艘船，三艘是一开始从朴次茅斯驶出的，一艘是马戛尔尼在巴达维亚购买的双桅横帆船，一艘是亨利·布朗派出寻觅他们的船。他们一开始要驶向舟山群岛，那里是重要的贸易城市宁波的外围。在当地官员的大力支持下，英国人当初在舟山开展贸易，但是大约三十年前，乾隆皇帝觉得将贸易限制于广州一地更加符合国家利益。[25] 正是因为要求在此地重开贸易，1759 年洪任辉被囚禁，刘亚匾被处决。

东印度公司的帆船最先抵达这里，定海镇总兵马瑀登船并盘问了安顿奥。安顿奥说他来自菲律宾，并解释此船是派来寻找使团的。马瑀仔细记下了船上的枪炮类型，并告诉安顿奥英国人不得继续北上。数日后，风向转变，他们依旧扬帆北上。当他们继而进入港口并要求领航员时，安顿奥并不好受：同他打交道的官员威胁要将他拿下并加以惩处。[26]

大抵一周后，马瑀再度出马迎接第二艘船，该船已驶入舟山港并鸣炮致意。这一次由李自标做翻译，还有一位他们在澳门接上的领航员。李自标有点战栗，因为当船为避开礁石而转向时，他差一点就被主帆的帆杠击倒在地。所有人都笑话他，因为他在惊恐之中大声喊道："圣母玛利亚！这真是个奇迹！奇迹！"而另外一位差点被撞到的水手则是对帆杠破口大骂。[27] 马瑀送来水果并盘问了李自标，后者自称梅先生（Don Plum）并解释说这艘船的确属于英国使团。[28]

他们一起上岸，马瑀又提供了另外一位翻译——郭极观，其父曾同英国人做生意，仍然"保留了一点英语能力"。[29] 郭极观颇得老斯当东的欢心：他仍能够记得英国商人的名字，将贸易的终结归咎于广州的影响，也急切盼望英国人能返回本地。然而，马瑀始终关心使团的兵器。他的上司浙江巡抚长麟向上传递了他的报告，

图 7.2　额勒桑德所作“舟山海军将军”马瑀在“印度斯坦号”上做笔记。

其中记录一艘船上有四十二门大炮，而另一艘上有三十二门铁炮、三十二门铜炮和超过六百把火枪和六百柄剑。郭极观劝他们不要再鸣礼炮，向老斯当东指出英人开火时枪口并未冲着天空，这样十分危险，之前数次有人因此丧命，也给贸易带来了巨大的损害。[30]

第二天有一场同县令的正式会面。英国人在中国人对面落座，也被奉茶。县令讲了一通长篇大论，“用各种语调讲了一大通话，还用上了手势”。[31] 无疑这些的本意都是帮助洋人理解，但冗长的讲话在现实中给译员增加了不少难度，因为他要听完讲话，尽可能地多记一些，然后再用另外一门语言讲出来。老斯当东接收到了其中的要点，即县令能在本省的海岸提供领航员，但也仅限于此。当老斯当东威胁说要去宁波找更高的官员时，县令指了指自己的官帽，通过手势表明如果那样做的话，自己的官位难保。他们最终达成妥协：命令两位曾去过天津的本地商人陪使团北上。英人离开后，长麟将不幸的郭极观软禁起来，以免他继续同英人接触，并报告了乾隆，乾隆下令将郭极观带到京城加以盘问。[32]

英国人继续沿着山东省航行，短暂地在庙岛下锚，蓬莱县令登船并同马戛尔尼会谈。此次是由锡拉巴担任翻译。马戛尔尼发现县令“知礼、聪敏且好问”，而县令自己则报告翻译的言辞妥当，令人满意。[33] 很明显锡拉巴是一位处事灵活且高效的翻译。

几天后，锡拉巴和伊登勒被派去天津门户大沽口出席商讨使团如何进京的重要会议，伊登勒精通拉丁文，这也让他能提供有力的协助。年长的直隶总督梁肯堂亲自参加了会谈，也带了很多随从，介绍了其中三人是由皇帝派来迎接来使的。锡拉巴和伊登勒注意到一件奇怪的事情，头上顶戴显示其职位最低的人反而看上去是会谈的主角。此人是满人徵瑞，刚刚接管了油水极为丰厚的天津盐务。由于贪污的指控而被接连贬黜，徵瑞的品秩因此较低：单在之前的两年间，他向皇帝上交罚金近三万六千两白银。众人对他的敬意显得颇不情愿，这也预示宫廷政治贯穿了接待使团的全过程。梁肯堂先讲话，向锡拉巴询问了五艘船上七百人的补给、运送使团贺礼的最佳方式以及有多少人要随同特使一起进京。他也问了使团中是否有人带来货物要在京城售卖，并向英人保证皇帝对此并无异议。[34]

另外两位受命监督使团行程的官员第二天乘船造访“狮子号”。梁肯堂选了两位属下：一名军人和一名税官。王文雄是一位职业武官。他身形魁梧壮实，来自中国西南山区。同李自昌一样，他也是作为普通士兵投身行伍，最早在金川平乱时获得提拔。他在近身肉搏中留下的伤疤给英国人留下深刻印象。后来，他升任通州的统领，此地是通往京师的重要据点。另外一位官员是山西的乔人杰，通过科举走上仕途，但他也颇为活跃，年轻时还热衷武术。

乔人杰时任天津道台，对财政颇有兴趣，同时家资颇丰：由于在安徽对商人征税时犯下错误，他最近向皇帝缴纳罚金一万两白银，虽不及徵瑞的数目，但也是一大笔钱。如额勒桑德为两人所作的画像显示，乔人杰性格严肃，清楚自己作为官员要行为得体，而王文雄则坦率、热情，后来在带兵打仗时屡获功劳并享誉全国（图 7.3 和图 7.4）。[35]

因为港湾中水位过浅，“狮子号”下锚在离岸边大约十五英里处。王文雄和乔人杰到达时，他们需要在巨大的船体一侧被拉上去，

图 7.3　王文雄。额勒桑德所作肖像显示此人孔武有力，目光直视画外的观众。

图 7.4　额勒桑德为乔人杰所画素描，身着官服，手握烟袋。

旁边便是一排排炮口，他们也表现得非常友善和出奇的不拘礼节。英国人本来以为清朝的高级官员是严肃、正经的学究，也认为他们会对使团满怀疑心，此时则欣喜异常。王、乔二人解释说原本徵瑞也应同往，但不敢如此深入大海。他们也不敢，但由于自己是汉人而非满人，所以不得不来！老斯当东很快就得出结论，中国官员就像法国大革命之前的那些有身份的人，“举止温文尔雅，令人愉悦，瞬间就和人熟络起来，随时都能对谈如流，而且还有一种颇为自得的感觉和身居上国的虚荣，而这些都是无法掩饰的”。[36]

当时，因为锡拉巴尚未返回，李自标充当翻译，老斯当东后来回忆说：“因为双方性情颇佳，且都怀着强烈愿望，想要理解对方的意思，以翻译为媒介交流时通常会有的生硬感此时却少了许多。他们讲话之中绝无互相猜忌的陌生人交往时所持有的戒备。有时在一些采用的表述还没有给出解释之前，当时的情形本身就暗示了想要讲的话，词不达意之时也往往辅以手势。”[37]很快就有不止一次的交谈，老斯当东考虑试一下自己儿子，他们发现他能够全面听、说。结果令老斯当东欣喜，尽管小斯当东的能力依然有限：几周后，徵瑞报告说马戛尔尼说他们仅有两位译员，即李自标和小斯当东，后者“年甫十二岁，口音不熟”。[38]约翰·巴罗自己也用功学习汉语，但是他因年龄较大而不太成功：在整个出使过程中，他的努力却主要成了逗乐王文雄和乔人杰的表演。[39]

这次愉快的会面给了马戛尔尼信心，以至于他决定要打发掉安顿奥和锡拉巴二人，仅带李自标一人作为翻译进京。在幕后，马戛尔尼同马庚多斯船长起了争执，这也让他加重了对在贸易中有切身利益之人的疑虑。马庚多斯知道使团通常会被允许免税交易，除了皮草，他和他的船员还带了手表、科学仪器，甚至还有辆马车。马戛尔尼获知此事后十分惊恐：他是特使，而非商贾。尽管梁肯堂明确判定使团会进行贸易，马戛尔尼却发布声明，禁止在谈判结束之前开展任何贸易。马庚多斯因此暴跳如雷。马戛尔尼花七百七十三英镑的巨资买了他带来出售的大透镜，试图平息他的怒火。激烈的争吵持续数日，马戛尔尼也在他的日记手稿中以细小、难以辨认的字迹记录下来，但是在最终出版的版本中被小心删除了。[40]

当老斯当东第一次列出要进京的人员名单时，锡拉巴作为译员被列在用人中间，而李自标则与艾奇逊·马克斯韦尔和爱德华·温德尔同列，标为“Andrew Plumb 三等事务官”。[41] 但马戛尔尼现在怀疑锡拉巴在替葡萄牙人刺探消息，决定将他派到高尔船长处做“狮子号”上的翻译。[42] 安顿奥已不再是问题，因为自打请求领航员事件发生后，他已变得风声鹤唳，并不想继续跟随使团。[43] 因此，最终随使团进京的翻译只剩李自标一人。

第八章

作为译员和中介的李自标

后来李自标讲述了他接手“言辞的翻译”的感受，此时他身穿英式制服，戴着假发，同伊登勒一起从夏天的日头底下进入海神庙的阴凉里，梁肯堂在这里等候，准备接待英国人。

> 此时别无他选，我只得现身，小心直面诸位大人，颇有从隐秘的藏身处窜出之感。起初，我很幸运，因为直隶总督大人亲赴岸边迎接我们，在我开口讲话时不知何故起身站立，或是误以为我乃使团首领之一。其余三位高官中有两位在余下时间中全程陪同我们，也都视我为职衔位列特使之后第三的人士。特使本人一旦理解了所发生的事情，似乎便也无须更大的尊荣，因为一切皆如其所愿，而众人也视其为执牛耳者。[1]

这些言辞中有些许兴奋，但是对其中风险的感知也凸显出来。他在首句中所使用的拉丁词汇指的是某种动物在被捕猎的过程中从巢穴中被赶出来，并将自己置于危险当中。这些危险源于各方，不仅来自中国官员，也来自马戛尔尼。但与此同时，李自标的话语中也展现了对自己行动能力的自信，以及忽然而来的对译员所具有的权力和地位的认知。这种混合的感觉令人兴奋。

对于这场初次会面，他和伊登勒显然已经商量好如何进行。他们一开始便请求官员们“准确回答我们的问题，不要打断我们或是多人同时讲话导致言辞不清”，因为上次由伊登勒和锡拉巴一起应付的会谈中，这些官员便是如此。[2]中方答应后，便由伊登勒讲拉丁语，而李自标再将他的话译为汉语。然而，从伊登勒给马戛尔尼的报告中可以看出，很明显两人实际上是互相配合。他们商定其中的关键一点便是要避免过多搬动使团的珍贵礼物，因为这些珍品在搬动过程中极易损坏。所以当他们被告知能够出海的船只因体积之大而无法在河道中溯流而上时，伊登勒和李自标“于是抛出了我们的问题（以他们自身为例），回避他们的答复，并提出了我们所能想到的诸多相反的理由”。[3]会谈超过三个小时，一直持续到深夜。为了让他们凉快些，给他们上了茶水、西瓜和扇子，但是李自标也一定已经精疲力竭，因为他要向两边翻译，同时还要搞清楚到底是怎么回事。他颇为偶然地获悉一项关键信息，一位官员告诉他无须慌忙，因为皇帝的寿辰还在两个月后。

乾隆皇帝也收到了关于这场会面的报告，一如自使团沿海岸北上后的几乎每一次事件。为了躲避夏末的酷热，他此刻正在长城以外的山中。尽管其统治已久，四海升平，他仍然为许多事情而劳心：庄稼收成、朝廷里的党争和贪腐、西藏转世活佛的任命、同廓尔喀人的战争，以及此次英人来华。他更为年轻时曾为了观看落日或是赏月而出巡，回看描绘当时场景的诗画令他心情舒缓：

写意曾非著意修，霞标山水两标游。
曰诗曰画胥偶尔，一纪光阴各卷留。
迩来心绪鲜宁闲，展卷聊因遣闷间。
一望洗车一为虑，两难进退愧青山。[4]

乾隆赋诗无数，为的是让他的大臣们看到，这些人替他汇编（可能有时也会代笔），而这首诗中展现的是一位心忧国事的明君形象。诗文的注释说：迩来秋暑甚盛，夜间亦觉蒸郁，因思得阵雨以涤烦襟，又以“英吉利国贡使将到，指示一切事宜，是以颇鲜闲适耳”。[5]

梁肯堂和徵瑞都向皇帝秘密奏报，事先并未统一过口径。他们不仅性格迥异，而且分属朝中不同的主要派系。梁肯堂与乾隆同属一代人，是屈指可数的通过科举考试而跻身皇帝核心圈层的汉人之一。他对会面的记述比较切实，内容也非常接近伊登勒告诉马戛尔尼的情况。[6]

徵瑞是满人，一生都在管理皇帝私人财政的内务府任职，据说曾向大学士和珅重金行贿，以谋得盐政的官职。他的报告中全是恭维皇帝的话，相较于梁肯堂显得不太具体也不太诚实。他将同锡拉巴和李自标的两次会谈混作一次，并且暗示是同马戛尔尼本人会谈。（乔人杰和王文雄在登上“狮子号”时，曾告诉英国人，徵瑞本应和他们一同前往。）他用短短几句话就概括了关于使团应乘坐怎样的船沿河而上所进行的细致讨论，转而聚焦于锡拉巴的某句话中提到的英国人在船上患病以及急需新鲜食物，并将此解释为他们已几近断粮。他向皇帝保证，他送去大批食物，妥善解决了这个要紧的问题。[7]

任用徵瑞和乔人杰这两位收税的行家去接待使团，暗示着从一开始使团就被同对英贸易的税收关联起来，而执掌政府财政的和珅也牵涉其中。因为内务府要接收所有给皇帝的贡品，所以依照惯例是由其成员护送外国使团入朝，但是内务府同样掌管许多商业税收，其中就包括在对英贸易中征收的大量税款。茶叶贸易是清廷岁入的重要来源，并不亚于对英国人的意义，此事却罕为人知，因为大部分收入直接进了内务府，而内务府的职官主要由皇帝亲近的满人充任，事务也较为隐秘。包括关税在内的日常税收由户部掌控，而其来自贸易的税收在整个 18 世纪都无甚增长。户部的账目多多少少是公开的：乔人杰甚至向马戛尔尼提供了一份上一年度的概要。然而在这些常规的关税之外，还有一些称为“盈余”的额外税收，此外还有商人们的“报效”和徵瑞和乔人杰这一类罪臣自愿缴纳的“议罪银”，以上种种都进了内务府。这些商业收入中的很大部分来自同英人的贸易，之前也曾快速增长。因为内务府的账目是英人无法获知的，实际上一般的汉人官员也不知晓，马戛尔尼曾被告知这部分金额也都是日常税收之外的灰色收入，而他应向皇帝申诉并杜绝此种情形。同时，和珅却在积极增加从对英贸易中获取的盈余比例。[8]

徵瑞分析了同伊登勒、李自标的会谈，其直接结果就是乔人杰和王文雄带着大量新鲜食物到了“狮子号”。有了这些供应，马戛尔尼立即邀请他们一同进餐，此时他们“尽管起初在看到我们的刀叉时面露难色，但很快便克服了困难，使用它们来享用他们带来的好东西时也是相当灵活自如”。[9] 马戛尔尼的藏酒仍有不少，他们便坐下来喝了个酩酊大醉，遍尝了杜松子酒、朗姆酒、阿拉克烧酒、甜酒以及覆盆子和樱桃白兰地。喝完之后，乔人杰和王文雄在离开时“像英国人”一样握手道别。[10]

在离开英国一年后，马戛尔尼和随员最终于 1793 年 8 月 6 日踏上中国的土地。接待他们的是梁肯堂，两边免不了都要恭维一番：梁肯堂表达了乾隆皇帝对于他们到来的欣喜，而替马戛尔尼讲话的李自标强调了他们不远万里而来，并表达了对于中方热情款待的感激之情。马戛尔尼更多的是观察而非倾听，令他印象深刻的是梁肯堂毫不矫饰的风格以及他对待下属和用人时的善意和礼貌，这反映出中国生活中明显不同于当时英国更为严格的阶级划分的一面。[11]

不过，即使当时的中国没有英国的社会阶级区分，却有着强烈的以文化划分等级的意识。中国在典籍中是文明的中心，而皇帝是万物的主宰。当皇帝接见境外各国的来使并收下他们用以表示顺服的贡品时，这种文化等级便显现出来。多年以来，学者关于这种“朝贡体制”在清朝时实际如何运作有大量的讨论。然而，比较令人满意的模型是朝鲜定期派遣的贡使，他们共用同样的典籍，而且向远方的文明中心表示臣服长期以来都是政治的一部分。[12]

对于朝贡体制的各种期望在如何接待英国使团中起了重要作用；《大清会典》记载了在京城接待贡使的各种仪式，其中就赋予了译员颇为突出的角色。在沿海河而上的旅途中，使团成员被安排

图 8.1　载着使团的船只沿河而上前往北京，额勒桑德绘。桅杆顶端的小旗上面写着汉字“贡”。

到不同的船中，马戛尔尼、老斯当东和李自标每人都有专门的船只，而其余绅士则被安排成三四人一组。[13]

李自标能独乘一船，是因为在朝贡体制中译员被看作官员。清朝沿袭了明朝的一系列中央政府机构，目的就是为外交场合提供能够笔译和口译的官员。乾隆对这些机构进行了一次大规模的重组，减去了一些职位，有些是中央政府其他部门处理的语言，有些是边疆地区更擅长的语言。他将剩余人员合并至单一的会同四译馆，聚焦阿拉伯语、藏语、泰语和缅甸语，重心围绕他安排的校勘外文词汇表的项目，尽管理论上他们仍然承担着为使团提供翻译的任务。而现实中，翻译工作则由派遣使团的外邦负责。来自朝鲜和琉球群岛（今冲绳）的使团都有自己的翻译人员，而他们被视为这些藩国的官员。他们同来自东南亚的译员一样，可能都是居住在各国的华人，但这被忽视掉了。理论上，移居海外是一种罪行，但是在明朝，偶尔有译员能够获准留在中国。[14] 因此朝贡体系的仪制赋予了译员一种突出的地位，却忽略了他们模棱两可的身份。

这一体系同样倾向于在双方讨论中规避类似税务这样的现实谈判内容，转而将心思花在礼制和皇帝的威仪上。这样的体系也许正是为了此种目的而设，但是在这一次，双方都在外交仪礼方面表现了相当的灵活性。英国人带来的礼物被标上“贡”字，这一术语专用于献给皇帝的礼物，通常翻译为“贡品”，也被写到了运送使团沿河而上前往京师的船只桅杆顶部的小旗上。李自标告诉马戛尔尼旗标的意思，但是马戛尔尼决定先不作回应，除非迫不得已。乾隆也很清楚马戛尔尼应该被称作贡使，但是当这一词语并未被使用时，他觉得可能是译员的问题，便没有深究。[15]

更大的难题则是期望英国使节能够在皇帝面前双膝跪地，反复磕头。这是中国人所熟知的叩头礼，马戛尔尼通常将其讲作是一种伏地。清朝的《大清会典》中关于在京师如何接待进贡使团的指示包括使节及随员需反复叩首。[16] 马戛尔尼在离开英国之前曾告诉亨利 · 邓达斯，他会灵活处理“屈膝、伏地及其他无聊的东方礼仪”。[17] 在另一方面，这对于英国公众而言则是一个重要问题：在马戛尔尼离开英国之前，詹姆斯 · 吉尔雷（James Gillray）曾创作了一幅尖刻的漫画，画中马戛尔尼单膝跪地，正向仰卧着的权臣献上些小玩意儿，而在他身后，使团成员都跪倒在地，头挨着地面而屁股翘在空中。所以当徵瑞前来探讨礼仪时，马戛尔尼回避了这一问题。他所面对的问题是他的任何举动在他回到英国时会被怎么看：

在他的记事本中，他专门写道，“被派去出使波斯的雅典人提马哥拉斯（Timagoras）按照波斯人的方式敬拜了波斯国王，为此他在回国后被判处死刑”。[18]

进贡使团的礼节并不是清朝官员唯一感兴趣的问题。令马戛尔尼吃惊的是，王文雄和乔人杰开始向他询问英国征服印度的问题，以及最近清军因为廓尔喀人入侵西藏而出兵是否会招致英国的干预。马戛尔尼对此的记载令学者们颇为困惑，因为此时的中文文献中显示清朝官员对印度知之甚少，由此推测他们肯定也不会对大英帝国在印度的扩张有何了解。福康安曾就廓尔喀人之事致信加尔各答的英国总督，但是藏语中指示英国人的词语和广州所使用的词语并不相同，直到使团离开时也并无人将两者联系起来，之后也便无人提及了。[19]

关于英人在印的这一问又从何而来呢？或许福康安已猜到这一点，但没有报告皇上，在幕后支使两人发问。[20]王、乔二人的信息来源更有可能是李自标。王、乔二人负责使团的日常对接事宜，而李自标是唯一能讲汉语的人，所以他们肯定有交谈，而马戛尔尼的日记里也提示了他们之间的关系并不止于此。例如，马戛尔尼也已获知王、乔二人讨厌甚至憎恶徵瑞。他在日记中写道，“相较于汉族臣民，皇帝更为偏袒鞑靼人，他二人也丝毫不掩饰对此的感知”，并认为徵瑞为人荒唐、阴郁。[21]考虑到徵瑞此时承受的压力——不断受到皇帝驳斥和贬黜而和珅对他也一直是狮子大张口——在一定程度上他沉浸于自己的问题也便不足为奇了。有关徵瑞不敢下海一事，并非仅是一个随便的笑话，这说明王、乔二人同李自标的谈话内容已经超出对英国使团直接的实际安排。李自标已经和英国人待了一年半的时间，对政治感兴趣；他同马戛尔尼和老斯当东有大量的谈话，也曾在埃德蒙·柏克声讨东印度公司腐败问题最激烈的时候与之邂逅，之后又同英国人环球航行，不免会时常谈到地图和图表。他肯定不会对英国在印度攻城略地之事一无所知，也清楚英国人担心使团会因为清廷知悉这些事情而面临不利局面。王文雄可能是刚好知道清军近期在尼泊尔的胜利而提及此事。我们无法知道过去的人说过但没有记下来的内容，但是有某些可能：福康安心生怀疑，李自标本人担心英国会威胁到中国，又或者是王、乔二人利用他们同李自标的联系来打探英国人的情况。

马戛尔尼等人在通州下船时展示了英式大炮，无疑加剧了清朝在军事上的焦虑。马戛尔尼带来了一支武装卫队以及一组轻型铜炮，载炮的炮车可灵活操控。此时，他坚持要进行演示，于是便发了几轮炮火。王文雄装作若无其事，谈到英式武器时也是轻描淡写，似乎无甚出奇，但可能是李自标告诉了马戛尔尼，实际上王文雄颇为羞赧，因为中方并无此般好物。[22]

当日晚些时候，徵瑞与王、乔二人一同前来，再次尝试说服马戛尔尼行叩首礼。他们亲自演示了动作，这令马戛尔尼印象颇深，痛风导致他关节疼痛不已。当他继续拒绝时，他们转而向李自标施压，李自标则小心答复说他只会按照马戛尔尼的指示行事。马戛尔尼本不知道李自标会说什么，听到这番话后十分欣喜。[23] 然而，对于徵瑞而言，李自标的行为也是可以接受的：他作为翻译的地位也得到确认，在赶赴京城的最后一程中，给他和马戛尔尼、老斯当东

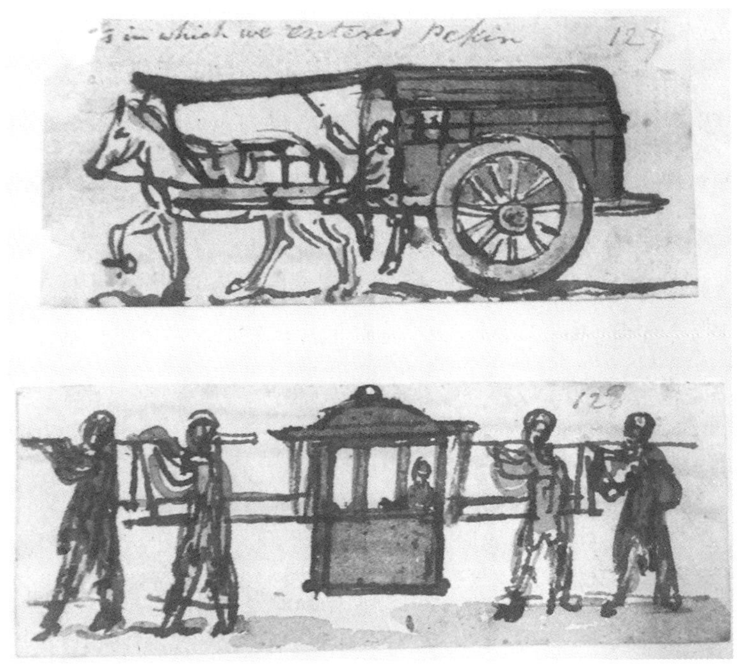

图 8.2 “我们进入北京时所乘的交通工具”，额勒桑德绘。一辆木轮马车和一抬更为舒适的轿子。

预备的都是轿子，而其余的绅士则要挤进不是那么舒适的马车中。[24]

随后，当马戛尔尼和他的随从人员最终到达目的地时，众人又就他们的住所应当设在哪里进行了一番不小的争执，最后由李自标来出面协商。提供给他们的住处是城北数里的一处花园府邸，靠近展示英国礼物的圆明园。马戛尔尼仍然盘算着在京城有一处长期的英人居所，并认为此处房子完全不能接受，原因在于它位于城外、过于狭小、破旧不堪，而且按照他的标准，家具太过简陋。他的随员一路乘坐不太舒服的马车，已筋疲力尽，却发现他们只能站在一个走廊里，无处可去。最终，“他们凑在一起去寻找勋爵大人和梅先生，发现他们正同满大人们争执，因为安排的房间不够宽敞”。[25]

所有人都以为一旦使团到达京城，那里的欧洲传教士会接手正式的翻译工作。乾隆也专门任命了葡萄牙人索德超（José Bernardo de Almeida），并为此对其加以提拔。同时，法国耶稣会士格拉蒙特（Jean Baptiste Grammont）也致信马戛尔尼，寻求担任翻译一职，并警告说起用索德超可能不妥。马戛尔尼则是完全赞同：他相信索德超作为翻译将会为支持葡萄牙人在澳门的利益而对英人怀有恶意。[26]

其结果便是当着徵瑞的面，马戛尔尼和一拨传教士的会面并不愉快。为了支持他要求一名法国翻译的提议，马戛尔尼命令他的随员不准讲拉丁语，而这是他们唯一能同索德超交流的语言。所以当其中一位传教士向使团的医生用简单的拉丁词汇提问“先生，能讲拉丁语吗？你肯定会！”时，[27]他们只得装作听不懂。这一做法有些贬低人，因为讲拉丁语是绅士身份尤为重要的标志。这事也让人十分恼火，因为李自标要忙着替马戛尔尼和老斯当东当翻译，而使团的其他成员都不会讲汉语，本就十分想会一会这些懂中国的欧洲专家。马戛尔尼既然拒绝讲拉丁语，整个翻译工作必须通过第三种语言才能让索德超翻译成汉语给徵瑞听。同时，李自标在后面小声用拉丁语讲与老斯当东听，谈到了索德超并不十分支持他们在京城寻找房子的要求，以及曾暗示马戛尔尼如此说是因为他并不想前往山里觐见皇帝。[28]

讨论持续了数日，双方有些剑拔弩张，而李自标试图置身事外。他给那不勒斯写的信中解释了后面发生的事情：

> 这些官员和特使之间起了明显的争执。当谈判遭强行打断时，两位陪着我们的大官，我们叫作乔大人和王大人，匆忙赶来寻我，神色颇为激动，要求我把特使的意见和理由开诚布公地讲出来——而这些也都是我所熟知的——以便能解释清楚究竟是什么原因让他如此激动，而这样也能化解现在的争执。我并没有这样做，便借口说前些日子着实做了不少活，身子有些累了，而这些活并不是我的工作，如果他们能找到翻译的话我就不当了，之前我有时会充当翻译，并不是因为这是我的工作，而是不得已而为之。但是他们压根就不接受我的说辞，一直要求，也终有所获，我不得不从了他们，并不是他们有理，而是言辞殊为恳切，令我无法拒绝。我便从原处来到了尚书大人跟前，向他解释了特使的想法以及他如此这般想住在北京城内的原因，并言明只要他的物品能够妥善安置在双方议定的任何地方，他便能够启程奔赴热河觐见圣上，而要说海淀的房子有任何不好或是配不上特使的尊贵身份则远非实情。[29]

这番记述的一个突出特征便是在李自标的眼中，翻译的任务是要解释马戛尔尼行事背后的所思所想，并通过劝说来达到可以接受的方案。为了这一目标，即使讲出的话和马戛尔尼的真实想法恰好相反，李自标也没有丝毫犹豫：马戛尔尼实际上就是嫌弃房子过小，

图 8.3 “特使北京住处的景象”，额勒桑德绘。这是在城中的新住处。花园中散布着许多中国和西方人物。前景中有马戛尔尼，他身后是手拉着儿子的老斯当东。

不符合他的特使身份，但是经验老到的人绝不会直说。李自标的策略也奏效了：工部尚书在城内提供了另外一处宅子，并邀请李自标先行参观。[30]

数日后，和珅来信，明确由李自标担任使团觐见皇帝时的翻译。王、乔二人告诉他，这样是为了减少争论。换言之，他们也认为翻译的任务除了要对译，还要居间协调。自己给王、乔二人留下的好印象也令李自标颇为受用。他解释说：“全凭这些官员的话，大学士和珅大人便摒弃他人，让我在皇帝面前翻译。”[31]

住处的问题解决后，马戛尔尼便回到觐见皇帝时的礼仪问题上。他向和珅修书一封，提出一种折中方案：如果有清朝官员能在私下跪拜乔治三世的肖像，他便向乾隆叩头。这封信的汉译成了棘手的问题。徵瑞断然拒绝让自己的下属提供协助。李自标也很坚定，说“自己完全不熟悉宫里所需的文法；在欧洲寓居多年，多用拉丁语和意大利语写作，现已无法写出复杂的汉字”。[32] 幸好他们现在住在城中，许多达官贵人造访了他们的住处，来看看英国人和他们的礼物；要给法国传教士递个信已不是什么难事。其中一位叫罗广祥（Nicolas Raux）的安排了自己的华人秘书帮助他们，但是前提是不能出现他本人或者秘书的字迹。[33]

最终只好请小斯当东出马写出马戛尔尼的信函。现在他用功学习汉语已经一年有余，作为儿童能时刻听周围人讲汉语，这必然会让他理解汉语的能力突飞猛进。自从使团登岸后，李自标成了唯一的翻译，而马戛尔尼的随员达百人之多，个个都充满好奇和问题。他们不可避免地会让小斯当东讲上两句；即使他的汉语仍显生涩，但是各种锻炼的机会让他的能力有了长进。他父亲在京城觅来一个男孩同他讲汉语。男孩起初颇为惊恐，但是无奈家境贫寒，老斯当东也舍得出钱，他便住在使团里，小斯当东得以整日里讲汉语。现在伊登勒将信件译为拉丁语，李自标再将内容讲与罗广祥的秘书，此人再将内容写下，之后由小斯当东仔仔细细地誊写一遍，尽管字迹仍显稚嫩。小斯当东作为英国副使的儿子，写些汉字是安全的，他在日后的岁月里经常这么做，但是这位秘书深知李自标和他本人所面临的种种风险，坚持要在离开房间之前看到自己起初写的版本被销毁掉。[34]

李自标在给罗马的信中提到，马戛尔尼在挑剔房子的时候，行事“如同酣醉于尊容体面”，全然不顾中方已经颇为大方。[35] 后来约翰·巴罗写道，除了关乎自己基督教信仰的事情，李自标“在其他各个方面仍然展现出对故国风俗的偏爱”。[36] 乾隆对于马戛尔尼行为的评价与李自标无异，但是尽管如此，哪怕和珅个人也授权聘用李自标出任译员，清朝的官员也很难对他产生信任。[37] 像李自标这样来自一个群体却在另一个群体中生活过的人，很容易理解两者，但是当他被要求居间协调时，他能很好地去除争论抱怨中的激动愤怒，从而达到调和的作用。这也是 19 世纪德国社会学家格奥尔格·齐美尔（Georg Simmel）的洞见，他同样指出在这些情况下，各方都很难能了解这样一个人内心里朝哪一方摇摆，因此双方也会经常猜疑他。[38] 而当福康安从西藏返回之后，皇帝逐渐明悉使团的真正意图，李自标所面临的危险也日甚一日。

第九章

御前讲话

马戛尔尼及其随员离京北上，穿过长城进入山区，在承德觐见皇帝。这是整个出使的高潮：在这一时刻，英国人不仅能见到皇帝，还能与朝廷重臣打交道，并陈述他们的请求。这也是李自标策划已久的时刻，一个甘愿以身涉险也要为中国基督徒谋福的时刻。对于十二岁的小斯当东而言，这一时刻给他带来了持续一生的声名，但也是他此后不愿提及的事情。

马戛尔尼带去承德的人员都是精挑细选的：他的翻译、私人秘书、三个表亲，老斯当东及小斯当东和他的老师伊登勒，基朗（Hugh Gillan）医生，东印度公司的船长马庚多斯，加上乐师、士兵和仆人。他把两位画师留在京师（为一处帐篷画装饰），这意味着他已经准备在叩头的问题上妥协，并想要确保他对于如何描绘他的行动拥有十足的掌控。[1] 一同前去的少数人都是心腹，气氛颇为放松。马戛尔尼在日记中记了一个小插曲，描述了一天晚上李自标给大家讲笑话，说是有一位官员找到他并神秘兮兮地问是否能看一眼礼物。显然是天津邸报曾载，使团带来了一只吃煤的鸡和一头同猫一样大小的大象。马戛尔尼认为这正同英国报界一般。[2]

李自标同王文雄和乔人杰的关系也更近了一些。使团下榻的住处有一些陶瓷花瓶失窃，王和乔命人打了负责的下级满人。后来此人坚称在长城之外，汉人不能打满人。王文雄气得跳脚，转向李自标说，“鞑子永远是鞑子”。[3]任何反满的谩骂都可能导致严重的后果，所以这一明显未加思索的言辞显示了他们之间的信任，或许也有某种程度上的共谋。李自标后来说，所有的官员对他颇为友善，“即使他们知道我本是汉人”。[4]这大体上是相当明显的。但是并不清楚除此之外，他还坦露了什么：向王文雄暗示自己有一位兄长也在金川打过仗，而且目前也是和他级别相近的将领，或许会有好处。

离京六天之后，使团方才看到一大片宫殿、园林和寺庙沿着山体向北一路排开。这是皇帝夏季消暑之地，兴建之初是为了给帝国北部和西部边境的访客留下深刻的印象，但是近些年来也用于接见来自东南亚的使节。他们抵达时有正式的仪仗，钟鼓齐鸣，巴达维亚的奴隶本杰明缠着头巾走在最后。当英国人在其住所安顿下来后，李自标同平常一样一直和王、乔二人接头，跑来告诉马戛尔尼皇帝在花园中看见了仪仗，颇为心欢。[5]

乾隆并不知道英国人仍然拒绝行叩首礼，而知道此事的和珅越来越着急。当晚，他便召见马戛尔尼，亲自讨论礼仪问题。马戛尔尼决定派老斯当东代他去见和珅，并携带了书面文件：一份乔治三世国书的翻译件和他本人关于叩头的折中方案。会面公开进行：和珅坐在铺着丝绸的台子上，两边有两位满人和两位汉人官员，而其他一众官员站立在旁。上了热牛奶，给老斯当东赐座，但李自标和小斯当东需要站着。

老斯当东呈上了国书的翻译件，由严宽仁所译，现在由小斯当东又誊写一遍。之后，李自标解释了和珅无法接受马戛尔尼的叩头折中方案的诸多理由。会谈结束时，小斯当东被要求在国书的汉文版本上签字，以验证这确实是他的笔迹。[6]英国人对于小斯当东有机会展示技能而感到高兴，但是李自标明白这本是他的朋友严宽仁所译的文件，这项看似礼貌的请求实则有其蕴含的威胁。

会见的后果之一便是英国人不愿行叩首礼的事情变得广为人知，而信件则让朝廷首次得知使团来华的真正目的。乾隆本人并没有看到马戛尔尼提交的任何一份文件，但大臣禀报了会面的情况，后来也看到了由索德超从拉丁文版本所译出的国书。索德超的汉文自然不如严宽仁，同时正如马戛尔尼所虑，他不愿传递英国人的观点，所以省略了很多内容。然而，他的译本显得极为恭顺，和珅无疑认为这个版本更适合呈送御览。英文原文本有些晦涩，使得翻译者有很多选择，而在一个重点事项上，严宽仁的版本则更为直白：其中清晰地言明英国希望能安排一位官员常驻京城，以便能够直接面见圣上（索德超的版本则称此人驻京是为了管束英人并回答皇帝的问题）。[7]严宽仁的翻译文本现存于英国国家档案馆，是原件的副本，可能是李自标使用过并送给小斯当东的。如果李自标依照这一文本行事，则意味着他在翻译时虽然恭敬，但是对于使团的最终目标是非常清晰的。

乾隆对于叩头一事颇为生气：他立即下令，要求降低英人在返程中的待遇。然而，他的谕旨以一个问题结尾："阿桂素有识见，其意以为何也？"[8]阿桂是年长的重臣，属于朝廷中与和珅作对的一派，所以看上去乾隆此刻开始寻求其他处理办法的建议。他也给沿海省份的督抚降旨，让他们小心提防：福康安即将返回，也会觐见皇上商议此事。[9]福康安不仅是乾隆的内侄，也是他最器重的大臣之子和他最喜爱的将军，但是长期在广东担任总督，此时即将从对廓尔喀的远征中回朝。很明显，乾隆现在已再不仅仅将英国使团看作一个前来贺寿的朝贡使团来考虑了。

两天后，徵瑞来访。因为同和珅的会面明显不是那么轻松，李自标正踯躅不安，而徵瑞却出人意料地答应在叩头一事上妥协。这种妥协的性质自然不是双方想要公之于众的，但是依照马戛尔尼所记，其中包括了对方接受他仅单膝下跪。这是正常的欧式礼仪，所以对马戛尔尼而言，唯一问题就是剩下那个膝盖是否触地，而这能够隐藏在他打算穿的长袍之下。李自标在给罗马传信部的信中写道，允许马戛尔尼行欧洲觐见君王之礼，实为殊荣。然而，在写给那不勒斯书院的最为私人的信件中，他也说过最终双方都各退一步。[10]

此事了结后，他们得以同和珅举行了一次殊为不同的会面。现在马戛尔尼发现讨论的并不是仪礼问题，而是英国同印度和俄国的关系。会谈在内廷私下举行，陪同和珅的是福康安之弟福长安。和珅和福康安之间关系紧张，但是三人的仕途都是以御前侍卫起步，目前都属于皇帝军机处的满人圈子。在老斯当东看来，和珅的问题颇为敏锐和犀利。马戛尔尼只得解释说英国人的目标是"为了人类的普遍福祉而拓展贸易”，尽管印度的莫卧儿帝国已经崩溃，但是英国人并没有除掉各地附庸的王公。[11]

俄国成了一个新的议题，表明有人从国书中关注到马戛尔尼的生平，其间提到他曾在叶卡捷琳娜大帝在位时出使俄国。清朝同俄国有长期的外交关系，形成的原因在于两国向西伯利亚扩张，从而需要议定边界。现在和珅问起英俄两国相隔多远，徵瑞跟着又问了一个英俄关系的问题，马戛尔尼则回复说英国正阻止俄国蚕食奥斯曼帝国。当马戛尔尼起身离开时，和珅握住他的手，说希望能进一步了解他。[12]

此后，乾隆宣布英国使节对先前的行为感到后悔并对军机大臣表示恭敬，结果是使团在返回京城后能够在各处游览。[13] 他同时下令给使团成员额外的赏赐：李自标作为译官获得闪缎一匹、庄缎一匹、倭缎一匹、蓝缎一匹、绫一匹、瓷碗两件、瓷盘两件、锦扇十柄、普洱茶二团、六安茶两瓶、茶膏一匣、哈密瓜干一匣、大荷包一对、小荷包两个。李自标被派去帮助组装望远镜，这是英国人带来的礼物。鉴于李自标对于望远镜一无所知，而皇帝有他自己的能工巧匠，看起来可能有别的原因要同翻译谈话。[14]

对于礼仪做出让步是可能的，因为不同于在京师接见朝贡使团时的严格礼仪，在承德的精致皇家园林中为皇帝举行的寿辰庆典则相对灵活。此外，承德的重心在于大草原的文化，而非严格的汉族礼仪。成碗的热牛奶、皇帝即将接见马戛尔尼的幄帐、摔跤表演和藏传佛教寺庙都是其中的部分。然而，在皇帝面前下跪的动作仍然是重要的：皇帝的寿辰仪式是对他个人统治的庆典，而马戛尔尼不愿叩头一事也已变得满朝皆知。[15]

马戛尔尼觐见的仪式将是一场非常公开的表演。在天亮之前很早就开始了，马戛尔尼和一众绅士被带到位于大殿后的一片蒙古式园林，朝廷大员们天蒙蒙亮时就聚集在那里，他们各自占着一个位置，逐渐绕着御幄形成一个大圆圈。马戛尔尼和他的绅士们被领进去，而他们的仆人和卫兵则留在遮蔽的围墙之外，他们去了事先为他们准备的一个小蒙古包。当他们在那里等候时，不断有人来访：年长的梁肯堂、皇帝的两个儿子和一位从俄国来的能讲阿拉伯语的蒙古人。未来的嘉庆皇帝很可能是造访的亲王之一，几乎可以肯定的是他在给他父亲贺寿的朝臣之中。[16]

旭日东升之时，皇帝乘坐金色的轿舆到来。以他的视角而言，这是整个仪式达到高潮的时刻，所有在场的人员都身着正式朝服，在他驾临之时无不恭顺臣服。[17]在他到来的时候，英国人被领出帐篷，站成一排，对面是一众王公大臣。在他准备给东印度公司和乔治三世传阅的最终版本的日记中，马戛尔尼写道："驾至吾前，吾等曲一膝以为礼，华官则行其本国礼节。"[18]小斯当东则在日记中写道："当他经过之时，我们单膝跪地，垂下头至地面。"后来他又划掉了最后三个字。[19]后来出版的老斯当东对出使的记载则完全略过了这一时刻。

皇帝进入巨大的御幄之后，便请马戛尔尼进去，陪同的是斯当东父子和李自标。[20]在这里，令李自标惊讶的是，他们获准登上御座所在的高台，乾隆身边是他的大臣，包括近期返回的福康安。也正是这里，离开了众人的视线，马戛尔尼单膝跪地，将盛放乔治三

图 9.1　这幅画名为“万树园赐宴图”，由乾隆亲自下令命耶稣会士创作，画面展示的是 1753 年皇帝前来设宴款待西部蒙古部落首领的时刻。皇帝位于画面前方，坐在十六人所抬的肩舆上。百官和他们后面的蒙古使者都下跪迎接。

世信件的金匣高举过头。乾隆表达了他的良好祝愿，并赏赐马戛尔尼和老斯当东每人一把玉如意。小斯当东则被赏了一个刺绣荷包，为此他也磕磕绊绊地用汉语致谢。李自标也从皇帝那里获赏了一个荷包，能有此殊荣，他深为感动。在随后举行的宴饮中，四人坐于御幄之内的坐垫上，除了当乾隆向他们致辞或赐酒时，皆肃穆不语。幄外有摔跤、翻筋斗、走绳和戏剧等表演。[21]

马戛尔尼和他的随员们一回到住处，所有人都想知道发生了什么。马戛尔尼却不为所动，老斯当东只讲了皇帝对他儿子感兴趣，但是小斯当东肯定不太好受。他父亲对于讲真话的重要性一直非常严格：有一次当小斯当东撒谎时，他曾经威胁要将自己的手放到火里。他后面几天的日记中有许多划掉的地方，显示了老斯当东在以此来教导儿子如何描述发生的事情。在划掉了英国人叩头“至地面”之外，他还划掉了“最终皇帝从御座中起身乘肩舆离去”等字句，并加上了一句描述他向皇帝讲汉语的话，这也是他父亲对事件记载的核心。[22] 两天后，他写下“我们曲一膝”，之后插入“并俯身至地面”及“我们同其他大臣们重复这项仪式九遍，只不过他们……”因为有插入和划去的对方，后面的五个单词实在无法认清。[23] 在这之后，他写下了“我们照惯常行礼”。[24] 在他此后的人生里，他从来无法自在地讨论当天的事情。

要把握怎么说，对于这些成人而言也不是轻松的事。马庚多斯船长坚称如果实有必要，马戛尔尼会同意叩头。[25] 马戛尔尼的表兄爱德华·温德尔在他的私人笔记里写道：“我们使用该国通常的形式致以敬意——跪下并叩头至地面九次。”[26] 他将这些笔记同一封

1797 年的友人来信保存在一起，而这一年老斯当东也出版了他的记载。从信中可以看出，马戛尔尼告诉温德尔“心思只可自知”，而这名友人则宽慰温德尔，说知道他为人真诚，但是劝他要听从马戛尔尼，因为他对世界更有了解，而且“因为你对他负有义务”。[27] 不管这封信的动机为何，很明显马戛尔尼要求温德尔容忍他明知是谎言的事情，并且利用温德尔对马戛尔尼的依赖来确保这一点。

而对于中国人而言，有大约三千大臣看到了皇帝驾临，所以更容易解释这一折中。实际上，宫廷诗人管世铭，作为阿桂的门徒，成功地将这场关于磕头的争议及其结果变成了对皇帝的巧妙恭维。其诗云：

献琛海外有遐邦，生梗朝仪野鹿腔。
一到殿廷齐膝地，天威能使万心降。[28]
（癸丑仲夏扈跸避暑山庄恭纪）

他又加一注：“西洋英吉利国贡使不习跪拜，强之，止屈一膝，及至引对，不觉双跽俯伏。”[29]

乾隆看上去很满意，但是他也决定以不同的方式管理使团。当晚，他作了一首诗，开头写道，“博都雅（葡萄牙）昔修职贡，英吉利今效荩诚”，但有一条不快的批注，很可能是皇帝御笔，穿过冗词，对比了“张大其词”和“测量天文地图形象之器”，而所有人都知道这是宫廷里的欧洲传教士所承担的任务之一。[30] 他还讲了对使团的管理从和珅和通常负责管理朝贡使团的内务府那里转给了他的新任军机大臣松筠，此人刚刚成功完成了同俄国人的贸易谈判而回朝。

第二天早上，英国人仍然很早就被叫醒，并被带到园子里。皇帝和一众大臣到来时，有人引导马戛尔尼上前同皇帝讲话。乾隆宣布他要去庙里，但是英国人并不信奉此神，因此他已安排大臣带他们游园。给马戛尔尼、李自标和斯当东父子都备有马匹，陪他们游玩的是当朝最有权势的两个人——和珅和福康安，还有福康安之弟和皇帝的新晋边境事务专家松筠。[31]

和珅兴致全无，福康安也不和善。马戛尔尼走近御前，福康安扯了一下他的袖子，后来又用手轻扣马戛尔尼的帽子。马戛尔尼摘掉了帽子，似乎福康安的本意更像是暗示他要下跪。福康安后来转向李自标，而李自标则跪下翻译，所以即使马戛尔尼没有下跪，但是开口说话的人是跪着的。马戛尔尼请求准许马庚多斯返回船上时，福康安拒绝了。马戛尔尼试图通过称颂他远征台湾来加以奉承。而实际讲话的李自标可能对这些事情有些许关心，因为他的兄长曾在这些战事中立功。然而，这同样没有奏效。[32] 福康安抱有敌意的原因尚未可知：或许是在中国西藏边境同印度的征战，使得他对英国人的了解超过了他上奏给皇帝的，也有可能是因为他腹痛难忍，他从远方返回时正值酷暑，一路上暴雨如注，便罹患此疾。[33]

松筠对待马戛尔尼时显得更加灵活，其背景也迥异于福康安这样的满族权贵。他在京城长大，家里却讲蒙语，孩童时就开始准备为蒙、满、汉互译人员安排的专门考试。这些语言对于清廷至关重要，其治下的帝国远超汉人腹地，许多地区都是用满语施政。这些考试注重实践（选定的要译成蒙语的文本是乾隆御作，而非儒家经典），意在选出能够实际讲这些语言的生员。在十六岁时，松筠通过了考试并在纳延泰的府上继续学业，此人在军机处任蒙语专家多年。从那时起，松筠获任理藩院，之后又成为军机章京，对于这两个职务，他的语言能力都很有价值。他后来又升任户部银库员外郎，这一职务原本只任用满人，作为第一位担任此职的蒙古人，他开始受到关注。[34]

松筠的蒙古人身份是很明显的，他也从未为参加汉人考试而学习，但是成年之后他因真诚践行儒家道德和佛家信仰而闻名。他十五岁时丧父，便由一位极为严苛的叔父教养。这位叔父曾被描述为恶于猛虎，夺了松筠的家产，大声斥责他，即使松筠已经是一位高级官员，在家中仍将他像仆人一样驱使。这些都广为人知，而松筠也因为对此毫无怨言而出名：据说有一次叔父命他将做饭的锅从地上拾起，松筠便笑着照做了。他是儒家孝行的典范，但没有人认为这是易事或者其叔父的行为是有理的。所以当松筠被派到蒙古任职时，和珅提出替他在北京留下一部分薪俸，而不是全部交给他的叔父。这会给他留下一笔钱由自己支配，代价却是让大家庭受损，也会让他欠和珅一个人情。松筠拒绝了，坚持将全部薪俸交给叔父。所以他同和珅并不亲近，但另一方面，他也不属于同和珅对立的一派，后者主要由科举出身的汉人组成。年轻能干且身居朝中两大派系之外，他对于年迈的皇帝而言十分有用。[35]

在过去的六年间，松筠一直在北方的蒙古，在那里成功议定今天所称的《恰克图市约》，于 1792 年重开有利可图的中俄互市，互市此前曾因边境盗匪和其他争端而被关停达七年之久。贸易给俄国人提供了大量的税收，而清朝免除了北方的蒙古族的贸易税收，这也是笼络俄国边境部落人心的重要手段。[36] 松筠返回京师后，乾隆给了他一系列不同寻常的升迁：擢升其为御前侍卫、军机大臣、内务府大臣。[37]

恰克图的谈判要求松筠在一定程度上熟悉欧洲外交实践。乾隆一度听闻清朝境内曾有一名喇嘛携带一封俄国信件，邀请二十年前从俄国的伏尔加地区迁居清朝境内的土尔扈特部返回俄国，彼处亦有军队正在组建。松筠对此抱有怀疑，但也不得不暂停谈判，直到圣彼得堡的俄罗斯元老院正式致信京师的理藩院，确认这是一封伪造的信。（马戛尔尼知晓此事，因为英国驻圣彼得堡的特使对俄国在西伯利亚的企图有所怀疑，设法取得了俄国元老院的复函。）当双方最终达成协议时，俄方设宴，松筠也为此进入俄境，而此前清朝官员都避免这样做。到了那边后，他欣然发现，尽管天气极度严寒，俄国人都脱下帽子向他致意，当他落座开始宴饮时，他背后便是叶卡捷琳娜大帝的画像。[38]

松筠向马戛尔尼谈及恰克图，“显得非常能干，问了许多关于俄国财富和国力的恰当问题”。[39] 两人都在探求对方所知多少。一年前，俄国人派遣一名情报人员将英国的出使计划告知了清廷在蒙古的都统，并提及英国对印度的征服。[40] 松筠当时也正在边境，但是按照我们将在广州看到的情形，即使是政府密件也经常流传颇广，所以松筠可能也知晓此事。

他们参观了藏有皇帝功业图的宫殿，也观赏了皇帝收藏的欧洲天文仪器和音乐装置。他们还下了马，乘船到了一处湖心岛上的宫殿。等到他们最终回到住处，已经是下午三点了，马戛尔尼已经精疲力竭。李自标已经为双方连续翻译了十二个小时，但是他很兴奋：他给出“关于谈判的整体叙述是如此乐观，以至于让所有参与其中之人燃起了希望”。[41]

数日间，又有几次短暂的觐见，也又在园中游玩了多次。英国人参加了万寿庆典，其间有盛大的戏剧演出，曲目都是为了合乎人们远渡重洋前来为皇帝贺寿的主题：最后以巨鲸喷水收场。小斯当东尤其喜欢杂技表演，特别是一人平躺，用脚蹬着一口大缸转动，而一名男童从中爬进爬出。乾隆讲了一番话，并交给马戛尔尼一个赠给英国国王的宝物匣子。[42]到了下午，松筠便带着马戛尔尼骑马上山，去参观那些壮观的喇嘛寺庙，李自标、斯当东父子和伊登勒随行。对于天主教徒李自标而言，这些寺庙则是个考验，他直接拒绝翻译任何关于神祇的问题。他询问了一处寺庙的金顶，显得更为自在些，而松筠则向他确认上面覆盖的都是真的金箔。[43]

乾隆并没有给马戛尔尼机会向他禀告此次出使的真实目的。不论是在中国还是英国，君主和贵族都不屑于讨论通商事务。然而，对于中国和英国而言，广州贸易带来的巨大利润都有财政和军事方面的意义，这意味着皇帝并非完全不知道这些问题。恢宏的宫殿和金顶的寺庙都是由皇家内务府出资兴建的。马戛尔尼也得以知悉福康安和一位前任粤海关监督出席了讨论如何回复使团的会议。[44]

只有同松筠一起，马戛尔尼才能谈论这些议题。当马戛尔尼请求安排一地让英国人长年停留并储存货物时，他对自己的真实意图有些闪烁其词，而伊登勒的拉丁译文则非常清楚地表明这是要求清廷“在舟山附近海域指定一个不大的地方给英国商人使用，例如一座邻近的小岛”。[45] 在此项以及一名常驻特使的要求之外，马戛尔尼决定在这一阶段还有其他四项力求获准的要求：在舟山或天津自由贸易、在京师设立货栈、减免英国商人从澳门向广州转运货物的税额和书面的关税额例。[46]

马戛尔尼十分谨慎，并未以书面形式提交他的目标，但当他回到京师并得知使团需要启程离开后，他才这样做。[47] 所以英方的这六项请求实则由李自标口头传达，于是他冒着巨大的风险增加了第七项：“基督教法对中华国家全然无害，亦无任何悖逆，因为敬神的人向善，也更易控制。因此我恳请当今圣上准许遍布于贵国四境之内的基督教众安然度日，虔心行教，免受不公之迫害。”[48] 我们能知道他这样做，不仅因为他在给罗马的信中如是说，也因为这项请求在皇帝的正式回复中被拒绝。[49] 当李自标同意担任使团的翻译时，双方便有共识，即马戛尔尼也会像出任教宗特使一样行事。虽不清楚这到底指哪些事情，但是不管李自标作为汉人的身份意识以及他同英国人的友情有多强烈，他的最高忠诚肯定归属于他生长的凉州天主教社区。不太清楚的是李自标究竟是以何种方式加上这项请求的。他在马戛尔尼同松筠商谈时担任翻译，在此过程中，他可以这样做，因为几乎可以肯定的是他并不会逐句翻译，而是先接收马戛尔尼的讲话再向松筠阐释。尽管这是让人极度头疼的做法，却足以让一位聪明的译员在双方都不知晓遭到了欺瞒的情况下增加一项请求并应付对此的回复。

也有可能是李自标后来在他替马戛尔尼翻译呈送给和珅的便函

图 9.2　额勒桑德重现的觐见乾隆的场景，小斯当东位于正中。马戛尔尼戴着羽毛帽子，老斯当东则身着牛津式帽子及长袍。李自标的弱小身形位于小斯当东的后边，同样身着使团制服，这也是他仅存的一幅画像。

时添加的。和珅已准允李自标在承德担任翻译，也有更多可能照顾的暗示。马戛尔尼曾想请求让马庚多斯船长获准返回船上。这一请求是向和珅提出的，李自标可以找人帮他翻译出文字，尽管小斯当东仍然帮助誊录。之后是李自标主动提出去送信。英国人按例不能四处游荡，但是他成功获准外出并找到了和珅的住处，将信交给了一位文书。马戛尔尼认为此举勇气可嘉，体现了对英人的忠心，便十分高兴。另一方面，李自标提到和珅对他一直不错，当他“看到我有些伤感时，便通过他的文书告诉我要心存善念，还让我到他的府上接受礼物，我也照做了”。[50]

马戛尔尼提出明确要求后，乾隆决定全部予以拒绝。一份正式的书面回复出炉，打发了英国人。[51] 回到京师后，马戛尔尼和老斯当东向额勒桑德描述了觐见的场景，以便他能画下来。他的第一份素描显示马戛尔尼在御前单膝跪地，也画上了几位原本被留在帐外的英国人。这当然是不准确的，于是小斯当东被要求跪下来展示他的姿势。在最终的版本中，只有马戛尔尼、老斯当东、李自标和小斯当东在场。在公开出版的老斯当东的记述中，马戛尔尼则退居背景之中，反而是小斯当东于图画正中单膝跪地，当他向皇帝讲出汉语时，众人皆惊叹不已。

第十章

成为隐身的翻译

李自标在宫廷中的经历让他更为了解为英人担任翻译的风险：如他日后所言，这种事情是“可就连愚蠢透顶的人理解了其中的凶险后也会退避三舍”。[1]当使团离开宫廷并开始南下的旅程时，这些风险依然不减。李自标在请求中加入包容天主教徒的举动几乎要被发现时，这一刻令人心惊肉跳，但此后李自标开始退隐，越来越多地以马戛尔尼的声音讲话，而非去解释马戛尔尼的所求所请，他将这一转变理解为要成为言辞的翻译者，而非事务的阐释者。以这种方式退后一步，使得他略微不可见，但仍然有影响力：他在翻译中所做出的选择依然影响了各项谈判。而他的担忧使他更有动力去通过翻译来取得一种正向的结果。

当他从承德返回京师时，他听说长兄已经到了。李自昌很快就访问了使团，这应当并不费力，因为他可以身着官服并混迹于其他军官之中，这些人前来寻觅英国人此行带来的锋利的伯明翰钢制刀刃。即便如此，他的到场也是危险的：他一行人中有柯宗孝，同时也带了一封东印度公司商人写给马戛尔尼的信件，这两桩事都足以导致他被捕。[2] 兄弟两人的会面是私下的：英国人并没有记录，清朝资料也丝毫未提英国人的翻译原本可能是汉人。即便如此，如果没有王、乔二人的默许，很难想象这样的私下会面能够发生，同样李自昌也不可能完全不知道自己弟弟所冒的风险。马奇尼在澳门时听说福康安曾对李自标说：“你是我们的人。你会为此遭殃。你全家都仰我鼻息，他们会因你遭殃。”[3] 李自昌在福康安手下屡获升迁，所以这样的威胁并非空穴来风。如果在出使的初期阶段，李自标愿意在谈判中代表大清，是出于中国人的身份意识，那么在见过兄长后，他肯定无时无刻不清楚这项任务的凶险：福康安这样的敌人绝不可等闲视之。

此外，很快就清楚，礼仪上的妥协在长城之外尚属可行，而在京师，任何一方都不再能接受。当乾隆前往圆明园观赏陈列的英国礼物时，英国人并没有参加。[4] 马戛尔尼被宣召进宫，接收乾隆给乔治三世的正式回信，也因为等了三个小时而抱怨。皇帝的回信被黄布包裹并置于御座之上，无疑马戛尔尼会迫于压力向它行礼。[5] 形势恶化时，李自标也正夹在两方之间。他也埋怨马戛尔尼“行事愈发无礼，以至于近乎诸大人为之切齿”，并感到自己能活下来简直就是个奇迹：“斯诚困难之际，我亦担心高悬在我头上的凶险，因为唯我一人要同所有人讲话并处理所有事务，甚至要对诸部大人有所忤逆，但是承蒙圣恩庇护，我方能安然渡过这次出使中的各式各样的劫难。”[6]

英国人的最后一场会面见的是和珅与福康安，他们拿到了第二封信件，里面答复了马戛尔尼的各项具体请求，此后使团便启程返回广州。信件回复的七项请求是由李自标在承德会谈中提出的，而非近期马戛尔尼以书面形式提交的六项请求，但由于复函是写给英王并封着口的，英国人起初并不知道里面的内容。[7] 乾隆派遣松筠陪他们南下，路上要以大清的武力慑服英人，并劝说他们接受回信中的内容。

乾隆还下令让沿途各地的军营列阵欢迎，起初数日，松筠便命排成长队的士兵奋力操练。据小斯当东的记录，向他们致敬的枪炮、火箭和鞭炮，哪怕是夜间也要鸣放。[8] 而存世的关于使团的少数汉语诗文之一则记载贡使“俾睹军容盛，防闲重若山”。[9] 皇帝还下令海岸防御应当高度戒备，强调断不可给予英国人轻启战端的借口的重要性，但这是以密令形式下发的。[10] 整个南下的旅程，英国人持续看到的是清军规模声势浩大的展示。

很快松筠便把马戛尔尼叫到他的船上，进行一场非正式会谈，其间他大声宣读了皇帝任命他陪同使团的信件。因为要定期向皇帝奏报，他给乾隆的奏折中则提到了李自标而非马戛尔尼，因为他料想皇帝会记得李自标：他说他命梅氏将皇帝的谕旨翻译给“使节”。[11] 他们也安排英国人同停泊在舟山的“狮子号”军舰会合。据松筠所述，“该正副使俯伏口称我等仰蒙大皇帝格外恩施，屡邀赏赐”。[12] 不管是这套汉语里的客套官话还是虚情假意的致谢，看上去都不太可能出自马戛尔尼之口，他此时情绪不佳，所以似乎更有可能这也是李自标的话。之后松筠到了马戛尔尼的船上，随员中有起草乾隆给英人回复的书记官。这次他们先讨论了俄国情形，之后是欧洲和中国关于特使的不同惯例。不久，松筠就离开了，李自标无疑会感到轻松些，因为能够坐下了，而松筠在场时，除了马戛尔尼，他不允许任何人坐下。王文雄和乔人杰则留下来，整晚畅谈。[13]

在缓慢南下杭州的一个月中，每隔几天便有一次这样漫长的会话，涉及广泛的话题。马戛尔尼渐渐开始信任松筠，认为他“表现得如此真诚、坦率和亲善，如果我受他蒙骗，那他必定拥有全世界最为精湛的骗术”。[14]这样的真诚是松筠从事外交事务的突出能力之一，他的聪明之处在于让马戛尔尼认为他知道的比实际上更多：马戛尔尼对松筠知道叶卡捷琳娜大帝不光彩的篡位之举而感到吃惊，但是后来松筠却说是马戛尔尼自己告诉他的。[15]马庚多斯船长仍然在推动让“印度斯坦号”作为贡船而在交易时能免于纳税。而正如马戛尔尼所担心的，当他提及此事时，这弱化了他先前对两国关系的强调（乾隆在“贪冒性成”旁朱批一句“小丑可笑”），并让此次出使显得无甚威胁。[16]

最终看来是松筠在感到足够自信时向马戛尔尼提供了一份对于他的请求的回复，这是在京城的法国传教士所作的拉丁译文。马戛尔尼大吃一惊，因为他发现虽然他最终只提出了六项书面请求，皇帝却驳回了七项，而最后一项是关于对天主教徒的宽容。对于这之后的对话，马戛尔尼的版本是他坚称从未提出此项请求，而英国人认为所有的宗教都同样令天主欣悦。[17]

而根据松筠所说，英国人并没有当场否认这项请求，而是第二天回来时才澄清：“敕书内指驳行教一条，我等尚不甚明白。从前我等所请系为西洋人在中国居住求大皇帝恩待，仍准他们行教，并

图 10.1　使团渡过黄河，额勒桑德绘。注意列队受阅的清朝士兵。

不敢说要嘆咭唎国的人在京行教。”[18]看上去，李自标首先给了自己一些时间来思考，之后才以一种安全的方式重述了这项请求(欧洲人已经获准奉行自己的宗教)。松筠在回答时颇费了些口舌：中国自古以来圣帝哲王垂教创法，华夷之辨甚严，大皇帝平治天下，秉道爱民，百姓遵守典则，不敢妄为。他随后安抚了英国人，或者说是颇为紧张的翻译：“今尔等办得甚是，如今说明，亦不必心里害怕。”[19]

然而，马戛尔尼坚持要向和珅呈送一份书面澄清，这份便函列出了他自己的普救派的宗教信仰，并且要求对这一翻译失误进行调查。[20]对于李自标而言，这一刻无疑充满风险，他肯定不想展开调查，这样的调查应该会聚焦于身在京城的欧洲传教士身上。据他后来讲述，所幸“松大人秉性温和宽容，所以他并未指控翻译信件的欧洲人有背叛之举，而是以缺乏对外文的理解予以宽宥，同时又补充到这位译官肯定是出错了，但也讲了特使应当聆听皇帝亲口所说之词”。[21]这种对于口头语言的强调也暗示了松筠明白现场翻译的分量，在同一封信中，李自标也将松筠本人描述为向使团“翻译皇帝的言语和意愿的人”。[22]

在此之后，李自标便从中方关于使团的记载中消失了。在接受了自己替天主教徒伸张的努力失败后，他看上去开始将自己有意隐去，其方式便是——如他自己曾言——成为言辞的译者。松筠也开始记录由“使团”所作的发言。[23]两周之后，他开始第一次用到马戛尔尼的名字，尽管后面的客套话听起来更像是李自标所说的。[24]这一隐身减少了李自标所面对的风险，但是并不意味着他不再影响谈判的结果，这在他们下一阶段旅程关于贸易的商谈中是显而易见的。

松筠已得出结论，英国人不会构成直接的军事威胁，所以当他们抵达杭州时，他便将陪使团南下的任务交给了长麟，乾隆已安排长麟接替福康安任两广总督。长麟在南方沿海为官多年，经验老到，素有干练、清廉的官声。他与清朝皇室同属一支，颇好奢华，在京城有一处大宅院，但是选择通过科举入仕，与和珅素有仇怨。关于他的最有名的故事是，他在福建任职时，曾微服入市集，终日在一家面馆用餐，为的是打听百姓所说的事情。多年以后，他向一位不信此事的朋友解释，的确有这番事，但是目的并不在于听这些闲言碎语，而是让消息传出去以震慑众人。对乾隆而言，这是解决对英贸易管理及税收问题的合适人选。他也非常善于与人相处：对他的汉人同僚而言，与他交谈，常常能使人忘记疲惫。[25] 马戛尔尼也非常享受与之交谈，认为他“教养绝佳，举止无一处不显诚恳，有绅士风范”。[26]

长麟负责陪同时，仍旧有冗长的会议，但是气氛已经变得没有那么正式，话题也从外交方面转到对英贸易的细节上来。王文雄曾是他的下属，他知其勇猛，也坚持当他在场时给王文雄和乔人杰看座。这意味着老斯当东能坐下，而李自标也明显更加放松。有一次，长麟八点钟到来，一直聊到夜半，乔人杰在旁记录。当长麟拿出他的烟袋时，马戛尔尼则拿出一个磷火瓶，为他点上烟。这些火瓶在英国是十足常见的家用物件，对长麟来说却是初见。马戛尔尼则将这个小瓶子赠与他，而会谈则很愉快地转到了科学以及英国的发明上。[27]

此时的巴罗一直坚持尝试讲汉语，王文雄也开始同他有了私交，正如先前同李自标一般。王文雄甚至试着讲了些英语，当他经过巴罗的船时总是喊道“巴罗,如何？”[28]英国人在经过城镇时本不应四处游荡，但是在杭州时，巴罗要去检视他们将要搭乘的驳船，所以能够看到市内的情况，而王文雄也带他去杭州著名的景点西湖游玩。后来，王文雄还邀请巴罗参加他船上的宴会，在场的有长麟和朱珪，后者曾是未来的嘉庆皇帝的老师，近来被任用为广东巡抚，一同参加的还有他的妻子和另外两位衣着华丽的女子。李自标陪伴巴罗至此，但并未留下：对于一名天主教神父而言，在中国参加有妇人在场的宴饮殊为不妥。巴罗实际上并不能与人交流，但是妇人们给他端来茶和点心，在他开口讲汉语时也不禁莞尔，还给他唱了小曲。[29]他因此得出结论，至少对于“值得尊重的社会阶级”和“上层”,“在更为深入的了解后，我们发现自己在离开英国时对于中国国民性格所做出的估测实在有失公允”。[30]

由于培养出了这种非正式的氛围，长麟也开始考虑英方关于变更贸易安排的主张。他先是让马戛尔尼提供一份他想要提及的要点清单，但是根据李自标的说法，长麟和马戛尔尼都对如何开展贸易一窍不通，所以他们便相互同意将谈判推迟到抵达广州之后。[31]同时，长麟解释了他要做出改变会面临的困难，以及可能招致的来自和珅和福康安的反对。指摘前任贪赃枉法可能要面对的风险，对于马戛尔尼来说是讲得通的，因为他在印度也有类似的经历。他知道长麟试图左右他，但是也得出如下结论：“若是对我们在印度的陆军力量和遍布各地的海军实力略有了解，便可感知英国国力之盛，实在无须他国管理，哪怕是这般倨傲的天朝。”[32]

长麟暗示了未来可能做的让步，建议马戛尔尼向皇帝提议派遣另一个使团，以作为英国有意修睦的佐证。根据李自标所言，长麟已经知道近期英国不太可能会派出新使团，因为英法两国已经开战。这一消息刚传来，“狮子号”军舰就攻击了一艘在澳门避险的法国船只。不同于长麟，马戛尔尼并不知晓这一消息，但是他相当谨慎，只答应说将来某一时间可能会有一个新的使团，但必须从中要有所斩获。这令长麟大悦，并说要奏报皇上，还让马戛尔尼随他的信件一起上表称颂。乾隆恩允此事，但是也强调鉴于路途遥远艰险，暂无必要把日子确定下来。[33]

针对此事，我们既有乾隆答复的中文文本，又有一份由李自标手录的题为“转译总督大人长麟口述的皇帝答复之文字”的拉丁版本。[34]马戛尔尼确认了这是从宣读的圣旨翻译过来的。[35]将其与原本的中文进行对照，从中可以看出李自标是如何努力替使团争取一个积极的结果，即使他仅是严格地充当一名文字的译者。

拉丁译文逐句对应中文原文，但是其中也有变动。有些可能是长麟大声诵读的结果。例如，“督抚”这一简称，意指“总督和巡抚”，在拉丁译文中是两个官职（总督和巡抚）全称的中文发音。对于英国人而言，这样并不比原文更易于理解，所以似乎是长麟在念圣旨的时候向译者阐释了一些正式用语。其他一些让回信更能为英人所接受的改动，或许是长麟讲话时所做，也可能是李自标翻译时所为，例如拉丁文版省略了乾隆指示长麟“护送”英国人，并警告未来的使团不可“强求”进京。[36]

也有一些变动只可能来自李自标的翻译用词，所有这些都避免了使用一些会引起麻烦的词，改用更能为英国人接受的替代说法。因此,“贡”被译为“礼物”（munera）而非“贡品”,“夷”被译为“外国人”（externi）而非“蛮族”，而全篇提及马戛尔尼时皆称“特使”（legatus）。更有意思的是，被反复提及的英国人“悦服恭顺”被翻译成两个不同的短语，两者也都去除了臣服的意思。其中一个将英国人描述为“满意与平和”（animo content et pacifico），而另一个则说皇帝已知晓英国国王“伟大的善意”（magnam benevolentiam）。这只是数处提到英国国王“善意”中的一处。这个拉丁词语意思为“善意”，与之同源的英文单词则有“仁慈”之意，暗示英国人有某种程度的屈尊俯就，恰好与中国皇帝的屈尊俯就形成平衡。整体而言，译文相较于原文更加有文化相对主义的意识，数处提到中国习俗（mos et consuetudo Sinica、Sinicis moribus），而原文则仅仅称之为习俗与体制。[37]

这些变动是所有翻译必须做出的那种选择的例证，而这些都不是重大的选择，但凑在一起时就给文本赋予了一种特定的氛围。拉丁文本摒弃了中文直来直去的语气，而是采取了一种英方与中方之间的平衡：中国人遵从他们的习俗，而英国国王素怀善意，中国皇帝亦如此。马戛尔尼对此信予以总结,“人们告诉我，该信措辞友好。若国王再遣使者，将会被热情接待。若如此，使者应前往广州”。[38]马戛尔尼意识到这暗示着对于英国人直接驾船北上之举的“婉拒”，但这较乾隆提到的“强求”语气已经轻了不少。[39]

根据马戛尔尼的说法，此时的小斯当东已经能说会写汉语，“已是颇为熟稔，自此对我们而言在很多情形下大有助益”。[40] 小斯当东听李自标讲话以及誊录使团的中文信件时，也在学习做出类似的翻译选择。最好的例证就是他代马戛尔尼写的一封短笺，信中请求一位高官，可能是长麟，向皇帝转达他们的谢忱。信件的落款是他，但正确的语法显示他在撰写过程中得到了帮助。小斯当东提到了英国国王的“恭顺”，并说到国王以后将会“听”（listen to，“听”字含有服从的意思）皇帝的训导。[41]

当使团抵达广州后，马戛尔尼拿出了一个清单，列出英方关于贸易的各项诉求，并交给长麟，长麟也安排了一场辩论，让马戛尔尼在场，其间长麟持支持变革的立场，而粤海关监督苏楞额则大力反对。最终长麟拒绝了英方要求固定税额的请求，理由是此事已由皇帝决定，但是他也十分清楚官员从中渔利，便使用英国人提供的详细信息来检查税务记录并革除贪腐。他设法准许了英国人的数项请求：他宣布向广州和澳门之间的船只征收的一些杂费为非法，对“无辜之人不应对他没有犯下的罪行担责”这样并无问题的主张表示赞同，答应在公文中注明英国人实不同于美国人，并发布告示命令众人不得欺诈外国人或向他们勒索钱财。对于一项要求允许英国商人离开他们的商业场所去锻炼的请求，长麟在回应时也颇为灵活，允许他们造访中国商人的花园，而这些安排一直持续到 19 世纪 30 年代。这项许可实则是一个社会阶级问题：任何一方都不希望让英国水手到处闲逛。[42]

马戛尔尼还提出请求允许英国人学习汉语，这项请求恰好也能够凸显小斯当东的成就，令其父非常高兴。作为儒家学者，长麟说他对于禁止学习汉语一事非常震惊。他调查后发现，不出所料，实际上并没有禁令；问题仅仅在于聘用官府控制的体系之外的教师。他因此裁决英国人能够学习汉语，但是只能师从官方通事或是其他现有雇员。[43]

在离开的前一天，马戛尔尼签署了一份正式的报告，颇合乾隆所愿，结尾处的基调很积极："确实有望让所有委屈和抱怨都得到长久且完全的解决，只要我们同总督建立起日常的来往，并且克服同他用汉语自由交流的困难。"[44] 王文雄和乔人杰前往"狮子号"上用餐，大概痛饮一番后，所有人都动了离别之情，泪洒当场。[45] 当"狮子号"沿江而下前往澳门，马戛尔尼思考了英国海军攻击广州的可能性，但这也没什么特别，自他们离开英格兰后经过每一个重要港口，他都会这样做。[46] 李自标提到，有了长麟的官方告示，马戛尔尼离开广州时满心欢喜。[47]

李自标应该也是满意的。尽管他未能成功获取一道圣谕允许基督徒信奉宗教，但是他始终为双方所接受，而他的身份也一直未被揭穿。他采取担任言辞的隐身翻译这一策略是成功的，正是他的翻译把双方带到了一起。在离别的时刻，几乎所有人都对他褒扬有加。

马戛尔尼和老斯当东都力争让李自标随他们一起返回英国，并许诺在伦敦为他找一份差事。[48] 这反映了他这时已经被使团的核心圈所接纳，尽管他的身份依然是问题重重。实验科学家丁维德因被排斥而心生愤懑，称李自标为"无知狭隘的神父"，抱怨说他"陈述问题时经常歪曲发问者的本意"。[49] 但这不是马戛尔尼的看法；在他笔下，李自标“意志坚定、刚强——既不馁于危险，又不惑于欣喜”。[50] 巴罗称赞他的勇气，小斯当东后来回忆他“拥有令人肃然起敬的才华以及友善的举止，还有审慎的判断，为人极为正直”。[51]

关于中方，李自标在给罗马写信时又回到了他经常使用的对自己的描画，即从藏身之所被追赶的动物，但有所转化。他在结束对宫廷事件的记述时说，不仅皇帝亲手赏了他一件礼品，即使是像和珅这样的官员都对他相当和善，“我并不想像草中之蛇一样躲着他们，因为最后证明他们也对我十分信任”。[52] 当他离开广东时，他报告说，“许多已成为友人的官员”反复劝他要答应随下一趟使团回到中国。[53] 长麟甚至说他希望下一个使团由老斯当东率领,且由（用李自标的话说）现任的“言辞和事务的翻译”陪同。[54]

第十一章

使团之后的李自标

抵达澳门之后，李自标就需要面对教团庶务马奇尼，自从听说李自标抵达广州后，他便一日比一日心焦。[1] 如果和欧洲上级处不好关系的话，这很容易成为李自标走下坡路的起点，中国神父也经常会遭遇这样的情形。然而，李自标却从此走上了一条成功的传教之路，主要基于他与人修睦的天赋、宗教信仰的深度以及持续游走于中国和欧洲文化之间的能力。在被派往中国北方一个遥远的地方后，他不仅继续给欧洲的朋友写信，而且这样的举动也受到他所服务的中国天主教徒的支持。当乾隆朝素称的国富民安逐渐开始瓦解时，世事维艰，他却能够成功地建立起一个天主教教团。

然而，就当下而言，救下李自标的却是马戛尔尼、老斯当东和他们派遣另一个使团的计划。英法开战意味着“狮子号”军舰要护送商船船队回到英国，因为上面装载着价值五百万英镑的货物，所以英国人在澳门等了数周的时间。李自标同他私下用餐后，马戛尔尼随后便同马奇尼有了多次会面。同时，老斯当东给马奇尼一大笔无息贷款，并且答应带上严宽仁的一个亲戚以及另外一位李自标发现的、希望在那不勒斯书院学习的年轻人回欧洲，费用全由使团承担。[2]

老斯当东还雇了两位中国年轻人一同前往英国，以便让小斯当东能够继续说汉语。其中一位是个叫阿辉的男孩，讲得一口好官话，却出身贫寒：他需要在英国服务两年，作为交换，他父母得了一笔三百英镑的巨款，他跟着一位中国天主教徒到了澳门。老斯当东曾在京城雇了一个胆怯的男童，同小斯当东说话，阿辉有可能就是这个男孩，但他也有可能是广州人但父母来自北方，又或是曾给官员做过用人，所以学会讲官话。另外一位年轻人叫吴亚成，讲粤语，来自澳门边上的一个县，那里的人们与对欧贸易有着长期的联系。他读过书，年纪二十出头，大抵是想寻找一个机会培养自己的英语技能，以便未来能够从事贸易这一行当。[3] 马戛尔尼和老斯当东需要这四位中国人，正如他们想要保持同李自标的良好关系一样，如果他们启动下一次使华，这些人的语言技能和人际关系都是他们所需要的。

同时，马奇尼已经开始十分信任李自标，以至于请他帮自己誊录机密信件。他也向罗马写信，称自己想要改变先前对李自标的看法。他现在理解李自标前往京师仅仅是出于宗教动机，尽管他最终没能获得他一直孜孜以求的对宗教包容的恩准。而且英国人也对他大加赞誉，不仅在于他与中国官员交流时所发挥的作用，也在于他的行为堪为模范，发人向上。[4] 然而，马奇尼并不情愿让李自标前往海南，其兄李自昌驻扎在那里。从岛上来的两个基督徒解释说，岛上的天主教众已经有三十多年没有见过派来的神父，并要求马奇尼派个人过去。李自标也强烈要求获准前往，但是马奇尼指出他并不会讲粤语，而且海南一直瘴疠横行，因此他应该去往北方。[5]

所以趁着接下来的贸易季节，李自标同一些从西北前来的天主教商人一道返回了甘肃。因为担心被认出来，他并没有乘水路北上，而是取道华西的高地。最终，在1794年夏末的瓢泼大雨和满地泥泞中，他们从山上下来，抵达陕西省内相对隔绝的汉中盆地，他们要在这里见到李自标的新上级吴若瀚（Giovanni Battista da Mandello）。由于天气恶劣，吴若瀚并没有出来迎接他们。他转而发来消息，指示李自标不要去甘肃，转而继续北上进入山西。[6]所以，李自标穿过黄河以及陡峭的太行山，最终到达潞安（今长治），终其一生，这里一直是他的基地。他相信顺从即美德，后来在给那不勒斯的信中称自己“心甘情愿”来到此地，但是没能获准先回家探视，难免会抱憾于心。[7]

他到达之时，潞安的天主教已有一百五十年的历史，可以追溯到耶稣会士高一志（Alfonso Vagnone），此人在邻近的绛州建立了一个刊印天主教资料的中心。李自标到来之际，大抵有两千名信徒散布在平原和周围的山区。他定居的村子叫马厂，靠近主路，有水源和良田，也有贸易的历史。他传教的地方并不限于此地，而是覆盖了整个山西省的南部。他要花上大部分的时间四处赶路，以便让他负责的数百个天主社区能够在一年之中有机会见到神父。此外，只有两位神父在山西传教：一位是住在省会太原附近的意大利人路类思（Luigi Landi），另一位是年长的郭儒旺，李自标在孩童时期刚刚到达那不勒斯时便认识他。[8]

李自标一直躲躲藏藏。他改姓梅，也如他幼时认识的传教士一般，寄居在教区里富裕教徒的家中，一般会为他辟出一个内院或者一间房。这也是待字闺中的女儿们居住的地方，所以这样的安排要求他必须无时无刻不恪守神父的行为准则：他曾经形容他的一位同事是“基督徒家中的瘟疫”。[9]没有人抱怨过李自标。

然而，第一年却充满艰辛。李自昌突然染病亡故：确如马奇尼所担心的，海南的热带气候如此凶险。长麟向京中发送了死讯的简报，但是李自标得到的消息却比这更糟糕：他的侄子李炯同广东的天主教教士起了争端，决定带着父亲的灵柩回凉州，并且违背了天主教的教规，按照儒家的全套礼仪下葬。此后的岁月里，广为人知的是李炯经常讲起乌脯而獭祭，吾岂不禽兽若乎？然而，正是在这样的过程中，他逐渐疏离于家庭，也背弃了他们的天主教信仰。如果让他选的话，可以肯定的是他的立场会让他出卖自己的叔叔。正如先前，压力之下的李自标开始患病，有几个月无法工作。[10]

直到 1797 年，李自标才返回陕西，试图获得吴若瀚的许可回甘肃探亲，但是当他在汉中时，白莲教起义军从山区席卷而下。在他写给那不勒斯的中国学生的信中，用了有浓重《圣经》色彩的语言讲述了起义军所到之处皆遭焚毁，年轻的被掳走，身弱的被戕害，哀嚎遍野，满目疮痍。叛乱起源于遭朝廷镇压的在俗佛教信众，他们相信末世即将来临。如果李自标看到官府告示的抄本，他可能知道王文雄正在与起义军激战，且当清军将他们赶往山中时，王也因为作战勇猛而获得奖赏。在山区，随着心怀不满的贫困无助者的加入，起义军势力日渐壮大，而李自标目前遇到的正是这批新的起义军力量。在欧洲时，李自标曾见到过战斗过后四处逃窜的士兵，但是这些是职业军队之间的战争；战场之外，平民的生活照旧。他在陕西所经历的情况却大为不同：这是一场赤贫者的起义，所带来的暴力混乱无序、令人生怖。李自标放弃了返乡的计划，逃回了北边的山西。[11]

清廷也震惊于其中的暴力，如何因应成为当时最大的政治问题。乾隆在 1799 年驾崩，他的儿子嘉庆已经当了四年的见习皇帝，在他日益健忘的父亲的阴影之下，一直无法施展手脚，只有在巩固自己的权力之后才开始改弦更张。此时的清军已经左支右绌，嘉庆逐渐认识到核心的问题并不真是一个需要铲除的宗教派系，而是逼得民众不得不反的财政空虚和官员盘剥。他也想到征讨叛军所耗费的巨资会被将领们中饱私囊，所以他们根本无意结束战乱。[12]

嘉庆掌权标志着在英国使华早期同马戛尔尼打交道的那些满族权贵的覆灭。福康安在征讨先前的一次叛乱中去世。如今，和珅被嘉庆下令自尽，同他相关的人也因滋生贪腐而被问责：福长安和徵瑞都被发配去给乾隆修陵。同时，他们在朝中的对手被擢升，这一举动后来被视为转向科举出身的汉人以及重新强调儒家道德观念的变化。实际上，这些变化既有派系因素也有民族的因素：蒙古族的松筠和满族的长麟都被从远方的职位召回。尽管松筠因为在觐见时坚持要求经济支援而惹怒嘉庆并被短暂地外放新疆，遭叛乱祸害最为严重的两个省份仍然由他负责。[13]

新政策也对李自标在山西的生活产生了巨大的影响。因为嘉庆把腐败视为导致叛乱的问题，相较于其父，他并不倾向于追究宗教信徒。从当时大多数清朝官员的视角来看，佛教的各路流派和基督教之间鲜有差别，因此新的政策也给天主教徒带来了某种程度的宽容。1801 年，有人强迫马厂的天主教徒参加当地寺庙的仪式，他们因此而对簿公堂。令所有人吃惊的是，潞安知府判天主教徒获胜，而其他案件中也有类似的判决。结果立竿见影：李自标写道，他教区的教众也革洗了自身先前那些不可接受的习惯，献身于善行，并且在福音的光明中为自己的灵魂寻找庇护。也有人皈依：在山区的屯留县，一百户人家“有心向主”，许多人家的家长都已受洗，而且许多人也被激发起来去劝他们的亲戚和熟人皈依。[14] 第二年，李自标欣然报告，皇帝已不再对基督教抱有敌意，甚至宣布不应有人因为宗教信仰而受律法的侵扰。[15]

在这样的背景下，李自标成为一位成功的筹款人。当时，英法在海上开战，中国内地叛乱频仍，实在无法获得来自欧洲的经济支援。起初，李自标靠早期耶稣会传教士所购的一处房子的抵押借款生活。他以为吴若瀚同意这样做，但是最终还是受到指责，认为他开了一个坏的先例。所以当马奇尼第二年提出送钱时，李自标拒绝了。很快，不仅他的生活开支全部由当地的天主教徒资助，他也开始为整个主教区的利益筹集款项。到 1803 年，他和常驻山西中部的路类思合计共筹集到三千两银子。直到 20 世纪，这个惊人的数字一直是来自山西传教团的最高金额。[16]

马奇尼认为这些钱中有的来自罚款，或被称为补赎（penances），掏钱的人有的让子女与非天主教徒联姻，有的在礼拜日工作，有的给儿子安排了儒家而非基督教的教育，诸如此类。[17] 潞安地区的天主教徒中有相当数量的有钱人和读书人：历年都有商人、地主和有功名的人加入教会。补赎，通常被理解为捐献，使得这些人能够调和他们的信仰与地方义务，但这些在当时并不罕见，也无法解释捐献的规模。

李自标的计划看上去是要建立一个捐款人的团体，而他和这些人都保持着紧密的私人关系。他同这个由十二个人组成的团体每月见一次，一起进餐、谈教义或是行善举。这个主意来自那不勒斯，但是同中国人对社会精英的期望不谋而合。其结果便是形成了一个社群，李自标作为神父的模范之举以及他结交朋友的天赋一同起作用,带来了相当可观的捐款。在李自标去世后,这个群体也长期保留,在 19 世纪 40 年代还依然存在，此时的成员每人每年捐款一千五百文铜钱，因此便有了相当规模的储备。[18]

李自标自己也认为，能够从这些自身也捉襟见肘的人那里收集这么多的财物，“近乎奇迹”。[19] 然而很难不去猜测这些和他一起进餐的人是否知道他在宫廷的经历。他是否向其中的某些人展示了乾隆给他的荷包？他通过使团给他的朋友乔瓦尼 · 博尔贾发去一段红绸，后来给那不勒斯书院做了节庆时的衣物，但他收到的其他礼物去哪儿了？[20] 即使他自己从未提及他曾到过宫中，但是人们或许能够从每年去广州的天主教商贾那里听到些传言？

成功筹得款项使李自标的生活有了改变。他和路类思在山西中部有众多票号的祁县郊区建立了一所神学院，每年有段时间在此教书。这是一个大宅子，有给学生的房间、一间礼拜堂和一个开阔的花园。其余的钱则拿去做投资，用以覆盖老师和二十位学生的生活开支。神学院的生活将李自标带回了他所熟悉的那不勒斯学院的日常当中，有每日的弥撒、每周的教义探讨以及餐后的休憩。然而，这里的课程要比那不勒斯简单得多：拉丁语法、《圣经》阅读、教义问答和神学基础，然后是由一位年长的学生在夜间教授的汉语典籍。中断的情形时有发生：李自标被叫去做临终祷告时，便让大一点的学生掌管学校。[21]

可能也正是有了这些钱，李自标才能给欧洲发去这么多封信件。他定期给罗马的传信部、那不勒斯书院的院长和中国学生写信，也给他的私人朋友写信：博尔贾、马戛尔尼和小斯当东。现存的信件可能只反映了被收藏的那些：他给博尔贾的信件中只有在博尔贾任那不勒斯书院负责人这一时期的才得以留存，一份简短的翻译件片段显示，尽管我们看到的信件是用拉丁语和意大利语写就的，李自标也曾用汉语写信。[22] 信件穿越整个世界的过程是漫长的：收到回复需要至少两年的时间，许多信件被延误甚至完全遗失。“但是，”正如李自标在数年间未能收到来自欧洲的任何信件时所写，“不管发生何事，阁下应当确信，尽管我可能没能写信，但我自肺腑至指尖，完全恪守所学之道，力求立身正直、行事妥当。”[23]

深入中国的腹地工作，被战争和叛乱隔绝，李自标却仍然关心着欧洲的朋友们。李自标写这封信的时候，他刚听到一个传言，说是那不勒斯为法国革命军所陷，此处的中国学生被送往法国。过了一个两年的空当之后，他才最终收到学院的来信，在这封写于 1801 年的信中，李自标在起首处讲到他们落款于 1799 年 12 月的来信将他从巨大的不安中拯救出来，因为此时他才从中得知书院安然无恙。“我向天主致以无尽的感谢，是他保护我们的大家庭免遭灾殃，是他将我和我的家人从时常的不安和忧虑中解救出来。”[24] 他还向在那不勒斯的中国学生传去他们家里的消息，特别是朱万和，他的家乡便是新建的神学院所在的祁县。[25]

李自标对祈祷的力量深信不疑，这也强化了他们之间的关系。他给书院写了一封正式的信函，讲述他遇到白莲教起义军时的恐怖经历，结尾处写道：“我的神父院长，我乞求您发发善心，让我感受您的灵魂，把我放在心上并为我祈祷，因为我的肉体和灵魂都是如此的羸弱。”[26] 在他后期的通信中，这样的请求也不断出现：“我无法在一年之中走完整个教区”，或者不管他最近的问题是什么，“因为我体质虚弱，德薄能鲜，所以我请求神父您始终为我祈祷”。[27] 他相信那些身在欧洲的朋友和同事的祈祷也能帮助他，在他给那不勒斯的中国学生的信中，他曾言及自己在面对艰难的谈判时最渴求的就是他们为他祷告和祈求。[28]

1801 年，当小斯当东回到广州，李自标也开始同马戛尔尼使团的成员通信。小斯当东似乎给李自标写了一封信，附上一封来自马戛尔尼的信件，询问他在甘肃的家人近况如何。李自标颇为感动，并致书回复。[29] 后来，老斯当东辞世时，李自标向马戛尔尼致信慰问，开头写道：“爵士阁下，念当日与君等为伴，如沐春风，自别后已有八年，阁下待我无比和善且慷慨，世上更无他者令我这般挂念，我心中的感激以及愿伴君左右的渴望，乃是至死方休。”[30]

这一时期，针对白莲教起义的征讨一直在继续。王文雄率军夜袭叛军时遭遇伏击，成为举世的英雄。他负伤后继续战斗，直到一臂断折且从马上坠地。据说叛军因为恼怒他过去曾斩杀众多他们的将领，对他施以持续一整天的残酷折磨，他的身体也被斫为数段。[31]当战争最终结束时，国家遭受了重创，皇帝的国库空虚，前一个世纪积累的巨额储备也化为乌有。

对于李自标而言，战争在1804年结束意味着他在回到中国十年之后终于有机会返回甘肃探望家人。他的同事路类思和郭儒旺都给吴若瀚写信支持他返乡的请求，但是路途依然危险，吴若瀚便决定让十分胜任的李自标留下，改派了李之前的同学范天成。很快吴若瀚就收到了关于范天成行为不检的抱怨：做弥撒时敷衍了事，向人索要财物，外出后与不信教的人相处，雇了一个女佣，触摸汉人贞女并且偷看她们穿衣和裹脚。（这些都是发誓为耶稣守贞的女子，但是继续同家人住在一起。）到了这个时候，吴若瀚最终决定派李自标前往甘肃去调查到底发生了什么。[32]

李自标惊骇不已：这并不是一次同家人的团聚，而是一场丑闻，需要他周转于教会遍及全球的官僚体系中，极有可能让他卷入中国同事和欧洲同事之间的紧张关系。在范天成之前一次惹祸的时候，吴若瀚就告诉当地的天主教徒，他宁愿相信恶魔也不愿相信中国人。然而，驻扎在山西的另外一位中国神父郭儒旺，给李自标写了好几封信称赞范天成。李自标写的信中几乎从未提到中国人和欧洲人之间的紧张关系，但是他的确有一次在督促那不勒斯的中国学生学习时说："我希望你们能理解，我至亲的好友，直到现在本地或是说中国的神父还在受欧洲神父们的讥讽，他们说去欧洲时是蛮子，回来时还是蛮子。”[33] 情况很棘手，而且越来越糟。

李自标抵达凉州后，事情就很清楚了，问题的根源在于范天成引诱侵害了几个年轻的女子，后来试图拿钱了事，这又让他陷入经济上的困境。李自标对于应当采取的正确措施并没有任何疑虑，因为“当罪行被四处传唱,如同市集上的大戏,再去掩盖又有何益？”[34] 范天成的行为“既非使徒行径，又与教义不符，亦非教民所能为，且令众人不齿，实乃灵魂之浪荡，易招致天谴，更乃罪恶之肇端”。[35] 他决定向罗马递交一份正式的报告，免去范天成的职司。他问询了六位女子，并说服她们提供简要的供述，其中包括罗马教会的官员们所需要的详尽细节：其中两位女子说起范天成告诉她们，他们之间的行为并无错误，因为这些行为创造了爱。[36] 李自标记录下这些，实则是指控范天成散布虚假教义，亦即拒不承认自己所作所为是错误的，而这一指控的严重程度都远超任何一项过错。

之后李自标便着手应付他的同事。他给郭儒旺发去所有材料的完整抄本，而郭在数年前对于范的行径也有所耳闻却一言未发。他也给另外一位曾在那不勒斯接受训练的年长一些的中国神父写信解释所发生的事情。此后，他通知了书院，讲明这并不会损害他们的声誉，因为从整个身体的利益出发，就是要截去腐败的肢体。[37] 当年吴若瀚过世，路类思接任主教，对此印象颇深：他向罗马致信，用口头的意大利语讲到李自标“确实双手都在面团中”（意思是他对所有相关的人都有影响力）。[38] 之后，在将范天成革职的漫长过程中，他们将他遣回京城的家中。[39]

路类思当了主教后和李自标一起紧密合作。李自标每年向路类思行告解时可谓一丝不苟，而路类思会寻求李自标的建议并让他负责处理任何有问题的神父。有一次，李自标拒绝让某一位神父主持弥撒，此人便不辞而别，李自标向路类思写信讲了此事，结尾处高兴地说："这是整个教区里最让人感到幸福的事由之一。"[40]

1805 年，一位教会的送信人被捕，身上搜出一张一位驻京传教士发给罗马的地图，用来争论华北不同地方的天主教徒应当受哪个教团或是国家的掌控。嘉庆怀疑是外国人在华刺探，随即便开始镇压，李自标的同学柯宗孝的兄弟在京师被捉拿，而柯本人则逃遁至山西。由路类思国内修道院派来协助他的若亚敬（Gioacchino Salvetti）在入境时被捕获，在广州身陷囹圄达三年之久。一道新的镇压基督教的圣谕颁布，在写给罗马的信中，李自标提到所有人在一整年的时间里都惶惶不安。[41]

在这样的情境下，皈依的人数不多，许多传教士会归罪于清廷或者中国文化，李自标却不是这样，他对中国和欧洲之间差异的看法从来不是刻板的。相反，他把皈依的进程视作天主在世间的恩典和神圣行动这个更大图景的一部分。在他写给那不勒斯中国学生的信中，他提到缺乏皈依并非由新的律法导致，而是因为"缺乏信仰，而正因信仰乃天主所赐，是罕见且艰难的"。[42] 在给罗马的信中，他解释说，即使有很多基督徒，但是"少有人按照基督徒的准则行事，从而树立基督信仰的公开榜样"，但由于"神圣信仰的增长是一项真实的馈赠，通常不会赐予那些懒惰的人，而是会给那些持信并追寻的人"，他会继续履行他作为神父的职责，以便替那些"无所事事的传教士和信仰不深的基督徒"求得天主的宽恕。[43]

正如他给马戛尔尼当翻译时一样，李自标在山西当神父时清楚地认为自己是中国人，但他很少提及中国与欧洲的文化对立。他拥有坚定的基督教信仰，且长期浸淫于中国和欧洲的文化当中，这意味着他关于祈祷和皈依的神学——正如同他对马戛尔尼使团和全球教会官僚体系的参与，都归属于一个更加庞大的、囊括了整个世界的神圣事业。

第三部分　小斯当东与广州贸易

第十二章

小斯当东成为翻译

回到英国后，马戛尔尼因为没能达到谈判的目标而广受批评，但是老斯当东对未来再次派出使团保持乐观。因此，他继续让小斯当东学习汉语，不仅在家中要讲，而且要花费许多时间记忆汉字、学习阅读。当小斯当东后来返回中国时，他的汉语水平显然已经足以胜任基础层次的口译以及笔译。然而，只有到了广州之后，他才从资深的中国商人及其下属那里了解了翻译事务所具有的社会和政治方面的复杂性。在他们的指引下，他发展出了一种翻译风格，其首要目标在于在两种文化之间调和并达成协议。

在伦敦，老斯当东安排当时流行的肖像画家约翰·霍普纳（John Hoppner）给妻子作了一幅画，画面表现的场景是小斯当东回到母亲身边，他们出访时，她回到了索尔兹伯里同娘家人一起居住。小斯当东现在十四岁，比坐着的母亲略高。当他穿过房间抓住母亲的手时，他们的表情都有些僵硬和缄默，虽然这是这一时期的典型风格，但即便如此，他也显得有些不自然。在他身后站着一位华人男童，手握一个盒子，看上去却颇为放松。这可能是讲官话的阿辉。画中盒子上的中文题记则可能出自比他们大上几岁的吴亚成之手（阿辉不识字，而字迹显然超出了小斯当东的功力），但吴亚成没有同斯当东一家长期生活，于1796年便返回中国。相较于中国，在英国，主仆的社会界限更为森严，很难为一位接受过教育的严肃的年轻人所接受。简·斯当东也并不喜欢阿辉的举止，由于他出自一个贫困的家境，也别无选择。阿辉是一个活泼的男孩，年龄与小斯当东相仿，当小斯当东惹母亲生气时，便可让阿辉去替自己求情。[1]

老斯当东并没有出现在画中，因为返回后不久，他便中风了，导致他半身不遂。即便如此，他继续指导着儿子在科学和语言方面的教育。[2]除了和阿辉讲汉语，小斯当东还在记词语，大抵是通过他父亲在罗马获赠的汉语–拉丁语词典。他应该也学过汉语启蒙读物，因为很多年后他的藏书仍包括《千字文》《三字经》以及用来教广东人讲宫廷用语的《家庭讲话》。[3]

1795年，作为其父再次使华计划的一部分，小斯当东将一封英国政府的信件译成汉语。这大体上是他独自完成的：其中的汉语勉强能讲得通，看上去不太可能获得了吴亚成或者其他中国读书人的帮助。信中有华北方言中的说法，这意味着可能有不识字的阿辉的功劳。当小斯当东因此受到称赞时，他说自己担心“英语和汉语用语的区别可能导致许多错误，而我尚未意识到”。[4]他的担忧是对的：当信件抵达中国时，时任两广总督朱珪向皇帝奏报，信件虽用汉语写就，但“文理舛错，难以句读”，所以他又命一名通事重新翻译了一遍。[5]

图 12.1　小斯当东在出使之后回到母亲身边，约翰 · 霍普纳（John Hoppner）绘。他身后的中国男孩应该就是阿辉，手中的箱子上写着这幅画的中文题名 ：“冬日画于索尔兹伯里”。

次年夏天，十五岁的小斯当东第一次离开父亲的监管，结交了他此后一生中最为亲近的几位朋友。他和阿辉被送到温特斯洛村中，同他的表亲们待在一起，而老斯当东的旧友彼得 · 布罗迪已是教区主事。共有七个孩子，而布罗迪在家中给他们施教。这很难算得上假期，因为孩子们每天要学习八个小时，从早上六点半开始。但这对于小斯当东而言并不是问题，他一直陶醉于自由当中 ：给父母写的一封欢快的信中，他称自己非常享受为玛格丽特的二十岁生日所举行的家庭舞会。作为年龄最大的孩子，玛格丽特一直和她的弟弟们一起上课，而现在开始教小斯当东天文学、植物学和意大利语。小斯当东很快和彼得、本杰明成为亲密的朋友，这两人和他年龄相仿，能与他对弈，和他一样热衷科学，并且能带他散步。阿辉则与年长一些的男孩们相处融洽：他为十六岁的威廉做了一个彩绘的中国风筝，并且同托马斯·登曼（Thomas Denman）一起去了一趟索尔兹伯里，登曼是另外一位来参加夏季学习的表亲。[6]

托马斯·登曼接受的是常规的教育，而老斯当东并没有给自己儿子安排这样的教育。直到那时，登曼一直在伊顿公学寄宿，有些比他大的男孩在半夜把他叫醒并要求他作一番演讲，遭他拒绝后，用烧得红热的拨火棍烙他的腿。这个伤疤和这则故事，与他相伴终身。[7] 这可能令他为之惊骇，但也将他纳入了通过类似的经历所形成的精英人士群体。与表亲们共度一个愉快的夏天之后，托马斯·登曼和自己的同辈一同进入剑桥。很快，小斯当东也到剑桥学习，却从未融入这个世界。他比其他学生稍小，并没有住在校内宿舍，而是同父母一起住在镇上。一家人于 1 月份来到这里，所以他错过了第一学期，到夏天时他在数学上获得了高分，却没有赢得奖励，因为他的拉丁诗歌写作表现不佳，他父亲对于大学感到十分愤慨，便安排他退学。[8] 结果，小斯当东在温特斯洛的布罗迪家中度过的这个夏天成了他仅有的与同龄人共处的时光，之后他便一头扎进了广州东印度公司的世界里。

老斯当东曾致信东印度公司替儿子谋职，理由便是他精通汉语。

在中国的职位已变得炙手可热，每隔一两年才有空缺，因此，此举也招致董事会主席弗朗西斯 · 百灵的激烈驳斥，因为他的儿子也需要安置。[9] 作为回应，老斯当东在他于 1797 年出版的《英使谒见乾隆纪实》（*Authentic Account of an Embassy from the King of Great Britain to the Emperor of China*）一书中将儿子置于与乾隆皇帝会面的中心位置，显得是小斯当东承担了大部分翻译工作。他随后将此书赠予许多身居高位并能够左右此任职决定的贵族，并带着小斯当东四处登门拜访，借助他们的支持，成功地促使董事们决定聘请这个男孩在华担任职务。[10]

于是，1799 年小斯当东乘船回到中国，在广州的东印度公司商馆（货栈）里担任文书的职务。他很清楚父亲所施加的压力，确信自己的汉语尚不足以居间翻译，也急于知道当他到达时会发生什么。他下决心在路途中只同阿辉讲汉语，尽管他意识到哪怕“我掌握了他所具有的全部汉语知识，也很难让我同官员们正确交谈或者翻译”。[11] 所以他开始阅读中国小说《三国演义》，练习写汉字，也开始做翻译。同船返回广州的弗朗西斯 · 百灵的大儿子亨利 · 百灵（Henry Baring）给他泼了盆冷水，告诉他掌握汉语可以作为十足的消遣，但是对于公司而言全无用处。[12]

他们到达后，小斯当东整日里在亨利 · 百灵的办公室里往记录册中抄写信函，很快亨利的弟弟乔治也加入这一工作。[13] 如果他们在此任职的时间足够长，每个人都有望升任管理商馆的委员会主席一职，负责同中国政府许可的行商打交道。在行商之下是其他每日出入商馆的中国人：给船只提供补给和物资的买办、处理与中国官府对接事务的通事、用人、厨子、送水人、看门人和许多其他人。沿着水岸设有许多来自欧洲、美国、印度的商人的货栈，他们出口茶叶和瓷器，同时进口北美的毛皮、荷属东印度的香料、越南和泰国的大米，以及印度的檀香木、棉花和（违禁的）鸦片。在贸易季节，有数以千计的英国水手及其长官居住在船上。

当地人讲的是粤语，但人们很快就听说有位英国男孩能讲官话，即官员们所使用的北方方言。小斯当东到达后数日，行商便正式造访商馆。会谈使用的是英语，但是行商们讲的是我们今日所称的洋泾浜英语（China Coast Pidgin）。本国人通常会嘲笑这些沟通语言，因为打破了正式讲话的规则，小斯当东却很恭敬，后来称这些商人讲的英语“颇为流利，尽管是一种走样的行话”。[14] 当他站在后排并尽力去理解讲话的内容时，他听到了自己的名字，其中一位行商开始和他讲官话。令所有人吃惊的是，小斯当东能够理解和作答。[15]

说话的人是刘德章，颇有志于进入贸易的行当，他来自安徽桐城，此地因儒家学者而闻名，因此也盛产大小官员。他自己能讲流利的官话，儿子在京城的朝廷里做了不小的官。要讲英语时，他让他的兄弟担任翻译，但他本人并不会讲英语，这阻碍了他拓展与东印度公司的关系。当他同急切但逐渐高兴起来的小斯当东礼貌地闲聊时，很明显小斯当东的语言技能对刘德章来说可能是一个机遇，让他能同本地讲英语的商人竞争并开拓生意。[16]

数周后发生了一件事情，让担任管理英国商馆的委员会主席的理查德 · 霍尔（Richard Hall）能够测试一下小斯当东的能力。如果这个男孩成功了，或许他能够被用来削弱潘有度的权势，后者作为一位资深行商通常亲自翻译。如果小斯当东失败了，无疑弗朗西斯·百灵会很高兴。

一名在英国海军纵帆船上值守的水手听到一艘小船在黑暗中划桨。他以为有人试图盗窃船锚，便用火枪射击，重伤了一名中国船夫。这是一起严重的事件：外国军舰从未获准进入中国沿岸水域，而一名清朝子民似乎因此遇害。小斯当东认为中国人要求英国人移交这名水手并不奇怪。然而，这却是英国商馆自 1784 年以来一直拒绝做的事情，当时有一名水手被处死，而英国人则认为他仅仅是失手杀人。相反，霍尔指示纵帆船上的长官编出一个合理的故事，并确保所有人都坚持这一口径。之后他找来了这一区域的高级海军官员狄克斯上校（Captain Dilkes）。与此同时，他向中国人断然否认自己对此事有任何内部消息或是对海军官员拥有任何权威。[17]

尽管有通事在场，其职责包括向英国人解释用汉语写成的文书，但是很难放心交由他们为这般重要的谈判做翻译。于是潘有度亲自担任翻译，往返于英国商馆和清朝高官之间，向英国人解释两广总督的立场，试图说服他们交出水手。

潘有度权势的来源之一便是他在这些场合讲英语和居中翻译的能力，理查德·霍尔和刘德章对此都心知肚明。其父潘振承来自邻近的沿海省份福建，当地一直同菲律宾有长期的贸易联系，潘振承年轻时便赴马尼拉谋生。在那里，他学习了西班牙语，足以阅读、书写和交谈。回到中国后，潘振承举家迁至广州并在这里建立了一个商业帝国，一部分原因在于他很早就决定与新近来到的英国商人

图 12.2　在作为赠礼的一幅肖像中，潘有度身着官袍，但是在严肃的姿态背后也散发着一种魅力和幽默感。这幅肖像的复制品是小斯当东在晚年最为珍视的藏品之一。

共事，也因此学习起英语。他用日渐增长的财富来给儿子们提供最好的科举教育。潘有度的兄长考取了最高的进士功名，后来参与乾隆皇帝主持的《四库全书》编修，并在这个显赫的位置上致仕。潘有度自己也接受了良好的经典教育，借助于其兄的官职，他很容易同身居高位的官员搭上话，不过他从很小的年纪就开始学习英语，因为要培养他接手父亲的生意。[18]

潘有度居间翻译时，他会始终基于讲话的内容来塑造双方的印象，提出可能的让步，并且利用他全部的手段、机智、财富、影响力和语言能力来说服双方调整各自信件的文本，直到达成可以接受的折中方案。多年之后，东印度公司一位董事无所事事的儿子益花臣（John Elphinstone，约翰 · 埃尔芬斯通）在对他给予评价时，提到他是“一位非常精明、能干的人”，同他一起宴饮的意愿要胜过想同他做生意。[19]

然而，当这一次两广总督吉庆（系陪同马戛尔尼使团的长麟的表亲）同意派遣他的一位幕僚同狄克斯会面时，霍尔宣布小斯当东要担任翻译。翻译完全不同于礼貌的会话，而小斯当东要第一次当着全体行商和英国商馆高级成员的面担任翻译。如果失败了，他将会变得灰头土脸，而他对此也有所预期。然而，当这一天到来时，他却以一种十分出乎意料的方式得救：“由于这位大人行事颇为乐于助人，愿意理解别人并让自己为人所理解，我得以顺利完成谈话，比预想的要好得多。”[20] 随后是一系列的会面，之后这位姓楚（Chu）的官员肯定了小斯当东的汉语，“说我为期三年后或可臻于大成”。[21] 当楚大人宣布行商无须参加某次会面，因为他已经习惯了小斯当东的外国发音，这可谓最终的褒奖。[22]

同时，双方达成协议，由狄克斯上校带着涉事船员到广州城内巡抚衙门接受审判，小斯当东则随行担任翻译。狄克斯开始冲着审判官吵嚷后，他们便被逐出公堂，然而小斯当东因为第一次进入城墙之内而感到兴奋，同时也因为能观摩中国人审案子而颇为入迷。[23]

此后，霍尔检验小斯当东能力的方式便是安排他翻译中文文件，先是汉译英，当他证明有此能力之后便是英译汉。在一次会议中，他被要求当场将一份文件译成英文。这是一份关于失手伤人的法律摘编，由吉庆安排收录并送与英国人。[24]然而，大部分时候的书面翻译让不同的中国人有机会给他提供建议，对他的译文提出异议并加以更正，这种方式也让他从中获益。

他最初被要求翻译的文件中有一份是吉庆的指示，潘有度已经向英国人加以解释。小斯当东完成翻译时，其中呈现的语言颇不同于潘有度的解释，“对于委员会而言既不顺耳也出乎意料”。[25]潘有度驳斥了这份译文，于是小斯当东被招来说明此种情形。在前去的路上，他本以为要承认自己犯了错误，但潘有度的反对意见却并不具体。霍尔最终将小斯当东的译文存入了公司记录。然而，在小斯当东写给父亲的信中，他解释说问题在于“他们对外国人的官方文书通常采用正式且倨傲的文体”，这并非来自吉庆，“这是一位受到广泛爱戴和尊敬的人”。[26]吉庆确实名声在外，但是知道他的英国人不多，他们对于历任总督的个性一贯知之甚少：很显然有人向小斯当东解释了其中的门道。[27]他了解到翻译并不是将文字组合起来，而是用一种适合原作者个性和声望的文体进行写作。

他学习去采用一种能够为受众所接受的形式写作汉语文书。狄克斯上校已经离开，留下了一份四十页的抱怨，这是写给吉庆的，霍尔要求小斯当东将此译成汉语。相较于在弗朗西斯·百灵的办公室中誊录信件，小斯当东尤喜翻译，宣布将于两周后完成。潘有度称如果英国人将内容解释予他，他便能以通常方式写就汉语版本。霍尔却给他致信解释这需要点时间，因为“斯当东先生对中国语言尚未完全熟悉，完成当前的任务仍然需要时常翻阅书籍”。[28] 然而几天后，小斯当东不得不承认单有书籍是不够的：他去找了霍尔，称他仍需咨询一位聪慧的以汉语为母语者。霍尔推荐了一位买办，同小斯当东一起检查了他写的汉语，之后才用他最好的汉字笔迹抄录最终版本。在信件送达后，吉庆夸赞了文本的页面布局：小斯当东将提到中国皇帝的汉字高出页面上沿，英国国王略低，吉庆本人居于其下但仍然凸出边缘。[29]

这件事对于小斯当东而言可谓巨大成功，他深信东印度公司现在应该欣赏他的技能。然而，几乎可以确定是刘德章在幕后暗自操纵。刘德章具有说服楚大人接受小斯当东作为翻译所需的能力和关系。他安排人收留受伤的船夫并加以照看，使其活过了四十日，而这也是确定枪击之罪责的期限，还在此人亡故后代付了丧葬费用以收买其家人。后来小斯当东也意识到当刘德章同他变得友善时，潘有度则对他抱有敌意。[30]

此次成功自有其意义，因为小斯当东在商馆中并没有朋友，觉得此处的生活颇为艰难。他到达时，商馆中有十一位英国人，均住在馆中并一起用餐。他是其中最小的，也是资历最浅的。他震惊于他们的粗犷行径，颇感自己并不受欢迎；他的任职让他们厌恶，他们也毫不掩饰。他们几乎都是公司董事之子，其中多人也会承继贵族头衔。[31] 他们不论能力高下都能获得一部分贸易佣金作为报酬，所以即使在他们自己家里，他们也几乎不是最能干的人。1801 年到来的益花臣就十分典型：他因为惹了事而被派到此处，整日吹嘘自己的懒惰，鄙视贸易，却妒忌自己在军队的兄长。似乎也正是在这个时候，他开始染上了大烟瘾，英国人正在私下运来鸦片这种时髦且昂贵的新式毒品。[32] 其他年轻人则沉溺于饮酒和赌博，一有时间就开展体育运动。当他们觉得自己的荣誉受辱时，便进行决斗：英国人赌上自己的性命朝彼此开枪射击，以展现自己的勇气，对于这番离谱的行径，潘有度甚至还写了一首小诗。[33]

只有在自己的房间里，小斯当东才能摆脱他们。他有三间房，其中一间是给仆人的，但是他喜欢独处，大部分情况下只要给他送完三餐，他实在想不出要如何安排两位仆人。他不会自己理发，但阿辉也不擅长。他本来想让阿辉做他的主仆，这是贸易中的一个正式职位，却被告知因为阿辉不认识中国字，只能充当私人仆人。而吴亚成从英国返回后曾在公司里得到一份工作，便担任起了小斯当东的主仆。[34] 小斯当东开始结识一些在商馆中工作的其他中国青年，他们许多也都住在馆中。经霍尔推荐帮助他整理译文的那位聪明的买办可能是李耀，此人爱炫耀、野心勃勃，也十分开放，比小斯当东小上几岁，我们知道两人初识大抵是这个时间。[35] 可能还有一位朋友叫何志，这个聪明、能干、喜欢逢迎的年轻人来自一个相对富裕的家庭，受雇于一个欠了英国人许多钱的小行商。[36] 这些中国年轻人不同于布罗迪家的本杰明和彼得这类小斯当东的朋友，但是至少他们并不讨厌他在这里，或是鄙视他对学习汉语的兴趣。吴亚成和阿辉了解他的家庭，而且与其他英国年轻人不同，他们全都能理解生活于两种文化之间究竟意味着什么。

那年夏天，贸易季节结束后，英国人退居澳门，小斯当东便努力学习以提升汉语水平。他仍然需要在晚间与同事一起用餐，但是他可以清晨去骑马或者在海中游泳，在漫长、炎热的日间学习。他也安排了课程。在广州，任何英国人要聘请的人都需要牌照和保商，语言问题则是通事的责任，他们事务繁忙，自己本身也有大量的机会赚钱。[37] 不过，在澳门时，马奇尼乐于提供帮助，小斯当东也请了一位天主教教师，他曾谦恭地提到此人可能算不上是汉语方面的学者，但是“完全能够给我提供我所需要的所有指导”。[38] 他们在法国传教士的住所见面，每天花两个小时交谈和阅读汉语。他们最常读的是《京报》，这是位于京师的朝廷处理的最重要的报告和通信的定期汇编。通过这种方式，一直与李自标通信的小斯当东跟踪了白莲教起义、和珅的倒台和嘉庆皇帝的新政。此外，他还寻找可能对于东印度公司有特定用处的文本，就此翻译了一本农业手册中关于种植棉花的章节以及针对输入鸦片的禁令。[39]

小斯当东逐渐发展出了一种翻译风格，致力于消减分歧并让文本能够为读者所接受。在广州，由于要为征讨白莲教起义而募资，官员们迫于压力便向潘有度的亲戚潘长耀处以巨额罚款，起因是他所担保的一艘船上的英国船员被抓到走私羊毛织物。潘长耀于是开始向马德拉斯一位由英国人支持的亚美尼亚商人讨债，但遭到拒绝。在随后的争执中，小斯当东为官方报告和商业通信提供翻译，采用的是当时标准的商业英语。他也在刘德章和其他行商的指导下将给官府的信件翻译成汉语。英国人认为刘德章是潘长耀罚款的幕后主使，因为他试图从潘有度手中取得对贸易的控制，所以他们向其施压，要求他找到一个解决办法。而此事的关键部分在于要确保在小斯当东的笔下，东印度公司支持潘长耀的信件要以清朝官府能够接受的方式写就。[40] 于是，小斯当东开始学习用他学习口译的方式来完成书面翻译，目标在于有效传达意思，而非寻求逐字逐句地转换为另外一种语言。

恰在此时，老斯当东去世的消息传来，小斯当东要返回英国一段时间去处理后事。他留下阿辉，后者也不愿返回英国，同时答应带上两名那不勒斯学院的学生以便他能够在船上继续练习汉语。[41] 寓居广州的两年和大量的刻苦努力，已经极大地提升了他的汉语水平。这些也让他知道自己喜欢笔译甚于口译。他现在知道他父亲想象的那个天真的儿童译员实则是虚幻缥缈的。在贸易中担任口译与担任外交口译一样，本质上是一种谈判的事务，而与人打交道并不符合小斯当东的天性。

第十三章

乔治·斯当东爵士，翻译官与银行家

二十岁时，小斯当东已经成为乔治·斯当东准男爵。接下来的五年是他作为笔译者和口译者的职业生涯的高光时刻，同样也是他获取财富的时间。后世回望这一时期时视之为广州贸易的黄金时代，当时，位居这一利润极其丰厚的全球茶叶贸易中心的中国和西方的商人造访对方的府邸，一起宴饮，还在彼此的国家投资。小斯当东正处在中心位置，而他的翻译为这一时代的形成提供了助力。

然而，父亲去世之后，小斯当东所需要做的第一件事情却是去营救他的母亲。一直对妻子一家心怀憎恨的老斯当东只给她留下了勉强度日的财产，并且要求家里的房子必须出售。[1] 小斯当东变更了遗嘱，接下来的两年间一直同母亲居住在玛莉勒本区（Marylebone）。当他重返中国时，他授权她动用自己伦敦的银行户头。[2] 他与母亲的外甥本杰明·布罗迪之间的友情也加深了。本杰明正在接受医师训练，所以和小斯当东有许多共同的科学爱好，两人都不擅长结交朋友。本杰明和兄长彼得一起住在林肯律师学院（Lincoln's Inn），彼得在那里跟随老斯当东的一位朋友、著名的天主教律师查尔斯·巴特勒（Charles Butler）学习法律。小斯当东进入了这个圈子，因此他对中国法律的兴趣很快便同对最新的英国法学理论的兴趣结合起来。[3] 为了接管父亲的财产，他去了戈尔韦。作为一个单身的年轻人和东印度公司的潜在主顾，他受到了“我为数众多的远亲近戚们”举办的宴会和豪华舞会的款待，所有这些都令他十分享受，尤其是跳舞。[4]

1804 年，他便乘船返回中国，与他同船的有一位东印度公司新任命的医生亚历山大·皮尔逊（Alexander Pearson），后者为爱德华·詹纳（Edward Jenner）近来发现的天花疫苗所鼓舞，希望能够将其引入中国。中国人长期以来的接种方式是将天花结痂研成粉末并吹入幼童的鼻腔，以此诱发一场轻微的感染，进而产生免疫。这种做法风险较大，因为天花仍然是一种危险的疾病。詹纳的新免疫方式采用的是从较为安全的牛痘中提取的物质，但能够提供同样的免疫。所以皮尔逊和小斯当东一起写了一本中文小册子《英吉利国新出种痘奇书》。在东印度公司的记录里，此书由皮尔逊撰写，又由小斯当东在一位中国医生和一位中国商人郑崇谦的协助下翻译出来，但其内容显示是众人合写。此书开篇讲的是詹纳发现疫苗的故事及其传播过程，但是免疫的程序显然是在熟知传统中医接种方法的情况下写成的，全书结尾处建议接种后宜食米粥。[5]

这本册子在数年间很快就为其他完全由中国医师写就的文本所取代，但是它在引入疫苗免疫方面还是收到了奇效。切开皮肤种入疫苗，对于传统中医来说可谓闻所未闻，但是中国巨商的介入让民众感到心安：阐释此项新技法的册子在郑崇谦的名下付梓，最先接种的幼童中有刘德章的侄女，潘有度联合他人在气派的商会会馆里出资修建了一个接种的诊所。皮尔逊和郑崇谦一道培训中国医师如何使用新技法。其结果是疫苗被吸纳进入当地的医药文化（接种的切口很快就选择在穴位处）且在广东散播开来，几乎与其在英国传播的时间同步。[6]

同时，在英国和中国的新一轮外交通信中，小斯当东继续采用一种十分调和的文风来进行翻译。随着拿破仑战争改变了印度境内的势力均衡，蒂普苏丹虽然曾在马戛尔尼在马德拉斯期间成功对抗了英国人，但最终于1799年被击败。英国人随即发现法国人曾经策划强占果阿，遂决定先此占领澳门和其他葡萄牙殖民地。1802年，孟加拉总督派遣三艘战舰和五百士兵前去攻占澳门。葡萄牙人遂向广州的总督吉庆求助，吉庆便命令潘有度向东印度公司的商人申明，决不允许英国人占领澳门。在令人神经紧绷的两周过后，传来了英法两国媾和的消息，这期间英国战舰沿海岸停泊，但是没有兵士登岸。英船遁后，吉庆决定将此事件按下不报。[7]与此同时，英国同南亚次大陆仅存的一个军事强权马拉塔帝国（Maratha Empire）开战。

澳门受到威胁的消息最终传到了嘉庆皇帝的耳朵里，起因是在澳门的葡萄牙人通过传教士索德超向朝廷致信，警告英国人不断占领印度所带来的威胁。嘉庆此前并未获知此事，因此颇为光火，但也是仅仅让新的总督查明当前的情况。[8]吉庆的惨死仍然萦绕在每个人的心头。他此前因别的事情遭广东巡抚弹劾，皇帝下令调查。吉庆被传到巡抚衙门听他此前的下属宣读上谕，遭到前下属的训斥，并任由差役们换上囚服，仆人们被赶走，吉庆遭此羞辱，一时间怒不可遏，便拔出佩刀想要自尽。当胳膊被扯住后，他又抓起一个鼻烟壶吞了下去，很快气绝身亡。[9] 吉庆向来为官正直，又属爱新觉罗氏，显然也无法再继续深究下去了。

远在伦敦的东印度公司管理局决定应当由英王致信中国皇帝并赠送礼物，或许能改善两国关系。小斯当东在 1804 年返回中国时将此信带到了广州。官员要求要有一份汉语译本。小斯当东并不想承担此项任务，便告诉同事自己的汉语无法达到宫廷传教士的水平。在上级的施压之下，他也交出了一份译本，他们向伦敦解释说这份翻译更忠于"原文的意思而非字面直译"，同时新的两广总督倭什布看过之后也接受了。[10]

小斯当东对这封信的译文已经散佚，但是从他翻译的倭什布向朝廷的奏报中不难看出他翻译时的文风和他所愿意采用的那一类调适。倭什布称葡萄牙人畏惧英国人，因为他们尤为凶悍，且英法战争有可能会冲击贸易带来的收入。小斯当东将这封有可能摘录自《京报》的奏报译成了英文。在他的译文里，倭什布口中的"夷目"詹姆斯·德拉蒙德（James Drummond，多林文）成了"英国国家的首领"，而澳门民众惧怕英人"恃强"也被转述为"该国……因为其力量和势力而著称于世"。[11] 毫不意外，英国人认为这封信"对于英国的特性表现出了尊重和恭维"。[12]

此时，资深的英国商人都对小斯当东的语言能力表示满意。据他们报告，大家都信赖"他对汉字通彻的了解以及完美的翻译能力，在翻译为汉语时或许有些许迟缓，因为他们的格式和习惯需要多加注意，但是在翻译为欧洲语言时总能表现得极有天赋和分寸”。[13] 他们频繁告知伦敦，任命小斯当东做翻译的好处是，不同于中国商人，他颇为敢言，也不会使用“一味恭顺、有失体面的表达”。[14]

然而在实际练习中，教导小斯当东的正是这些商人，而他的写作也致力于采用能够为清朝官员所接受的格式。1805 年，他曾代表一位英国海军船长撰文，此人曾捕获一船价值不菲的燕窝，却又在船难中丢失了。在信中，小斯当东让船长自称“远官”，意在使用儒家的术语来引起皇朝对于远人的怀柔之心。英国船长被安排说自己战战兢兢，之所以斗胆接触总督大人，乃是有极为不义之事发生。一如小斯当东刚到广州就学会的那样，在信中给了清朝极大的尊荣，并在提到乔治三世时称为“我国王”，位置也低了一级。[15]

同时，小斯当东也开始赚钱。东印度公司报酬颇丰，但是真正的财富来自这一职位提供的机遇。在广州待上几年后，这些年轻人往往会被邀请加入某家同印度做贸易的代理商行，这在小斯当东身上却没有发生，因为他仍遭众人憎恨。然而，他的伦敦银行账户上过手的金额（图 13.1）显示他同样也发了一笔大财，这些年里他也有了大的突破：他似乎在 1809 年首次带回了大笔资金用于投资。[16]

到此时，我们不得不借助于一些猜测，但是小斯当东似乎最有可能是利用中国和英国之间的息差赚到钱的，他通过金融交易来积累财富，而他主要的保商就是潘有度。潘有度的父亲早期在使用英国汇款方面颇有创新精神，而在拿破仑战争期间很容易通过金融交易赚钱，因为战争导致货币和国债的价值反复大起大落。与此同时，担任小斯当东的保商使得潘有度能够避免让东印度公司或者竞争对

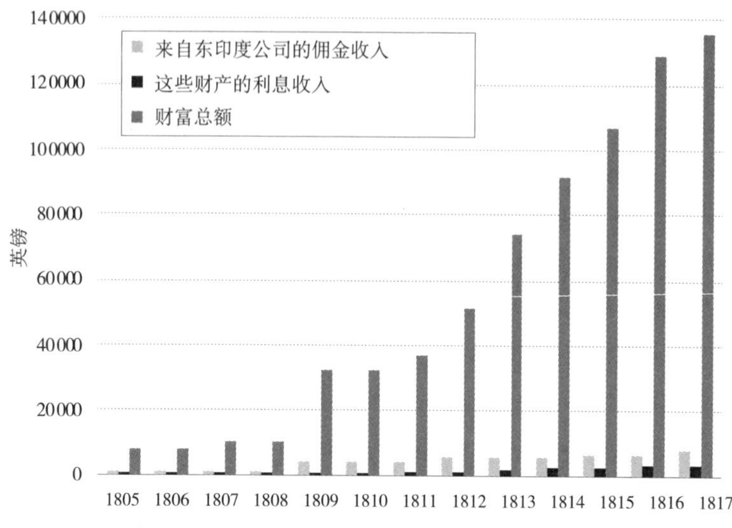

图 13.1　小斯当东在伦敦的银行账户记录了他在英国股票和债券上日益增长的财富，与之对比的是来自东印度公司的收入和这些投资所带来的利息。

手刘德章利用小斯当东作为笔译和口译的潜在权势对自己不利。[17]

小斯当东抵达中国时，亨利 · 百灵曾建议他将收到的薪水和佣金出借给潘长耀。起初小斯当东还担心以百分之十五至百分之十八的利息放贷是否合乎道德，但后来也禁不住此等诱惑。他建议父亲在伦敦借入低息的钱款并汇给他用于投资。他解释说这类贷款很安全，因为如果借款的行商无法偿还，债务将由清朝官府代偿。而实际上行商向外国人借入大笔金额属于非法，但是这很容易能够隐藏于从事贸易所需的大笔转账之中，而清政府为了保障贸易的安全，决定强制偿还欠外国人的债务，这也为贷款形成了一种担保。[18] 小斯当东还请求父亲寄来两本商业会计的教科书，教自己如何计算汇率、年金、利息等。[19]他也一直钟爱数学。若在广州将这些技能用于交易之中，的确会让他变富，但他需要用于投资的资金。

很明显老斯当东认为风险过高，但是他去世之后，作为银行家之女的简和小斯当东一起合伙干起了银行业务。他授权母亲管理自己在顾资（Coutts）银行的账户，而她在伦敦买了价值三千英镑的白银（听取了巴罗和作为银行家的自家兄弟的建议），在为旅途投保之后，将这些白银送至中国。当一位资深英国商人退休后，小斯当东首次来华时所乘船只的船长乔治·米勒（Georges Millet）决定通过他来投资。东印度公司的船长职位往往是买来的，他们也会组团联合投资，所以这是一个重大突破。小斯当东保证为一万二千英镑支付百分之十的利息；而他赚取的任何额外数目都归他自己。通过此种手法，他开始充当掮客，替那些想从广州的高利息中获利的英国投资者向自己认识的中国商人放贷。再到后来，当他回到伦敦时，他开始买卖英国政府的短期债券，有各种折现率和到期日，每笔交易都要占用他的大笔资本却只能获得相对较小的收益。这些年间，广州的私人贸易开始从靠国与国之间运送的白银筹资转为在纸质信用工具的基础上运转。小斯当东在伦敦的活动显示他在广州时可能已经以信用做交易。英格兰银行的记录则称他为银行家乔治·托马斯·斯当东爵士。[20]

小斯当东日渐增长的财富使他更为容易融入广州的英国人圈子，有一年夏天他甚至参加了同事们的赌局。[21]尽管他始终没成为局内人，但他也开始结交朋友。除了皮尔逊，他还认识了萨缪尔·鲍尔（Samuel Ball），这是一位年轻开朗的茶叶检视员。鲍尔同马吝

(Thomas Manning) 一起上学，马吝满脑子都是要学习汉语并且想要作为一名天文学家在中国皇帝御前供职。小斯当东为马吝觅得一位教师，但是马吝所获不多，因为他已经三十好几，此前在法国一直师从一些仅有关于汉语的理论却无实际知识的学者。朝廷拒绝了他的申请，他从此消失，并试图取道西藏进入内地。[22]

1807 年，马礼逊 (Robert Morrison) 来到广州，“居于此地的英国人有着王公般的排场”，而乔治 · 斯当东爵士正是其中一员。[23] 马礼逊在纽卡斯尔 (Newcastle) 长大，从小就是童工，受新近的新教传教运动的激励而来到中国。他曾在伦敦学习汉语，同屋的有一个广东人荣三德，此人来英国学习英语，住在克拉彭区的一个寄宿学校里。荣三德后来回到广州，在商行里找到一个职位，因此能做马礼逊的保商，但是马礼逊到广州时身无长物，手里只有一封写给小斯当东的引荐信。小斯当东帮他找到一位天主教老师，尽管马礼逊感觉受教于“一位来自罗马教会内部的土人”颇为怪异。[24] 两位年轻人年纪相仿，有许多共同的兴趣，但是小斯当东爵士是一位富有的准男爵，而马礼逊则始终清楚自己的人生是从每天在父亲的作坊里工作十四小时开始的。

这些年间，小斯当东对于外交、贸易和翻译的兴趣交织起来，使他愈发痴迷于中国法律。他早期参与的不幸的中国船夫一案激发了这一兴趣，而他同彼得 · 布罗迪的友谊也有助于此。现在又来了一桩要案，而这些兴趣使得他在谈判中明显表现得游刃有余。嗣后，伦敦的东印度公司董事们最终认可了他的汉语能力的价值，正式任命他为汉语翻译，也加了一大笔额外的薪水。[25] 其结果是他开始启动将清朝法典翻译为英文的浩大工程，时至今日，他也因此而闻名于世。

这起新案件的起因在于，每年的贸易季节高峰时期，有数以千计的英国船员住在离岸边不远的船上。在海上连着过了几个月后，喧闹的聚会也会迁移到城郊，他们刚刚收到工资，手中有了银两，便要找寻酒精和女人。一如在其他港口，他们经常被骗或是被抢，很容易就和当地的小贩起争执。1807 年，这样的争执演变成了一场较大的骚乱，一艘名为“海王星号”的商船上的五六十名醉酒水手在岸边同更多的当地人斗殴。英国商人从他们的阳台上望过去，感觉很是好笑。然而，不久即有一位当地人死去。清朝官府要求英国人交出凶手，并囚禁了一位资深的行商，因为他未能让英国人就范，之后暂停了所有的贸易。

这是一个棘手的案件，对于所有牵涉其中的人都意味着严重的风险。基本不可能期望有人知道在这样一场混斗中究竟是谁打出哪一拳。官员并不想向京城报告发生了一场骚乱，所以他们需要将案件作为谋杀案来处理。资深的英国商人和海军军官并不想交出一名英国人，让其在中国的法庭里接受审讯。商船已经到了要离开的时间，所以贸易每暂停一天，航行的风险和金钱的损失便增加一分。除此之外，近海还有几千名英国船员，如果他们当中有人因为一桩并非自己所犯的命案而被移交出去的话，必然会激起众怒，所以暴力加剧和出现更大问题的可能性一直是隐忧。[26]

在后续漫长的交涉中，小斯当东一直充当翻译。两方都颇为紧张，小斯当东也没有仅仅做一个天真的言辞翻译者，而是利用他日渐增长的中国法律知识成为介入这一事件的重要人员。有一次，他正在替清朝官员翻译，而此人却威胁他，如果谈判失败，将拿他是问。小斯当东大怒：他将此人的言语翻译成英语，然后用汉语宣布“将各自的态度向对方予以忠实且明确的翻译”乃是双方皆有所欲，如果他们想要他继续翻译，他们最好停止威胁他本人。[27]

经过艰难的交涉，双方决定对英国船员进行一场共同组织的审理，这也成为小斯当东一生中最为自豪的成就之一。后来挂在他家里的一幅中国油画体现了他所设想的广州贸易以及他在其中的角色。[28]英国商人坐在他们中国同行的对面，身份对等，能够在中国审判官面前为那些虽已悔罪但并未下跪的英国船员谋得一个妥善的处理。小斯当东自己则坐在领头的商人之下，他独一无二的语言和文化技能使他颇为重要，因此居于前列。事实上，这次联合审案更多是象征性的。最终编造出一则故事来结案，称一位英国船员失手从窗户上掉落物品，不幸砸中受害者致死。被认为责任最大的人交由英方看管，直至遣回英国。小斯当东认为所有的船员都应该接受惩罚，理由是斗殴而非谋杀，最后的结果却代表了“实质正义”。[29]

是年夏天，小斯当东开始潜心翻译清朝的法典。他将此事描绘为闲暇时光的“愉快消遣”，实际上却是一项严肃的事业，尤其是在首部汉英字典问世之前。[30]他所处理的文本是近三千页长的《大清律例》，不过他从很早的阶段就决定略去大部分的“例”。[31]整部法典的构成对应了朝廷各部，在小斯当东看来，此书不仅是一部法律指南，更是对清朝政府运作机制的描述：在扉页上，他引用了西塞罗：“国家的思想、精神、战略以及思维方式全都蕴含于法

图 13.2　英国商馆内举行的对“海王星号”水手的审讯，1807 年。房间中为首坐着的是知府，正在一名通事的翻译下对一名英国水手进行讯问。英国海军的高级军官坐在一侧，旁边是因终日饱食而大腹便便的东印度公司资深商人，小斯当东穿着显眼的蓝色裤子。对面坐着身着官袍的潘有度和其他资深中国商人。

律之中。”[32]

他喜欢独自一人在他的图书馆里处理汉语文本，也积攒了数量可观的汉语参考书：超过四百卷的词典以及来自清朝及之前的数百卷法典、法律手册和案例汇编。[33]然而，他的这一工程绝非独自一人所能完成：只有同熟悉的人士长期交流，才有可能理解类似盐业专营的具体机制或是税务体系如何处理岁入盈余的主题。在他的文本中也仅提及此类对话，例如他关于盐税的注释提到了当下主要的盐商被认为是广东省最富有的人。另外一处脚注则引自一封李自标从山西寄来的信，讲了那里的食物短缺。[34] 在前言中，小斯当东曾表示歉意，称有时“即使十分注意，亦不足以完全将每个词在单独考虑时的明面意思同它们合起来的意思相调和，哪怕是译者有幸咨询的最为聪慧的以该语言为母语者也难以做到，这便是大家一致宣称的情形”。[35]

这并不是一项由助手辅助完成的翻译，却是从一整个社交世界中生发出来的。同其他行商一样，潘有度会邀请英国商人和有名望的中国士人到他在广州城外建造的富丽堂皇的宅邸中聚会。其他英国和美国商人通常仅受邀参加有大量宴饮的招待活动，在那里他们彼此之间以及同主人讲的是英语，但是小斯当东能讲汉语，也会参加截然不同的社交场合，有机会见到上层的华人宾客。事实上，小斯当东受一位行商之邀参加的首场宴席上，地位颇高的一位官员称他记得英国使团在京城时自己曾见过小斯当东，并询问小斯当东是否记得他，而小斯当东当时颇为尴尬，因为自己对此人全无印象。[36] 数年之后，为了自己的翻译，小斯当东问了一些关于清政府的构成和细节的问题，在那些场合也会成为颇为得体的话题。

同样也有一些不那么正式的场合。数年后，小斯当东在英国发表了一篇讲述中国饮酒游戏的短文，介绍了有经验的华人如何在游戏中总是能够赢过英国人。潘有度有时会加入英国人的晚间赌局，古怪的马吝在阿美士德勋爵到来时在众人的劝说下才没有穿中式服装。在生命的最后时刻，小斯当东向英国皇家亚洲学会（Royal Asiatic Society）捐赠的不仅有书籍，还有他的中国服饰收藏，一套外国人经常获取的官袍，不过也有上层人士穿着的常服。[37] 很难

图 13.3　这幅雕版画是托马斯·阿勒姆（Thomas Allom）依小斯当东所藏的一系列描绘广州行商奢华花园的画作所制。即使在离开中国多年以后，小斯当东依然能够凭借画面前方正在喂鸭子的女眷和在上方游廊中聊天的男子认出画中是潘长耀的花园。

不去想象广州时期的小斯当东在他商馆内的房间里，同中国同事一起聊天，并品尝他每年从英国运来的美酒，在炎热的夏日夜间甚至有可能身着中式服装。

小斯当东因为他在“海王星号”案件中的突出贡献而获得了回国探亲的奖励。他把新的翻译职位留给了马礼逊，并在回国的航行中完成了伟大的翻译。他将此书命名为《大清律例：中国刑法典的基本法及补充条例选》。这是首部直接从汉语翻译为英语的书籍，令小斯当东声名鹊起。主要的杂志都曾对此书作出评论，这本书也很快被转译为法语和意大利语，直到 20 世纪晚期新的译本出现之前一直为世人所用。[38]

小斯当东的译著对后世如何看待中国法律产生了巨大的影响，也获得了广泛的研究。学者注意到了他作为东印度公司驻广州机构的职员本身的复杂性，以及他使文本具有可读性且使得中国观念更易为英国读者所接受的努力。[39]纳妾以及蓄奴等可能招致英国读者反感的习俗在仔细挑选的措辞中消失，或者转到脚注中加以解释。[40]相反，中国人拥有一部法典，这正是当时英国的进步主义法律学者论争要用以取代英国普通法的东西，由于小斯当东同彼得·布罗迪以及伦敦的法律界人士交好，此类论述对他来说并不陌生。[41]

不过，小斯当东翻译《大清律例》同样也表现了他作为翻译的个人历史。他不仅通过与年纪相仿的中国人交朋友来学习汉语，而且同所有的翻译一样，他也被迫要严肃对待另一方的视角，用对方的语言发声。他这一角色的核心在于调和与解释。正如他在该书前言中所述，这些经历让他逐渐相信，“中欧人民对于彼此所持有的最广泛的看法中相当一部分”来自偏见或者错误信息，双方都没有“在道德和身体上远远超越对方”。[42]中国人缺乏科学和基督教，但是他们同样是文明开化的，相较于英国拥有“一些非常明显和积极的道德和政治优势”，为此他一开始列举了中国人对于宗族关系的庄严敬畏，最后则是避免对外征伐和拥有全面且统一的法律。[43]回到英国后，他开始对自己的祖先产生兴趣，到诺丁汉郡去看是否能够收购一份斯当东家族的祖产。[44]许多这一时期的英国士绅都热衷于他们的中古家世，但是对于小斯当东而言，对于家世和宗族的重视则是他在中国所看到的备受推崇的价值。

第十四章

英国占领澳门及其后果

1808 年，当小斯当东还在英国的时候，英军再次威胁要夺取澳门，此时嘉庆皇帝也逐渐了解了局势。嘉庆是中国的决策中心，但是这恰恰意味着他了解的情况是有限的，因为他的大臣们都在他周围上下其手。做出关键决策时的论辩采用的仍是中国漫长历史中所形成的术语，这使得来自英国的威胁显得不是那么新鲜。官员在选择告诉他何种信息时如履薄冰，哪怕是位极人臣，也有可能因为触怒皇帝而遭到流放。然而，在英国占领澳门之后，嘉庆尽管所知有限，此时也足够清楚此间的利害，遂派遣松筠去检查广州的防务，松筠自马戛尔尼使华后便了解英人，此时也利用同小斯当东的关系来获取更多信息。然而，过往数年间的脆弱平衡已然打破。正如益花臣私下告诉其父，“当潘启官（潘有度）打理涉外事务时，我们具有的兼顾两国的消极特质此时再也行不通了”。[1] 小斯当东和他的中国朋友夹在两方之间，同样逐渐开始感受到沉重的压力。

1808 年 9 月，海军少将度路利（William Drury）率领三百士兵从马德拉斯出发，抵达中国海岸并占领了澳门。英国长期以来一直想要在中国海岸寻找一处基地，但是和1802年一样，此次占领的直接肇因仍是英法之间持续的战争。法国人刚刚入侵了葡萄牙，使得葡萄牙用于贸易的亚洲殖民地面临英国的攻击，而孟加拉的英国当局再次决定占领果阿和澳门。[2]

英国人以为中国人会接受他们强占澳门，因为这是葡萄牙的领地。然而，清廷对澳门的看法并非如此，这一事件也为两广总督吴熊光带来一场不小的危机。澳门所据之地是一处狭窄且设防的海岬，很难从陆上攻取，吴熊光也知道中国的平底帆船面对火力强劲的英国战舰时不堪一击。当度路利派遣三艘船到广州城外并威胁要炮轰广州时，局势变得愈发严峻了。

吴熊光知道自己面对英国人时唯一能打的牌就是他能控制对英贸易。他命令资深的英国商人劝说度路利离开。此举并未奏效，他便停掉了贸易，但向英国人保证只要他们的军队离开澳门，贸易即可恢复。度路利仍然拒绝撤离，吴熊光禁掉了向英国战舰的军需供应，后来停掉了给英国商馆的供应。最终，他威胁要将东印度公司已经停靠在广州附近的商船货物付诸一炬，而这些货物价值连城。[3]这无疑会给他的关税收入带来灭顶之灾，但是英国人也很清楚“船队很难抵抗这种性质的攻击”。[4]

嘉庆皇帝痛斥吴熊光并令其将英国人逐出澳门，面对这一并不现实的命令，吴熊光坚持自己的策略。嘉庆皇帝仔细阅读了吴熊光的奏折，也看了粤海关监督的奏报以及一封来自度路利本人的信件，所以他清楚英国人此举背后的攻伐与合纵。他还了解到英国人带来了瘦削、衣衫褴褛且皮肤黝黑的孟加拉士兵，这些人被他们强征入伍，为此他痛批“诡诈可恨已极”！[5]有件事情吴熊光有所提及却不敢详述，那便是清朝的水师根本无法抵挡英国战舰。[6]

嘉庆在阐述自己的政策时依循常例，采用了传统的术语：“此语似实，然总与天朝无涉。”[7]然而对他来说，真正的问题则是保持帝国的领土完整。东印度公司的一位资深商人解释说英国人意在保护葡萄牙，吴熊光的继任者称自己驳斥了他并告诉他“澳门地方究属天朝地界”，嘉庆为此批注，“所言甚是”。[8]

两个月后，吴熊光的政策奏效，但是他也断送了自己的仕途。度路利少将开始撤出部队的当天，嘉庆失去了耐心，将吴熊光交付刑部议处。在广州时，吴熊光是少见的汉人高官之一，据称曾告诉自己的幕僚他毫无悔恨，因为任何其他政策都会为国家招致祸害。当他回到京师后，负责审讯他的官员奏报称他只会匍匐于地，以手捶头，称自己处置此事极为不力，应当重罚。后来他被遣戍新疆。[9]

伦敦的公司董事对此结果也不甚满意，益花臣将问题部分归咎于拙劣的翻译。因为小斯当东不在，这项任务落到了澳门的通译处负责人刘思永（Rodrigo da Madre de Dios）头上。他也替英国人做事并收取大笔报酬，负责传递信息和翻译中国官府文书。度路利走后，他被中国人抓捕。英国人和葡萄牙人合力将他救出，但前提是他必须离境。[10]

马礼逊接任翻译一职，但是他到广州只有两年时间，在理解汉语时仍有障碍。他更喜欢让人将事情写下来，即便如此他也无法当场译出。[11]

在对待翻译的态度方面，马礼逊与小斯当东颇为不同。小斯当东能讲数门欧洲语言，在孩童时曾通过对话来学习拉丁语。他很少去寻找与某个英语单词一一对应的汉语字词，认为即便在欧洲语言之间严格的同义词也是罕见的，“两个国家距彼此愈远，两国的习俗和品性则应当愈加不同，两国语言中严格同义的词语当然也就越少”。[12] 他通常的做法是先掌握整体的意思，然后将其以一种能够为听众所接受的方式传递出去。对比之下，马礼逊则是从语法书里学习拉丁语，为了翻译《圣经》而学习汉语。他坚信，对于这一神圣的文本，“释义是不能接受的”。[13] 在接手这一任务的初始阶段，他便开始编写一本汉英词典，所以他也始终是在两种语言中搜寻同义词。

1810 年又发生了一起英国水手和本地人斗殴致一名华人遇害的事件，马礼逊在替弗朗西斯 · 奥斯汀（Francis Austen）船长翻译时显得更加娴熟，即便如此，交涉的结果令所有人感到沮丧。不同于只讲官话的小斯当东，马礼逊还从他的仆人那里学习广东话。他在理解官员所讲的正式官话时感到困难，并抱怨他们“极度傲慢、蛮横和喧嚣”，有时争相冲他叫嚷。[14] 对他而言，同证人沟通则更为轻松：当地的店主和商贩讲的是简单的广东话，这让他感觉是一项不小的成就。一些年轻的英国职员开始跟他学习汉语。[15] 他们可以期待达到马礼逊的水平，而小斯当东从小就具备的流利程度则是他们难以企及的。马礼逊有更多的意愿去教授，所以正是他而非小斯当东训练了下一代的英国译员和外交人员，也塑造了他们的翻译实践。

马礼逊的语言能力有限，而且决心将每个词单独译出，结果是在他早期的译文中，清朝官员听上去都十分古怪。这里有一段他所翻译的两广总督的复函，恰好是抱怨马礼逊的汉语行文：“关于所陈之请：行文风格晦涩难懂，其间主体和分段也不完全妥当。秉持同情之心，我认为外国人并不理解中庸之国行文的风格；因此，我并未对于此次请愿进行深入调查（而要求）(1) 三次伏地，但要就此退还。”[16] 总督的信里仅用了尤为简单的词汇，但即使如此，马礼逊找寻同义词的做法也带来了问题：“中庸之国”实际上是“中华”的译文，而这本是称呼中国的标准术语。此外，马礼逊还加上了他关于中国的先入之见：“叩”本意为“敲击”，也引申为“询问”，他遇到此字时，先是在括号里添上了“要求”，又随后在脚注中解释了对官员伏地行礼。结果是，总督本来仅是说他不打算对马礼逊糟糕的汉语提出任何抗议，却被错误地表现为认为英国人应该向他叩头。

小斯当东回到中国后，他翻译了这桩案件中最后一批文件中的一篇，反差很明显。马礼逊在职时，小斯当东的翻译也比往常显得更加偏向字面直译：他笔下会出现“彼国国王”而非“乔治三世”。然而，他依旧会使用传统的英文表达中国官员的意思，所以他们讲的话听起来更加合理。他的译文结尾处写道：“与此同时，需为此负责的商人之姓名应照章供述予我方，我方其余指令亦应得到遵行，不得有些许迟误。”[17]

小斯当东译文所具有的调和效果只是他自己世界的一部分，而这一世界正遭受威胁。他回到广州，东印度公司董事之子、其他英国年轻人的头领益花臣已经被擢升为特选委员会主席，负责公司在广州的运作，而他的朋友吴亚成则身陷囹圄。行商郑崇谦无力偿债时，吴亚成的雇主接着倒下，吴亚成的问题随之而来。东印度公司面对的是一个让人不快的选择，要么接受注册行商的数量减少，而这将会影响公司的垄断优势，要么给破产的行商钱款来交税，使其能继续做生意。之前，官员多次利用了这一两难境地从贸易中榨取更多的税收。现在英国人决定对此加以抵制，并任用一位能够受他们控制的人来管理郑崇谦的生意，以便能够偿还债务。吴亚成接受了这份工作。[18]

了解到所发生的事情后，清朝官员迅速采取了行动。英军占领澳门的事件已经清晰地表明，一旦失去对贸易的掌控，其后果将是灾难性的，而且在任何时候，都绝不允许将欠外国人的债务与应纳的税款相提并论。调查的焦点落在吴亚成身上，官府通过反复审讯和用刑来获取他与英国人交往的细节。他后来被判处在犯罪现场戴枷示众三月，大抵上就是在外国商馆附近，之后被发配新疆。[19]

小斯当东看到他的朋友在众人的围观中日复一日地作为罪犯被示众，一块厚重的木板夹在他的脖子四周，而此时消息传来，新的两广总督刚刚获得任命。而此人正是松筠。皇帝招来松筠和长麟处理英国人新生的事端，而两人此前都曾参与接待马戛尔尼使团。此时的长麟双目已盲，要为新的通商条例建言献策，而松筠则被派到了广州。松筠以能够不顾个人安危犯颜直谏而闻名，这也是他被赋予全部行政权力的短期任职之一，很明显嘉庆想要借此查清实际情况。嘉庆命令他巡视海防，特别是通往广州城的河段。他也要去说服广州的行商捐出一大笔钱来完成水利工程：嘉庆朝的另外一个问题就是朝廷总是难以筹集足够的税收来进行公共建设。[20]

松筠到达广州不久就收到了一封来自一名破产行商的外国债权人所呈递的请愿书。他询问了是谁完成的汉译。令在场的所有人都颇为惊愕的是，他当时便讲出他记得这位英国人的父亲名叫斯当东。此人为何还未前来致意？英国人刚刚来到澳门消暑，小斯当东便收到了一连串言辞兴奋的信件，告诉他必须立刻赶回广州。益花臣准备了一封祝贺松筠上任的正式函件，并答应让小斯当东以他认为合适的方式行事，但是很明显他并不清楚小斯当东所谋何事。[21]

小斯当东同松筠的会面开场是双方关于使团的客套话：松筠问起了马戛尔尼的情况，他至今犹能记起这个名字，并向小斯当东讲了王文雄殉难的情形。小斯当东也提前准备了回复，并且能够说自己父亲的书已使松筠的德行和仁慈在英国广为人知。他还转呈了益花臣的信件。松筠浏览之后便递给了坐在旁边的粤海关监督。[22] 随后小斯当东递给他另外一张纸，解释说这是他打算讲的一番话，但是他担心“兹事体大，自己临场可能难以说得那么全面和清楚”。[23]

文稿中是小斯当东的字体，措辞表面上是东印度公司的正式请求，但显然是小斯当东在华人同事（或许是吴亚成的朋友）的帮助下写就的。其间有三项请求。前两项是完全符合惯例的：首先，他要求将东印度公司的商人作为出身于有政府关系的显赫家族的人士对待，而非民间商人或者高级船员。其次，他请求降低同英国人打交道的中国行商的税负，因为目前的情况影响了他们的商业信誉。尽管他并未言明，但其中也有小斯当东的个人利益，因为他一直在买入这些行商的债务（他持有的债权最终带来两万英镑的收入），

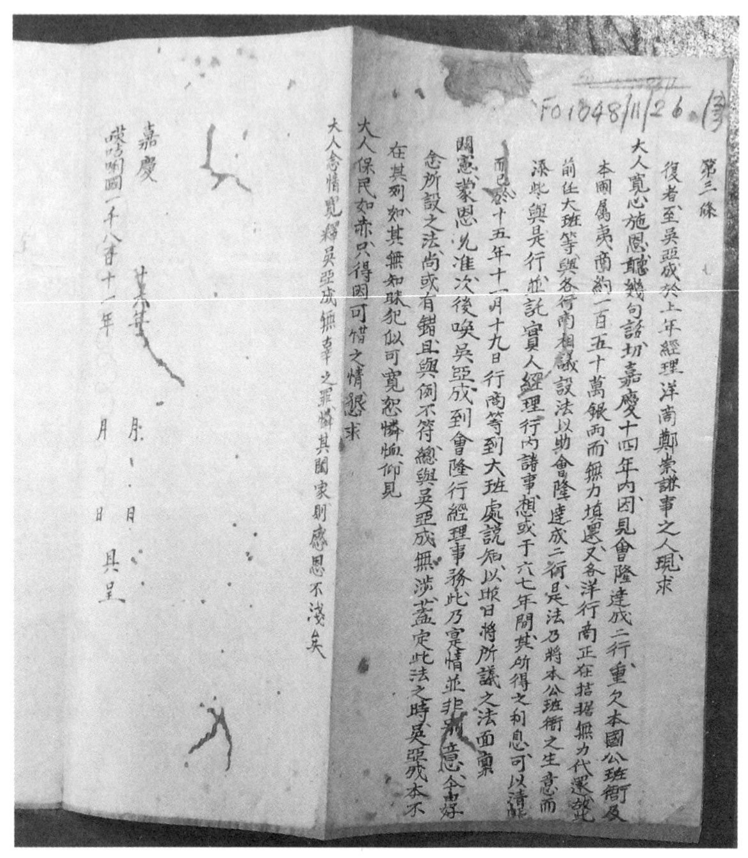

FO1048/11/26

第三條

復者至吳亞成於上年經理洋商鄭崇謙事之人現求

大人寬心施恩聽幾句話切嘉慶十四年內因見會隆達成二行重欠本國公班衙及

本國屬夷商約一百五十萬銀兩而無力填還又各洋行商正在拮据無力代還就此

前任大班等與各行商相議設法以助會隆達成二行是法乃將本公班衙之生意而

添與是行並託實人經理行內諸事想或于六七年間其所得之利息可以清[illegible]

而已於十五年十一月十九日行商等到大班處說知以此日將所議之法面稟

閣憲蒙恩允准次後喚吳亞成到會隆行經理事務此乃實情並非有意[illegible]今雖好

僉所設之法尚或有錯且與例不符總與吳亞成無涉蓋定此法之時吳亞成本不

在其列如其無知昧犯似可寬恕憐恤仰見

大人保民如赤只得因可惜之情懇求

大人念情寬釋吳亞成無辜之罪憐其闔家則感恩不淺矣

嘉慶　　年　　月　　日　具呈

嘆咭唎國一千八百十一年　月　日

图 14.1　小斯当东致松筠便函的末页。其中展示了小斯当东最好的中文书法。末尾处，他同时使用嘉庆年号和公历写下日期。有人拿着铅笔用中式风格的圆圈划掉了公历日期。或许这是松筠对文本形式的更正？

这无疑也促使了他写下这封让松筠过目的请愿书。第三项请求则有所不同：他使用了更为强烈的语言请求松筠重新考虑对吴亚成的刑罚。他向松筠保证此种安排的唯一目的就是清偿债务，而吴亚成也没有丝毫犯错的意图。在结尾处，他恳求松筠作为爱民如子的官员对吴亚成及其家属法外施恩。[24]

松筠缓慢地读完了这三页纸。然后他又回到前面从头读了一遍。过目不忘的能力是一项在清廷政治中获得高度嘉奖的技能；记住一份文件的内容也总是比将其保留下来并让他人看到更为安全。松筠并没有将这份文件展示给粤海关监督，但把小斯当东叫到身前。他说自己可以答应前两项请求，却没办法重新考虑吴亚成的案子。这一部分必须去除，另外还有一个小点需要更改，他也给斯当东做了标记。随后，他又说吴亚成的案件是由他的前任裁定并由皇帝批准。此时粤海关监督插话，指出英国人也不会期望推翻他们国王的决定，松筠赞同但表示这是个让人遗憾的结果。小斯当东受此鼓舞，便开始求情，称吴亚成先前以为这样的安排已经获得官方批准，并询问松筠是否能获得某种形式的减刑。松筠谨慎回复说这样的请求需要由英国公司的头目提出，并邀请小斯当东过几日再来用餐。[25]

在宴席上，松筠开始询问小斯当东为何英国战舰会来到中国以及它们为何在 1808 年来到澳门，迫使他要努力解释占领澳门一事。他随后又让小斯当东像中国人一样向他下跪。广东巡抚、满族将领、所有的行商、数名通事以及小斯当东的一位初级东印度公司同事全都在场，小斯当东也被吓了一跳。他声称英国习俗禁止下跪，当松筠向他施压时，他大声言道即使押上整个贸易，他也不会下跪。面上毫无波澜的松筠放弃了这一话题，所有人也便坐下用餐。热牛奶也端了上来，这让人想起马戛尔尼使团。宴饮之后，小斯当东试图呈上他修改过的文件，但松筠并未接收，称此时只是一个社交场合。

但是，他收下了讲种痘的小册子并颇为赞许，而已经破产并下狱的郑崇谦对此书还有功劳。[26]

此后，仍急于取悦松筠的小斯当东向他写信致歉，解释说自己没有下跪只是迫于习俗，绝没有半点不尊重松筠的意思。松筠对此表示接受，并要求与小斯当东再次见面。小斯当东这次来到时，只有松筠一人。他拉起小斯当东的手，对他讲自己并未因此感到丝毫不敬，随后便提出一连串的建议。当小斯当东提到英国计划再次使华时，他明确表示："圣上深知此行路途遥远，不望尔等再费此周章。此外，气候也与尔等并不相宜——途中可能会染上疫疠。贵国断不可再度遣使。我亦不准。"[27]

后来松筠也南下澳门拜访了东印度公司的住处。令所有人吃惊的是，他坐下来同英国人一起饮茶，由小斯当东做翻译，同每一位英国人交谈。松筠关于此事的奏报绝大部分都是他关于鸦片的一番话，而鸦片也成为朝廷关注的重大问题：

> 尔西洋各国贩货来粤贸易应照先年，总以有用之物贩运，自能获利，兼可获福。如鸦片一项，究竟何以配造，无人知其详细。尔等贩来粤东，熬以为烟，人吸之精神顿长，无恶不作，甚至吸惯欲戒不能，因而败家戕生者甚众。尔试思之，如此害人，获利必致上干天和，将来倾家败产，其罪孽较之吸鸦片烟者尤甚。尔等各宜寄信尔国严禁贩此毒货，方可各免灾咎，于尔等自家性命皆有裨益。[28]

松筠提到当他讲完后，英国人显得颇为尴尬，也忧心忡忡。往往译员的情感也会表现为群体的情感。益花臣将他的这番话当作仅是走走过场，并未在意，但是几个月后，当小斯当东拿到这封信的副本并进行翻译时，他略掉了此次茶叙和其中松筠的讲话。[29]

小斯当东肯定清楚松筠的道德说教在他的同事那里根本无法奏效。实际上，事情走向了相反的方向。由于美国限制白银出口，广州城里已经出现了白银短缺，现在松筠亲自督查，使得鸦片进口商无法卸下他们要进的货物。结果是资深英国商人组成的委员会（小斯当东并不在其中）决定接受鸦片作为信用票据的担保，这也实属首次。他们对此问题展开辩论，但最终还是付诸实施，理由是伦敦现在需要白银作为战争费用，而这一交易也将“整体上帮助建立澳门的鸦片贸易的优势，这一贸易的成功与否已然与公司收入的重要一支休戚相关，我们对此全然不闻不问实属不妥”。[30] 这背后的逻辑是东印度公司垄断了孟加拉的鸦片生产，这一重要的收入来源对于支付战争费用和资助对印度的统治而言可谓不可或缺，所以他们不得不稳定鸦片的价格。不到一个月，英国商馆已经从葡萄牙商人和英国商人手中收到了价值五十万美元的鸦片。[31]

与此同时，松筠仍然记挂着小斯当东所关心的吴亚成。英国人返回广州时，他派人传信说他想要马上在自己宅中与益花臣和小斯当东见面。益花臣并不喜欢这种方式，便称病推脱。松筠随后派了一位官员前来探视病情；该官员要求同益花臣和小斯当东私下里讲话，并向二人提议将两位破产行商欠外国人的债务展期为十六年而非十年，以此换取吴亚成和郑崇谦获释。益花臣本人因为郑崇谦破

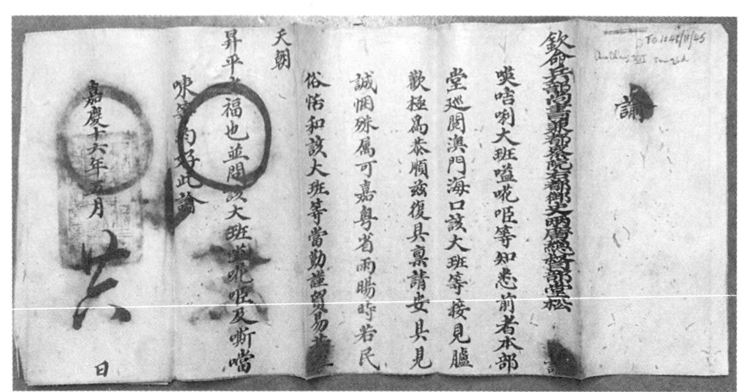

諭

欽命兵部尚書兼都察院右都御史兩廣總督部堂松

[illegible]咭唎大班嗌吡[illegible]等知悉前者本部

堂延閲澳門海口該大班等接見臚

歡極爲恭順兹復具稟請安具見

誠悃殊屬可嘉粵省雨暘時若民

俗恬和該大班等當勤謹貿易共

天朝

昇平之福也並問該大班嗌吡[illegible]及嘶噹

[illegible]等均好此諭

嘉慶十六年五月 日

图 14.2　一封来自松筠的正式信函，末尾处向益花臣和小斯当东问好。松筠用朱笔添上了日期，这表明了他作为总督的身份，同时圈上了“福”字。他未待墨干便直接折上了信纸，所以红色墨迹染透了对面的纸张。他典型的张扬风格由此可见一斑。

产而欠下了巨债，当即予以拒绝。[32] 小斯当东也眼睁睁地看着自己为吴亚成所做的努力因为自己的英国同事而付诸东流。

然而，松筠和英国人之间还有未了结的事项：根据嘉庆的命令，他要关注广东的海防，特别是控制着河道入口的炮台。益花臣向他发出参观英国船只的邀请时，他欣然接受。谁也没有想到，数日后便有了一场成功的参访。松筠登上了“坚韧号”（*Perseverance*），附近海域的每艘英船都鸣炮致敬，还有一队海军士兵举枪致敬。“坚韧号”是一艘装了四十门炮的东印度商船，火力根本比不上英国战舰，但是其武装程度仍远远超过任何中国船只。松筠所做的仅是坐在甲板上同英国人客气地谈话，主要是同小斯当东交谈，而他也将此事报告给嘉庆皇帝，作为英国人行为恭顺的例证。[33] 然而，他也对英国船只有了直观的感受。直到那年冬天他改任他职之时，英国人很高兴，而他也更了解情况了。

不久，小斯当东宣称自己身体不适，便返回英国，此举颇出人意料。英国商人想要离开广州时经常会拿健康原因作为借口，但是此前小斯当东一直没有健康问题的迹象。看起来是他也感受到自己在中国的处境愈发不自在。在坦布里奇韦尔斯（Tunbridge Wells）这座温泉城市，他收到了松筠发来的礼物，一同到来的还有一封李自标的信件。[34]

小斯当东已经着手翻译雍正皇帝的圣谕，这是清朝官方对于儒家哲学的精简提炼，松筠也深刻认可这些观念。在小斯当东译出的版本里，儒家学者的价值体系和英国绅士的价值体系相互融合，以至于很难分辨出究竟是小斯当东将自己的价值观强加于这本中文典籍之上，抑或是他单纯地转为认同儒家理念。在论述兴学堂一节，小斯当东的翻译可能体现了他本人对自己在中国所承担角色的看法："盖以士为四民之首，人所以待士者重，则士之所以自待者益不可轻。"[35] 离开中国时，他的翻译戛然而止于第九条："务本业以定民志。"[36] 此后他再也没有拾起这件事。

英军占领澳门之后，中国人和英国人之间周旋的难度陡增，而小斯当东的学识以及他的翻译原本可以帮助英国人理解清朝官员的思考方式，现在却显得无用武之地。吴亚成难逃罪愆，而小斯当东尝试营救他的努力却又毁于益花臣。小斯当东后来写道，尽管此时英国商馆的社交生活相较于之前已经更易于接受，但他"对于自己在中国职务的厌恶"又回来了，而且"加倍于从前"。[37]

回到伦敦之后，他参与了对更新东印度公司特许状的辩论，其结果是印度向英国商人开放，但是东印度公司在广州的垄断权利又延续了二十年。同其他东印度公司雇员一道，他与自由贸易的拥趸针锋相对，捍卫了公司在广州的地位，并接受了议会特别委员会的质询。他向他们解释了清朝立场背后的逻辑：清朝有一套严格控制的体系，高级官员负有广泛的个人责任，对他们而言这也是良治的表现。在他看来，问题的根源并不在于东印度公司在广州所设机构的失败，而是来自英国海军舰船“持续不断且日渐增加的挑衅”。[38]供他安居且潜心翻译的世界也即将宣告终结。

第十五章

一位通事和他的麻烦

1814 年夏季，小斯当东回到中国，他从那里给母亲写信说，“我在某种程度上身处家中”。[1] 不久，与清朝官府的争执将这种归属感摧毁殆尽，起因是他们抓捕了他的另外一位中国朋友通事李耀。想要担任英国人的中间人所面临的风险很快也变得足够明显。英国势力与日俱增，嘉庆皇帝也更加清楚此间的威胁，这便是李耀被捕的背景。渗透到皇帝那里的信息不仅来自他的大臣们，而且来自拥有巨额财富和全球联系的中国商人。当小斯当东开始采取行动保护他的朋友时，他自身也陷入危险当中。

这些问题的根源在于法国大革命后的战争以及英国海军势力的扩张。英国和前殖民地美利坚合众国之间的紧张关系导致托马斯·杰斐逊针对英国贸易出台禁运法案，之后又导致了英国海军封锁美国贸易，随之爆发了 1812 年战争，英国战舰也因此返回中国南部海岸以封锁这里的美国贸易。然而，持续之中的战争不仅导致中国海岸边的诸多事件并促使英国和法国开发出新式武器，而且吸引了他们的全部注意力。在此情境下，对英国人的中间人加以控制的政策在清朝官员看来似乎已经奏效。

中国商人已经将美国人当作打破东印度公司垄断权力的手段，所以英国海军的封锁也波及他们。当封锁开始侵害美国商人的利润时，中国商人便借钱给他们以渡过难关。当美国人开始破产并且对贷款违约时，他们也受损颇深。潘长耀和此前一定程度上由于同美国人的密切联系而跻身首富之列的年轻人伍秉鉴，聘请了美国律师在美国法庭上追讨他们的损失。潘长耀甚至尝试向麦迪逊总统申诉。[2]作为银行家，小斯当东做得不错，并未承受这种压力，而新粤海关监督祥绍的到来则加剧了形势，此人在上一任上就未能完成征税，此番更是不肯从前任手中接管职司，直到所有拖欠的税款全部缴清。由于商人努力借入银两来缴纳税金，广州城内的利率飙升，部分借款的年化利率达到了近百分之四十。[3]

与此同时，捕获离开广州的美国商船所带来的奖励也让英国海军军官难以抗拒。很快，一艘英国军舰“罢蘯仁号”（HMS *Doris*）就在海岸边逡巡。它先是攻击并摧毁了一艘美国船，事发地就在离广州城不远的河面上，当时还有众人在岸边围观。数月之后，该舰又扣下了一艘从印度过来并已驶入澳门寻求保护的船。此船原本属于英国，不过已经被美国人夺去，这导致了船上价值不菲的货物现在归谁所有成了难解的问题。[4]

此时的两广总督是蒋攸铦，为人机敏谨慎，祖上是在满族入关之前就为清军作战的汉人家族之一。他宣称此类在中国管辖的水域上的行动是完全不能接受的，并暂停贸易直至找到解决方案。他向皇帝奏称英国对贸易有所依赖，而中国则并不需要从英国进口货物。这听上去完全是传统的中式话语，但是蒋攸铦又解释说，英国目前正同美国开战，而这是他从中国商人那里得到的信息。同时，一批中国商人也由于美国的禁运法案受害颇深，可能也非常清楚美国人之所以采取这种策略，在于英国十分依赖对外贸易。当争端变得严重时，已经是资深英国商人的益花臣在同最终被任命到管理商馆的委员会之中的小斯当东商谈之后，回复称将拒绝允许前来的英国船只驶入上游并卸下货物。[5]

蒋攸铦同样决定要推进李耀的案子，这是一位同英国人交从甚密的通事。李耀和小斯当东在两人尚未成年之时便相互认识。李耀颇为机敏，其智识完全不亚于小斯当东。两人都健谈，但小斯当东总是缺乏自信，而李耀则野心勃勃并爱好炫耀。他们初识后的数年间，李耀作为一位东印度公司船长的仆人而出国。可能正是在这一时期，他学会了写一手好英文。他于1808年回国，此时英国人正占领澳门。当年他的角色尚不清楚，但是精通英语且聪明伶俐的中国仆人在很多方面都能派上用场，而他似乎也已经结识海军少将度路利本人。[6]

回到中国后，李耀娶了一位买办的女儿，并且开始担任通事。他还购置了房产并捐了功名。[7]很明显他赚到了钱。在提供给后来审讯他的官员的供述中，他显然没有讲实话，所以他从事何种业务并不十分清楚，但是似乎东印度公司任用他的方式极可能参照了印度“杜巴叙”的模式。换言之，在他的角色里，既包含了在必要时开展翻译并提供政治建议的部分，又有作为财务代表的部分。他称公司支付给他在货源地给茶叶定价的报酬。英国人并未获准进入内地，这使得他们在茶叶质量上只能听任自己的供应商。相悖于所有的规则，李耀代表英国人前去视察作物并议定价格。他也因此收获一大笔利润分成。清朝官员认为李耀还因为充当行商李协发向英国人借钱的中间人而渔利，此人正是因为缺乏信贷而导致生意陷入严重财务困难的商人之一。[8]英国人想要给离任两广总督并身居京师的松筠送去礼品以巩固他们之间的关系，负责押送的正是李耀。他也利用这一机会捐了一个京官职衔。[9]

李耀被捕基本是莫须有的罪名：知县奏称他与洋人有交易，而且显得可疑。进京之行也已经招人注目。关于他进京所为何事有各种传言，但是松筠在处理礼物时的小心谨慎（他将大小事情均上奏皇帝）使得别人很难据此发难。于是知县便搜查了李宅，对其妻及仆人用刑拷问，并讯问了其他行商和通事。结果并没有发现官员们所期望的私运鸦片的罪状。于是，他们不得不依赖刘德章提供的信息，此人声称李耀曾在一艘英国船上当过仆役。[10]这意味着他有可能因为一项并不知名的罪名被治罪，即身服贱役不得捐职。正如他在狱中写给小斯当东的信中所言，“而这将是我的命门”。[11]

此时英国人已经退居澳门避暑，小斯当东几乎每日都会收到李耀的信件。两人都足够有钱去买通监狱的看守，李协发也牵涉其中，由于他此前也曾做过官，便认识官府上下。后来，李耀开始意识到小斯当东所面临的风险，便将信件写给益花臣，甚至在封面上用英语写下益花臣的名字，但是由于内容是用汉语写的，实则仍由小斯当东拆阅。[12]

小斯当东想到要去告御状，但是由谁来写诉状呢？他不想执笔，马礼逊也不想；两人都想起了洪任辉的遭遇，五十年前他因为担任翻译而下狱，还有现在身处巴西的刘思永。马礼逊很直白地回复称，“在此刻，正如在其他案件中，汉语翻译的职责伴随着一些人身危险”。[13] 然而，他同意请求对李耀法外施恩，并告知清朝官员东印度公司并不打算批准新一季的贸易，直到李耀获释。[14]

这只会使得调查的官员变得更加疑心。李耀还被逼问是否当过间谍，李耀供认了向英国人和美国人提供对方船只的位置，但他坚称自己从未刺探过清朝的情报。他也因为商人的借款而受到审讯。有一次，他扛不住刑，认为自己要死掉了，便认下了所有让他招认的罪状。他意识到自己所面临的指控，与两年前的吴亚成并无二致。他给益花臣和小斯当东的信件最后写道：“今晚回到监舍，我不断思索此事。每日审讯皆不同，我便看清了他们用的正是前年的办法。我实在不敢牵扯我的友人。我现在只知道要回报两位待我的好意。如果明日晨间仍是这般，而我有幸残存苟活，必定是托了你们的福。”[15] 为了指代友人，他使用了汉语“朋友”一词，而该词相较于英语中相对应的词汇不仅语义更强，而且也不像后者一样广为使用。

益花臣现在正惬意地定居澳门，整个夏天都没有打算回到酷热的广州城中。情急之下，小斯当东说服他授权自己与清朝官员谈判，随即便北上广州。但这只解决了一半的问题，他还需要谈判的理由，以便不仅向清朝官员申明，而且要向伦敦的东印度公司董事以及在华的英国商人讲明，这也是为了支持他自己的行动。在一封写给母亲的信中，他提到了这些立场，即“改善我们的处境”和“维护我们国家的尊严”。[16] 实际上，这两者都与李耀有关。他将李耀被捕描画为清朝一方试图通过限制英国人雇用华人来加强对于贸易的控制。他指出，英国商馆需要为数众多的华人仆役来充当挑夫、门房和厨子等。对于被派来同他谈判的官员而言，这个论调明显是违反常情。他们对英国商馆或船只要雇用大量的华人劳力来担任此类职务并无异议。被禁止的是“沙文”，这是“仆役”（servant）的英文单词的音译，在他们眼中，这意味着像李耀这样同英国人有亲近的个人关系的人。[17] 小斯当东关于维护英国荣誉的第二个论点，指的是送给松筠的礼物，其中有一幅时任摄政王的乔治四世的肖像：李耀绝不应该因为护送礼物而获罪。小斯当东向伦敦的董事们总结了自己的目标：“必须向中国人证明，抛弃为自己服务之人，绝非英国人的性格。”[18]

为了达成这些核心目标，小斯当东又添加了各式各样的材料，都是当下发生的让英国人不悦的事情，主要都是关于清朝官员在处理各种涉及英国军舰“罢㸠仁号”的争端时如何偏袒美国人。他还对中方的官方文件中使用侮辱性的字眼提出抗议，尤其是在提到英国人时使用“蛮夷”一词。实际上，这一特定词汇已经很少被用来专指英国人，而这些称呼问题通常来说对于马礼逊更成问题，因为他相信某些词语具有影响行为的力量。清朝的谈判者解释说，“蛮”指的是来自南方的部族，而“夷”指的是来自西方的部族。他们可能还指出英国人偶尔也会使用“夷”字来称呼自己。[19]

听闻这些之后，蒋攸铦上奏皇帝，称需要严查任何与外国人过从甚密之人。不能允许任何人在给外国人担任私人仆役之后再担任贸易中的通事。他提到了吴亚成和李耀二人。嘉庆读完后，在奏折上加上“甚是”。[20]

小斯当东如此讲义气，令身陷囹圄的李耀颇为感动，但是李耀担心这样会让形势更不利于自己。很明显，他习惯于指导小斯当东并就应当讲什么话写下长篇建议，为此起草了整篇的说辞，其重点在于贬损英国并将自己描绘为一个天性纯良的通事或是遭遇不公之人。[21]

小斯当东在英国一边也遇到了麻烦。新贸易季已经开始，船只陆续抵达，蒋攸铦解除了贸易禁令，留下小斯当东和益花臣负责应付无法卸货的船长。许多船只因为长途航行而渗水，而且，几乎所有船只都面临着不能按时开启下一段航程而产生的费用问题，导致行程延宕的原因又不在保险承保范围内。船长们亲自前来抗议，宣称自己遭遇了几十万英镑的损失，并威胁要起诉小斯当东和益花臣，并让他们个人赔偿。他们提出的反对意见的核心在于小斯当东的主要目标似乎是要营救一位被自己国家的法律定罪的犯人。[22]

在所有这般压力之下，小斯当东也忍不住发火，他起草了一封信函，其中他将清朝称为一个国家（大清国、中国），并指摘其有失“礼”之举，直指他认为的问题的核心：如果英国人是良善之人的话，一位通事拜访英国人怎么能够被指控为“奸民勾串”呢？[23] 这让蒋攸铦大为光火，以至于主审官员威胁要将李耀枭首并在英国商馆门前示众，如果贸易还不能重启的话。[24]

李耀宽慰了小斯当东，称自己并不相信他们会依此行事，而且“即使他们将我全家斩首，也不足道哉”。[25] 他反而极为担心小斯当东。

如果英国船长抵制了他的命令而行商们拒绝提供帮助，事态又将如何发展？“我反复思忖，每当想到此处，感觉万念俱灰。我只能祈求阁下不必挂念我。当考虑如何开放船舱，并另谋他法来营救我。阁下万不可再有所耽搁，这将为贵司招致麻烦，也将浪费更多钱财。我也担心阁下为我过度忧虑而染恙，那将让我倍感绝望。”[26]

在给小斯当东的信中，蒋攸铦亲自用朱笔断句，对小斯当东的诉求表达了不满，称李氏受罚，乃是因为他曾身为仆役却又买了官衔。如若对他的案件再作任何深入调查，只会证明李耀确有“勾串”，进而加重他的刑罚。[27] 粤海关监督祥绍随即致信行商，指出谈判已经持续半月，而直到此时，英国人除替“奸人李耀”求情外却无甚行动。[28] 他还要求调查小斯当东同李耀的私人关系。[29]

小斯当东孤注一掷。他获得了这一海域的英国海军高级将领的帮助，命令所有的英国船只驶离港口，并威胁就此北上去告御状。这样一来，所有牵涉其间的清朝官员再无升迁之望。李耀听闻此消息后兴奋不已。尽管被知道这一消息而怒火中烧的官员不断讯问和拷打，他仍向小斯当东写信：“贵公司实属了得！尽管我可能身首异处，我也欢喜！”[30] 蒋攸铦的反应是向英国船长传去消息，将整个争端都归咎于小斯当东：船上价值成千上万两银子的货物烂在水中，起因全在于一名中国罪人。相隔万里之遥，英国国王断无法知悉或批准这一政策。[31]

双方已经将争端推到了极致。伍秉鉴被派去劝说小斯当东回来重启谈判。而当时领衔的官员是广州知府，但交涉实际上由广东布政使曾燠主导，此人是诗文名家，也是潘有度一家的友人。在这些对小斯当东有利的氛围中，交涉中双方都展现了极高明的策略，曾燠在几个小问题上有所让步，多数所涉不过是肯定已有的实践：允许英国人用汉语给中国官员写信，让他们聘请雇员（而非“仆役”），诸如此类。[32] 这些足以让小斯当东向东印度公司声称他在谈判中取得了成功，但是在位于争端中心的李耀案这一问题上，他未能如愿。

事实上，这样的结果自嘉庆批准捉拿李耀的那一刻起便无法改变，尽管皇帝也理解由于没有严重的罪行，刑罚难免牵强。嘉庆已经开始将基督教同英国海军的威胁联系起来：现在他也授意让李耀去践踏十字架。如果他拒绝，则要以基督徒的身份遣戍。蒋攸铦照做了，但是如他所料，李耀直接践踏于十字架之上，毫无难色：显然他并非基督徒。因此，他以曾身为贱役而辄敢朦捐职衔的罪名被判处发配新疆。[33]

看上去案件已完结，但是随后在1815年1月，两道谕旨抵达广东，处理的不是李耀，而是小斯当东。第一道涉及英国军舰的活动以及洋人向行商贷款的弊病。嘉庆随后提到：

> 又有嘆咭唎夷人啊哆嗹前于该国人贡时曾随入京师，年幼狡黠，回国时将沿途山川形势俱一一绘成图册。到粤后又不回本国，留住澳门已二十年，通晓汉语。定例澳门所住夷人不准进省。啊哆嗹因松筠前曾伴送该国夷使，于松筠任两广总督时，遂来省禀见。及蒋攸铦到任后，啊哆嗹亦复来省。经蒋攸铦斥回未见。啊哆嗹在粤既久，嘆咭唎夷人者大率听其教诱，日久恐致滋生事端。其洋商积欠该夷人货价过多，受其挟制，亦复不成事体。着蒋攸铦等

> 即将暎咭唎兵船进口原委详细具奏，并查明呵哒嗹在粤有无教唆勾通款迹。如查有实据，或迁徙安置。[34]

大部分圣谕都会提及先前的奏折，但是此处嘉庆并没有解释他如何知道小斯当东。不可能是松筠，此时他远在西域，但不论如何，皇帝的消息来源似乎对松筠并不友善，批评他私会小斯当东。显然嘉庆能通过其他渠道获取有关英国人活动的消息。

仍然身陷广州狱中的李耀听说刘德章曾向省内最高级别的武将送了一笔巨款，以便能有机会面圣。而结果是这并非刘德章发挥影响力的方式。小斯当东和益花臣后来听说是另外一名御史向皇帝提起这一话题。刘德章的儿子刘承澍原本在京城的户部任职，但未能制止一场大范围的舞弊，其间户部的书吏不仅从国库中冒领银两，还私下让外人获得机密的税务信息，且两次都是通过伪造的文书。刘承澍勉力让自己逃脱了任何严厉的惩罚，但也因此丢官并被遣返广州。现在刘德章正在扶植他接手与东印度公司的贸易往来。后来又来了李仲昭，这是一位出了名的敢言的广东籍御史，曾成功地弹劾数位富裕的长芦盐商侵吞大笔税款。然而，他被抓到替一位从事对外贸易的广东商人获取机密的户部档案（同样使用伪造文书），并因此被撤职。李仲昭曾是刘德章外甥（近期也被从户部解职）朝中的支持者，后来被刘家聘为家中子弟的塾师，因此有可能他也参与了对小斯当东的指控。不论究竟是何种机制导致皇帝下了谕旨，在广州的人都相信是刘德章在同官员联手，试图减少同英国人打交道的注册商人的总数，以便能够获取那些倒闭商人的生意，最终形成一家能够同东印度公司相竞争的垄断华商。[35]

蒋攸铦的回应颇为谨慎。他派了伍秉鉴去核对小斯当东生平的细节，并提交了一份关于小斯当东实际在华年份的说明。甚至小斯当东指出自己从不擅长绘画时的愤怒也展现在上呈皇帝的版本中。蒋攸铦的奏折最后说并未发现有小斯当东惹祸、私下串谋或是舞弊谋利的线索。对此，嘉庆回复："时加察访，毋忽。"[36]

与此同时，另外一封密旨也抵达广州，收件人仅为蒋攸铦和海关监督。这一封密旨聚焦于务必将英国战船驱离海岸，并防止向外国人大举借债或者产生其他私人联系。最后，嘉庆还斥责了蒋攸铦，因为他没能及时报告小斯当东的情况。他随后讲道："哃哖陳自幼狡黠，熟知内地情形，如在澳门不甚妥协，断不可驱令归国，应摘其过失，酌量迁徙他处，防闲约束。庶为处置得宜也。"[37]这道谕旨也到了小斯当东的手里。相较于被遣返回英国，在中国境内流放——甚至有可能在新疆——则是一个更为严重的威胁。当伦敦的公司董事获知此事后，他们也注意到清廷的用意在于"将其拘禁并遣送至内地之类"。[38]所有人都向小斯当东保证官员们只不过是虚张声势，但是当年秋天，清廷确实处决了在四川省内传教的法国人徐德新（Gabriel Dufresse）。[39]

小斯当东尽可能地避免谈及这些谕旨，但是他既不安又恼火。[40]当这一话题被东印度公司的英国批评者提出来时，他将其驳斥为宫廷内争："如果有人能对中国人相互密谋的风气、高悬于所有政府官员头顶之上的'刺探'体系、他们之间持续发生的攻讦和反水有些许了解，便不至于想要基于这件事情形成任何观点或是论据。"[41]

这是一个久经世故的回复，体现了他对于清廷认知的深度。正是这样的认知使得他在五年前出版了清朝法典的译稿，他在其中还为中国的政府和法律体系辩护。而自那时起，他无日无夜不在亲历先是对吴亚成以及后来对李耀的迫害。到此时，李耀的钱财已所剩无几。到年底时，李耀的情绪到了低谷，用一种尤为绝望的语调写道："这些狗官什么都能讲。他们没一个是人。"[42] 当他想到漫长的流放之路以及其间要进入的一百五十个当地官府的囚所，他想过要自尽。[43] 小斯当东很难不为所动。

认为李耀同他这个英国人之间的关系不道德和不合法，这是小斯当东最难接受的。在两种文化交汇之处生活和工作，他希望清朝官员能够承认他以及大多数英国人都是良善之人。但是英国人曾经试图强占澳门，此时海岸边还有英国战船，而李耀也最终认为这是导致他遭遇横祸的根源。[44] 小斯当东实际上也贷给行商大笔款项，尽管有圣旨相逼，此时的他感觉无法收回欠款了。[45] 此外，不论他个人的观点如何，作为英国商馆的资深商人，他也默许了将大量鸦片走私进中国的行为。小斯当东理解所有这一切，但是这并没有让他夹在两国之间的个人经历变得轻松。他对于清廷的信心已经破裂。他现在认为这一政权"究其所有源流都是腐败的，毫无原则可言"。[46]

李耀最终于次年夏天开始了自己的流放之旅。他性格坚韧，到启程的时候他已经又变得十分开心：东印度公司慷慨解囊，支付了他的旅费，使得他不用披枷戴锁，旅途中"一如常人"，也不用在途中进入任何监牢。[47] 然而，小斯当东此时知道自己必须离开。他开始向母亲提起自己很快将归家并不再外出，同时努力劝阻再次派遣英国使团的计划，他知道巴罗正在促成此事。[48]但是，由阿美士德勋爵带领的使团已经要启程前往中国了。小斯当东此前的生涯一直想要促成外交接触，不过当这一机会最终要来到时，他已经不再期盼了。

第十六章

阿美士德使华

在随后英国使团使华的过程中，过去数年间浮现的问题汇聚到了一起。在英国一方，出现了一系列负面的对华态度，这由英国在印度的统治经历中生发出来。而在中国一方，则又重新强调正统的儒家仪礼。嘉庆也十分清楚，由于国家财政吃紧，他的行动并没有太多转圜的空间，他因此也日益决心要控制那些居间同英国人打交道的人。居间调停，乃至于拥有任何关于西方的知识，都成为危险的事情，这在此次出使过程中逐渐显现。马礼逊一丝不苟的精准翻译夸大了两方之间的差异，这也在一定程度上导致了问题的产生。

数年间，巴罗一直在英国推进再次使华的想法，并且期望这一次小斯当东能够出任特使。随着与法国的战争接近尾声，巴罗致函任东印度公司管理局主席的白金汉郡伯爵（Earl of Buckinghamshire），提议通过出使来促进英国出口。[1] 时任董事会主席威廉 · 埃尔芬斯通 (William Elphinstone) 支持了这一计划，并增加了要解决上一年问题的目标，即书面确认公司所享有的特权以及在京城设置一位常驻的英国使节。董事们表达出的期望是使团中要有一位仪表堂堂、出身贵族的军官，外加益花臣（董事会主席之子）和小斯当东。他们随后致信广州，告知了这些计划。[2]

获授特使一职的蒙特利尔的威廉·皮特·阿美士德勋爵（William Pitt Lord Amherst of Montreal）是一位令人愉快但缺乏决断的人，他的叔父因为征服加拿大而获得此爵位并由他承袭。然而，白金汉郡伯爵决定将自己的私生子亨利 · 埃利斯（Henry Ellis）任命为使团的二号人物。小斯当东可以担任翻译。[3]虽然多年以来益花臣一直抱怨自己身体很差也没赚到钱，却并未离开过，但在收到东印度公司宣布使团抵达的信件数天前，他突然动身返回英国。他可能在私人信件中听说了这些计划，也意识到自己可能会面临的危险，于是便逃掉了。[4]所以只有小斯当东赶到海上与使团会面。这是他一生中都在为之努力的机会，众人也期望他能够追随其父的步伐成为一名外交官。他带上了粤菜厨师、作为礼品的价值四百六十八美元的上等巴西鼻烟、专门在澳门定制的剑桥学士袍（以便在行礼时遮住膝盖）以及乾隆皇帝给他的那个小荷包。[5]

使团抵达后，小斯当东发现他并没有被任命为外交官而仅仅是翻译，更糟糕的是这种安排的部分依据是他是一名商人而中国朝廷瞧不起商人，这令他怒火中烧。埃利斯后来解释说，尽管不论在中国还是欧洲，贸易都是一种收入来源，却“从未被认为是高尚的”。[6]小斯当东坚称自己并不是一名商人，而自己的角色经过极力夸大变为“一名民众的公务人员，代表着英国国家并对于中国境内的所有英国国民和英国贸易拥有至高的管控权”。[7]他还指出他带上了马礼逊和其他数名广州商馆的英国职员来充任翻译。阿美士德做了让步，宣布小斯当东和埃利斯两人都是他的副使，这也颇符合他的个性。[8]

埃利斯是新的一代人，他们对华的态度由其在英国统治印度的经历所塑造。其父能让他加入访华使团，理由便是他“熟悉东方的习俗和语言”，这意味着他曾经去过印度，还出使过波斯。[9]对于其他民族的态度能够塑造势力关系，但正是势力造就了这般态度。李自标抵达那不勒斯时，欧洲正在刮中国风，与此同时，18 世纪见证了英国人在印度的环境里充当朝臣，甚至与印度的名门望族缔结王室婚姻，但是随着英国势力的崛起，界限变得难以逾越。马戛尔尼使华后的二十年间，东印度公司扩张了其在印度的统治范围，这也转变了英国人对亚洲的态度。

使团抵达华北海岸，接待他们的官员和接待上一次使团的官员级别相同，但从这一刻起，对华态度转变的意涵便显现出来。马戛尔尼曾邀请王文雄和乔人杰赴宴并一起畅饮，后来额勒桑德也给他们画了抱有好感的肖像。埃利斯对两人的继任者的反应则是他们的衣着平平无奇，而他们的随从身上很难闻。使团的医生、科学家克拉克·阿裨尔（Clarke Abel）觉得这气味难以忍受，花了好久才勉强走上前去验视他们的衣物。登岸之后，阿裨尔看到了一些赤身裸体的可怜人向上游拖他们的驳船，还有贫苦的农民、土坯房和人们衣不蔽体的情形。当他遇到一群衣着华丽的妇女时，他则关注起她们眼睛和眼睑的形状。虽然小斯当东对清廷不满，但这些评论还是让他恼火：当他们接近天津时，他把花园、葡萄藤、高大的柳树、

图 16.1　托马斯 · 劳伦斯（Thomas Lawrence）所绘阿美士德勋爵肖像，东印度公司的广州商馆定制，广州商馆也出现在画面后方。1835 年商馆关闭，这幅肖像被赠与小斯当东。

衣着得体的人群以及壮观的军队操演指给他们看。[10]

当然，中国也发生了变化：嘉庆朝宫廷的风尚是一种受压制的节俭，十分不同于乾隆时期的锦衣亮彩。[11]然而，不太可能是人们的体味发生了变化或是拉驳船的纤夫穿的衣物更少。发生变化的是英国人对于种族和阶级的态度：马戛尔尼和他的随从会欣然会见那些他们认为是绅士的人，极少关注那些贫苦的船工。现在英国人看到了东方的缺衣少食，而他们的科学家则关注种族的特征。小斯当东最终得出一个令人沮丧的结论，即他们的偏见是如此根深蒂固，以至于亲眼所见的事情也很难撼动。[12]

在中国一方，最为明显的变化是对于叩头的强调，这也是“所有朝见的首要特色”。[13]就马戛尔尼叩头一事称颂乾隆的诗人将这位英国特使描绘为因为亲眼见到皇帝而心生敬畏，不由自主地跪在了地上。这并不是对阿美士德的要求。相反，官员们反复告诉他，皇帝贵为天子，其他所有的君主都应向他臣服。事实上，马戛尔尼使团从来都未曾需要面对为朝贡使团制定的全部规则，因为觐见仪式在承德举行，而与使团对接的几乎全是乾隆的内廷成员。乾隆驾崩后，嘉庆的逐步掌权在一定程度上正是借助于通过科举出身的汉人官员来推翻那些人。当阿美士德使团来到时，朝中的儒家文人正处于上升之势，而仪礼的细节也变得更加重要了。对阿美士德的期待，并不是其在面见皇帝时内心的震惊与敬畏，而是一项正式排练过的仪礼。

这些在使团到达后就开始了，嘉庆让大臣为英国人举办筵宴，让翻译向特使解释他必须叩头致谢，并回来报告他是否愿意执行他自己所称的“中国”的礼仪。[14] 马戛尔尼从未被要求这样做。1813年的天理教起义，乃由宗教所驱使，它导致有人试图刺杀嘉庆帝，作为因应，当时又加剧了一种保守的、道德上有所变化的儒家思想的复兴。然而，嘉庆也在使用一套在1805年曾奏效的策略，彼时俄国作为一个势力强大且虎视眈眈的国家也派出来一个使团，但在边境就被成功劝返了。[15] 当蒋攸铦后来奏报称下跪与英国习俗不符时，嘉庆回复：“朕预行计及，是以于该贡使到津后两次派员前往察看情形，如实不能跪叩，原令不必来京，纳其贡献，赏赉遣回，于词甚顺。”[16] 相较于天下一统的主张，嘉庆本人似乎更加关注英国人带来的威胁。当一位大臣声称英国人来朝是因为仰慕华夏的美德和国力时，他将此视为外国人常挂在嘴边的话；他担心的是英国人又会提出请求，特别是他们可能像上一次使华时那样要求准许在其他港口通商。[17]

翻译仍然是一个重要人物，李自标乃至巴罗曾被人用交情来左右，而小斯当东则要面对威胁。当然，马礼逊是正式的翻译，但是小斯当东知道只要自己开口讲了汉语，自己就会成为翻译。他或许能说马礼逊是一位更好的汉语学者，在一些方面也的确如此，但马礼逊是在成年后才开始艰难地学习这门语言的，而且几乎只讲过广东话。[18]

清朝官员从一开始就盯住了小斯当东：有人告诉负责接待使团的工部尚书苏楞额要小心提防小斯当东。马戛尔尼使华之时，苏楞额正在广州担任海关监督，蒋攸铦以为他能认出小斯当东。但是他并没有注意到那位躲在后排的发际线日渐后移的长鼻子中年男子。

最终他只得问起那个随上一次使团前来、能讲汉语、名叫托马斯·斯当东的英国男孩。在翻译时，马礼逊有所迟疑，而小斯当东也在等待这一时刻，内心逐渐着急，此时便走上前去。他解释称自己在继承爵位时变更了名字，而且自己的汉语讲得已经不如从前了，因为这期间他身在英国。小斯当东是深思后才开口的那类人：针对他的诏书声称他在前一次使华后就留在了澳门，所以他强调他回到了英国。前来接待使团的广惠颇为恭敬地称他从松筠那里听了不少关于小斯当东的事情。随后他称赞了小斯当东擅长作画。小斯当东回复称自己丝毫不通绘画，而广惠坚持将此视为单纯的谦辞。这番对话既有隐藏的威胁，也有暗含的反驳，由于是用汉语进行的，所以埃利斯完全不知所云：人们告诉他，苏楞额记得见过小时候的小斯当东。[19]

小斯当东从未讲过乾隆皇帝接见马戛尔尼那天实际发生的情况，而这与他父亲和马戛尔尼在返回英国后所描绘的情境存在出入，这使得他的处境愈发艰难。在关于叩头一事的无休止的会谈中，阿美士德忍不住指出上一次使团已经确立了先例，苏楞额回复称马戛尔尼已经下跪磕头；这是他亲眼所见，当今皇上也看到了。他转而让小斯当东加以佐证。令阿美士德吃惊的是，小斯当东并未断然否认。他说自己彼时只是一名年仅十二岁的孩童，不能指望他清楚地记得当时的情形，而阿美士德的信息完全来自书面的记录。嘉庆读到这种不越雷池半步的措辞时，更加印证了他对于小斯当东的印象。他在旁边用朱笔写道，“支吾可恶！”[20]

最终也举办了筵宴，英国人并没有叩头。小斯当东向阿美士德解释说尽管马戛尔尼并未五体投地但确实鞠躬九遍，于是阿美士德同意如此照做。苏楞额感觉事情有了进展，于是便允许举行宴会。阿美士德也因为取得了俄国人未能实现的成就而欣喜，小斯当东则享受了精致的食物和融洽的氛围。其余的英国人则费力地盘膝而坐，试着用筷子进食，而他们大多数并不喜爱中国饭菜。[21]

然而，小斯当东还没来得及喘口气，清朝一方又继续就叩头一事施压，亦加剧了针对他的威胁。嘉庆甚至写了一段话，让苏楞额和广惠讲给他。开篇便是："尔曾于乾隆五十八年随贡使来。至来天朝一切瞻觐宴赉礼仪，俱经目睹。"[22]结尾颇有威胁意味："尔在广东澳门居住有年，熟知中国法度，大皇帝既不纳贡，将正使臣等遣回本国，或一时圣怒，将尔拘留治罪，亦未可定。彼时尔岂不后悔。"[23]

当所有这些都未奏效，嘉庆派了他的妻弟和世泰前来要求确保阿美士德要么练习叩头要么离开。和世泰颇有威仪，曾因 1813 年在宫内力战刺客而表现出众。他开始了事先准备好的讲话，其中提到，"天无二日，土无二王，大皇帝乃天子，故所有的国王须向其叩头"，此时他直视正在翻译的马礼逊，"你应知之"。[24]这番言辞有其古时的来历，但是从未有人向马戛尔尼提起。见阿美士德不为所动，和世泰派出乔人杰的继任者张五纬继续劝说，但采用了几乎相反的说法。张五纬将觐见皇帝时磕头视为一种满人的礼仪，而对于像他这样的汉人并无所谓。之所以能有这样的论点，在于这一时期大部分汉人的学问都在于古文的训诂，而非宏大的天人理论，后者看上去颇为守旧，也日益同满族王朝关联起来。张五纬称他理解英国人反对下跪是因为他们认为叩头是政治依附的表现，但这是不对的：这只是一种宫廷礼节。[25]

张五纬再次对小斯当东发出威胁，这一次是同马礼逊和阿美士德谈话，并提供了证明自己观点的文件，包括一封来自广东的信件，其中称小斯当东身为商人，因此实非使团的正当人选，而且据说坐拥巨富，还有一个精致的鸟舍。小斯当东向所有人重申，在广州的东印度公司职员皆是公职人员，而拥有鸟舍的是讲粤语的私商托马斯·比尔（Thomas Beale）。[26] 然而，他也开始感到十分害怕。他想起了李自标以及他在马戛尔尼使华时受到的威胁，而翻译“往往是他们攻击的首要目标”。[27] 小斯当东让马礼逊担任翻译，但他知道这在清朝官员的眼中并没有什么区别：他才是那个位居谈判过程中心的人。所以他去见了阿美士德，最终说明自己有可能会被抓捕。[28]

直到这时，小斯当东才最终向阿美士德解释清楚，马戛尔尼并非仅是鞠躬九次，他这样做时是单膝跪地的。阿美士德觉得这样的行为和叩头实无二致。此外，鉴于叩头一事对于马戛尔尼出使至关重要，在他们出访之前，英国国内已经有所议论，普遍的看法是要强调现实目的而非拘泥于仪式中的形式。白金汉郡伯爵之前告诉阿美士德，如涉及跪地俯首的仪式，他可以自由裁量、便宜行事。而埃利斯也支持其父的立场，称所谓天下一统的主张实属荒唐，不值一哂。他们决定，如果叩头能带来其他利益，他们便照做。[29]

然而，事实证明令人生畏的和世泰虽然赢了辩论，却是一位糟糕的谈判者。阿美士德说他不出当日会送去一份最终的书面决定，英国人继续就此展开争辩，阿美士德和埃利斯支持叩头，而小斯当东反对。小斯当东关心整件事的后果，也会强调自己的专家身份，所以阿美士德在当天结束时发出的照会中称他们无论如何不会叩头，但是他们愿意单膝跪地并低头致意。不过和世泰已经将他们之前的照会当成了最终决定，并且已经安排最早的觐见皇帝的时间。[30]

现在，最终的惨剧即将上演。小斯当东以为他的方案获得采纳，十分欣喜，甚至在他们动身前往京城时接手了翻译的职事。[31] 他们连夜赶路，阿美士德、埃利斯和小斯当东以及部分人员后来同使团的其他人员走散。拂晓之前，他们发现自己正沿着一处园囿行进。道路尽头是小斯当东所称的“一处非常高大且兼具最佳中式品味的建筑”，聚集着一众官员。[32] 他们被带进一个楼阁内休息。阿美士德刚躺下，嘉庆的朝中大臣却挤过来看他们，隔着开着的窗户往里瞅。张五纬也来了，告诉他们马上要去觐见皇帝。就在此刻，阿美士德自己做了一个决定。他或许愿意叩头，但他绝对不会让自己在一个异国宫廷里丢人现眼，此时的他精疲力竭，也没了随从，身上穿的还是夜间赶路时的便服。他宣称自己过于疲惫。和世泰再度现身，并试图将他拉起。阿美士德拒绝起身，差不多要撕扯起来，延宕一番后，这些英国人被告知他们可以去松筠的宅邸，他们也将住在那里。和世泰怒不可遏，在送他们上马车时，忍不住抓起一名随从手中的鞭子在车子两边各抽了一下。[33]

英国人感觉他们被当作供人观赏的野兽一般对待，而就在这样屈辱的时刻，小斯当东还依然想要为中国人辩护，他后来说问题在于朝中这些人都是满人：“我不认为任何更高阶层的人群，或者任何汉人阶层，会让自己表现得完全不考虑礼貌，甚至缺乏人性中共通的情感。”[34] 然而很快就清楚了，使团获得皇帝接见的希望也最终因此断送。翌日，嘉庆起草了一封致英王的信件，解释说他的来函并未送达，因为来使托病不来朝见，实属无礼。他贬黜了苏楞额和广惠，接受了部分英国礼物，并给蒋攸铦写信，警告他要提防小斯当东。[35]

四天后，使团便动身返回广东，像马戛尔尼使团一样走陆路，因为阿美士德已经将他们的船只遣走，这令清朝官员十分恼火。他们南下的途中有一段时间是由直隶按察使盛泰作陪，令他们吃惊的是，这位壮实的中年男子恰好热衷于了解与西方相关的知识。他曾广泛地阅读了耶稣会士在华的出版物，时常论及俄、法、意诸国。他向小斯当东讲到虽然英国在海上占优，但是法国的陆军更为强大，而且在工业制造方面更胜一筹，这也让后者大为光火。他并不善于倾听，小斯当东甚至无法插上一句话。[36]

盛泰曾将小斯当东扯到一旁，向他暗地里指出既然他在广东生活了这么长时间，他应该理解中国的仪制。他进而提到，在给皇帝上表时，小斯当东应当称自己为“臣民斯当东”。[37]这令人十分诧异，因为“臣”字虽然确有更加广泛的意义，但在这一时期通常是官员在面对皇帝时使用的自称。正如嘉庆要将小斯当东流放于中国境内的计划，这种称谓也暗示了这些同小斯当东打交道的人有时会将他视为应当纳入他们自身世界的政治结构之中的人，而非一位应当排除在外的洋人。这是一种威胁，而小斯当东也感受到了。

小斯当东并未向其他人过多提及盛泰此举，而仅仅是抱怨此人实在让人无法忍受。很不幸，皇帝当年再次见到盛泰时也大抵有同类感受。盛泰向嘉庆禀报了自己曾询问英国海军的规模并讨论了他们书信中的措辞。嘉庆将他贬斥为胆大妄为、傲慢无礼的好事之人，净掺和一些并非自己分内之事，于是把他打发到关外做苦力。接下来的十二年间，他一直在那里担任小官，直到道光皇帝重新起用他掌管西藏事务。盛泰是一位蒙古正蓝旗旗人，并无任何外语技能，而嘉庆对于大臣们的进谏也相对开放，但是英国人这一话题则超越了能够安全讨论的界限。盛泰对于其他国家知识的热忱，毁掉了一个原本不可限量的仕途，而他的失势也成了朝中人尽皆知的故事。[38]

阿美士德一行继续南下。他们经过江西境内的庐山附近时，小斯当东很明显随身带了一本汉语的旅行指南，注意到此地在“中国经典作品中被广为传颂”。[39] 马礼逊则感慨于12世纪的哲学家朱熹曾垂钓的溪谷。埃利斯认为此地虽然景色不错，但是“在长江的堤岸上，任何有节之士难以觅得友人，而和善的女子想要觅得同伴更是难上加难；单纯的习俗之外则属野蛮，而野蛮之外则属奸诈”。[40] 埃利斯的观点为使团的其他大多数成员所共有，虽然小斯当东仍然继续为中国辩护：当他们看到土坯房屋时，他承认这比不上“我们英国的村舍”，但至少它们有烟囱和窗户，强过了爱尔兰穷人的小屋。[41]

与此同时，嘉庆还传谕给身在广东的蒋攸铦，指示如何阻止英国人再次使华和如何处理小斯当东，并问及停止对英贸易是否在财政上可行。他问了蒋攸铦来自贸易的总税金中究竟有多大比例是由英国人支付的。蒋攸铦回奏称每年税入超过一百二十万两白银，其中英国人付了超过七成。[42] 由于数额巨大，嘉庆也只得作罢。

而嘉庆实际能做的几件事情之一便是控制与英国人打交道的人。他还认为阿美士德之所以在叩头一事上改变主意，小斯当东乃罪魁祸首，而事实亦是如此。他告诉蒋攸铦要命令小斯当东返回英国。蒋攸铦答应下来，但是他也表示担心，不知小斯当东一旦回国后会讲些或是写些什么。他还起草了一封批评小斯当东的信，要在英国船长中散播。嘉庆决定不允：小斯当东在英国可能会说些什么实则无关紧要，而现在将他的错讹向外国散播并不会真正体现天朝的伟大。[43]

与此同时，使团搭乘的英国海军“亚嗙士地号”（HMS *Alceste*）却更加彰显了英国的威胁。当舰长默里·马克斯韦尔（Murray Maxwell）未获准溯流而上前往广州时，他直接冲撞了守卫河口的炮台。这些炮台近期得到加固，上面有一百一十门大炮，能以火力交叉覆盖河道。船只也被派出来阻挡河口，还来了一名通事告诉马克斯韦尔下锚。他的回应是先通过炮台，再吊死这名通事。当风起来后，他径直在炮台之间扬帆驶过，虽然遇到些炮火，却未遭受严重的损害。他随后用一侧的船炮还击，吓得这名通事在他脚边跪地求饶，而炮台上有四十七人因此殒命。[44]

使团抵达广州后，一封嘉庆所写的意在安抚摄政王的信件也转交到了英国人手上，有汉、满、拉丁三种文本。阿美士德读完拉丁文本后，觉得此信过于柔和，便认为是在京的耶稣会传教士在翻译信件时有所软化。他让马礼逊再根据汉语版本翻译一遍。[45] 马礼逊的全部中国经历都是在广州度过，而此地有一套复杂的用以控制英国人的机构建制，对他而言，清廷无疑就是对外国人充满敌意的。所以他的译文开篇便是“从上天和运转的自然那里承接了（对世界的统治）的至高无上的君主向英国的国王发布一条皇帝的指令”。[46] 他在此处添加了两条注释。第一条解释了“皇帝”，此前一直仅被翻译为“emperor（皇帝）”，而此时则译作“supreme potentate（至高无上的君主）”，以便更加贴合这里的主张。第二条注释则解释了他为什么加上了“对于世界的统治”等词，这层意思据他所言乃是“完全体现在汉语之中”,因为皇帝推定他写给英国国王的是一道“皇帝的命令”（敕谕）。后面文中的“恭顺”（字面意思是“恭敬”和“顺从”）在二十年前被李自标转换为英国国王“伟大的良好意愿”，在他这里则直译为“恭敬和顺从”。[47] 李自标的翻译将汉语的文本转为可以接受的欧洲外交语言，而马礼逊则寻求每一个汉语词语的本源意义，也借此强化了各处差异。虽然选词是精准的，却完全失去了嘉庆想要安抚摄政王的本意。[48]

虽然嘉庆酝酿的对小斯当东的驳斥从未发出，但小斯当东从一开始就知道自己不能继续居留中国。他启程返英，由于他并不信任易怒的舰长马克斯韦尔，所以他并未搭乘“亚嚓士地号”：事实上，此船在抵达雅加达之前便触礁沉没，乘客搭乘无篷的小船在热带海域漂浮了很久之后才获救。[49] 蒋攸铦未敢向嘉庆上奏“亚嚓士地号”穿过炮台时的激烈情形，但他在上报使团离境的奏折的结尾处写道：

> 夷情叵测，一二年间或竟如嘉庆七年十三年擅将兵船驶入澳门及附近海岛，希冀要求，事难逆料，虽该国远隔重洋，断不能久停贸易，自绝生路，而边禁海疆不可不预筹防范，臣等现在查勘海口炮台即各岛屿情形。[50]

对此，嘉庆回复说，各港口、各岛屿都应严密防范。[51]

第四部分　疏离

第十七章

李自标四处藏匿的晚年

当阿美士德勋爵率领的使团在中国乘船南下之时，李自标正在翻山越岭赶往山西西部。虽然李自标面对重重困难时一直很镇静，但他此时肯定也会满腹忧虑。嘉庆在获得各地基督教活动的奏报之后，向各省巡抚发布了一条严厉的命令，要求将拒不弃教的人发配新疆。山西巡抚在督促下属发掘此类案件时用力之深，以至于偏居东南一隅的李自标也受波及，不得不外出逃命。[1]这两件事情同时发生可能并非完全巧合：嘉庆也开始将基督教视为宗教叛乱的威胁和东南海岸的欧洲人之间的纽带。

回到 1805 年，当一名教会的送信人被捕时，嘉庆怀疑西方人在华刺探情报，并决定亲自阅读一些传教士出版的书籍。读完之后，他大为震惊，不仅在于西方人不遵守儒家的准则，而且怎敢声称“其天主是万邦之大君”“耶稣系普天下各人物之大君”？[2]于是，他禁止宫中剩下的传教士传播福音、刊印书籍，甚至与内地民人有任何往来。李自标也听闻京城的两座教堂被拆毁，城中仅余三名欧洲传教士。[3]

1811年，一名叫张铎德的基督徒在返回陕西老家村子时被捕，结果导致嘉庆的担忧愈发强烈了。张铎德实际上是一名神父，之前在山西跟着李自标学习。官府并没有发现这件事，但是他做了一份详尽的供述，仔细讲了基督教的活动和观念。两年之后，经历了天理教之变的嘉庆下令征集改进政府的建议，人们开始仔细查看张铎德报上来的供述。嘉庆的一位研究宗教教派的顶级专家指出，基督教有其“教化皇（transforming emperor）”（教宗）、官职和官阶，所有这些都暗示着一个替代的政体，并从这一点开始论证外国人有意激起中国人来反对官府，因此必须加以控制。他用来指代外国人的词不仅有“西洋人”——长期以来用以指京城的传教士和澳门的葡萄牙人，还有“夷”——这个词则和英国人紧密相关。[4]所以当一名广东生员于1814年在京城被抓并查出藏有鸦片，嘉庆立即将此事与基督教联系起来，并用朱笔在此案件的草诏上加上基督教有损于固有的纲常，“危害远甚于白莲教”。[5]这名生员并没有被指控为基督徒，但是对于皇帝而言，鸦片和基督教这两个邪恶事物的渊薮都在广东一省，这也是他为什么暗示斯当东的朋友李耀可能也是基督徒。

1816年春，阿美士德勋爵的使团即将到来时，嘉庆皇帝强烈支持一本反对基督教的册子，其中不仅将基督教同鸦片联系起来，还指出了欧洲人在政治上的潜在威胁。小册子的作者朱世炎是一位有名望的学者官员，开篇借基督徒不采取妥当的葬仪这一常见的说法来对基督教加以抨击。然而，他也将基督教的问题同欧洲人在华南海岸造成的威胁联系起来。按照他的说法，基督教之所以强调天堂，背后的原因是西洋人想要让新入教的人心甘情愿地为他们牺牲，这些都可见于噶尔巴（Gaerba，可能是爪哇）和吕宋（今菲律宾）的历史，西方人诱使当地人信奉基督，却霸占了他们的领土。作为对照，他引用了日本的例子，当日本人意识到传教士的所作所为时，便拒绝赦免任何不愿践踏十字架的人。这些都不是什么新的见闻，实际上很多事件都能追溯到 17 世纪，可以肯定朱世炎是从明朝典籍中获得了他的材料，但是他将这些事同在广东的欧洲人联系起来，这一举动的政治意涵则是颇为激进的。[6]

李自标则生活在这样的智识世界的边缘。他在给罗马的信中提到，因为 1813 年的叛乱乃是由一个错误宗教的成员所发起，官员们则试图通过禁止任何看起来像是一个教派的事物来根除问题，换言之，消灭任何成员聚集起来一同祷告的组织。[7]实际上，他也变得相信华夏一族如此热爱自己的古老习俗，“将不会认可任何信仰的正当性，不管多么适合”，这也从根本上导致基督教在中国寸步难行。[8]然而，他也注意到，皇室一脉受到另外一种宗教的“彻底奴役”，即藏传佛教，同时按照他的说法，官府也容忍迷信遍布于无知的普罗大众之中。[9]

李自标本人则恪守基督教教义，这始终是他个人认同的核心。他给那不勒斯的中国学生写信，劝说他们在听闻要求流放基督徒或是处决传教士的新律法时切莫惶恐，因为这些并未在任何时间、任何地方都得到实际执行。他们实际上也应该从这样的刑律中得到激励，“生存即基督，死亡乃得到”。[10]在阿美士德使华的前一年，他仍然在给罗马写信，信中称正是有赖天主的仁慈和庇护，他所在的地方仍然没有发生野蛮的迫害，但是人们心存恐惧，不敢让他进入家中。[11]

李自标的生活无疑也被改变了。传教士现在被当作头号逆匪，只要提及他们的名字，官府便会悬赏，将他们捉拿归案。他的两位来自那不勒斯学院的同事被判发配新疆，终生佩戴卡住他们脖子的沉重木板枷锁。他本人安逸的生活被打破，再也没有办法继续住在马厂相对富足的基督徒家中，或是从一家转至另外一家。基督教的仪式必须在夜间秘密举行。正如以往经常发生的那样，在遭遇巨大压力或是不幸的时候，他又一次时常患病。在越来越多的时间里，他都待在赵家岭，这是一个山上的小村落，大约有五十户人家，都是些贫苦的农民和小商贩。[12]

赵家岭的村民都是天主教徒，而且村子比较难找，却又离向北通往全省中心地区的道路不远，以往时不时会有神父在此处歇脚。[13]李自标用了纪念枢机主教斯特凡诺·博尔贾（Stefano Borgia）的钱，有可能来自他的朋友乔瓦尼·博尔贾，在此处建了一间屋子，供两位年轻女子和一位年长的寡妇过天主教徒式的生活。看上去似乎这些女子中至少有一位来自平原上的某一个比较富裕的天主教群体，而她们住在赵家岭，是因为这种建筑如果引起当地官府的注意则会招致麻烦。后来在村民中流传着一个故事，说是一位神父说服一位寡妇捐了三百吊钱，用以修建教堂。在19世纪晚期的欧洲传教士看来，这处由整个教区出资加上来自罗马的捐款兴建的小礼拜堂，算得上是整个区域唯一一处真正的教堂，因为其他的都是别人家里的礼拜堂，所以他们对此十分珍惜，在它毁于地震后，又出资加以

图 17.1　赵家岭村现址。村民曾居住于挖在松软岩石中的窑洞里，有些虽已废弃，但仍可见。

修复。[14] 它因此得以保留至今：这是一处小窑洞，外墙面用砖砌成，向远处望去是一个寂静的山谷，远处有鸟儿鸣唱和羊群嘶叫。然而，当时像李自标这样富有能力和欧洲学识的人要和贫苦的农民一起住在山中窑洞里，正是因为住在别处对他来说都太危险了。即使在这里，几乎可以肯定的是，村民也断不敢让他同自己住在一起，而是帮他建了一间属于自己的窑洞，供他阅读和祈祷。

1816 年，李自标翻山越岭逃往山西西部，原因是即使在赵家岭，他本人和村民们也面临着巨大的风险。对基督教的镇压已经到了不远处的屯留县，十五年前当他初次来到该处时，有不少人皈依，令

图 17.2　李自标在赵家岭所修的教堂今日的模样。那两个后边的拱门通向一间狭小的内室。

他欣喜不已。如今屯留的基督徒惨遭抓捕和殴打，并被强迫背教。有六人坚持不从，于是被发配新疆，而另有十二人愿意践踏十字架，因此获得较轻的惩罚。这一案件被记录在清朝的档案中，令人惊诧的一点是，尽管李自标在过去曾有数月在此地传教，没有任何人吐露半点关于李自标的消息。当被讯问到他们以何种途径接触并信奉基督教时，有的说他们是跟着父母学的，还有人说他们是从已故的村民那里了解到的。他们的回答各异，也都有可信度，基本无法追踪，故巡抚也无法继续深究此案。[15]

李自标擅长与人打交道，这让他在乾隆的宫廷中替英国人翻译时一直安然无恙，此刻也让他得以幸存。过去的数年间，许多欧洲传教士和他的那不勒斯同学都遭到出卖而被官府捉拿，经常是因为基督教群体的内部不和导致官员关注到他们的存在。李自标得以逃脱，也有赖于他能够处理好同与他共事的人们之间的关系，所以人们愿意替他承担风险。后来一位荷兰传教士看到了李自标写的一封记载了当地事务的信，由此注意到他对他所接触的人的性格和行为有着颇为机敏的评价，而其中不乏不信教的人。[16]李自标自己的看法是，“如果在每个基督教群体中都有一位懂得如何同异教徒打交道的人，危险便不复存在”。[17]

在与李自标共事过的欧洲传教士里，没有人不对他充满敬意：若亚敬甚至推荐他担任主教。17 世纪，曾有一名中国人被祝圣为主教，但是直到 20 世纪前也再未有中国人成为主教。然而，并非只有嘉庆一个人认为基督教在中国能像曾经在日本那样被完全铲除。在罗马，人们也认为他们看到的是中国传教团的彻底毁灭。曾经在北京的宫廷里工作了超过一个世纪的传教士群体已近乎绝迹，几乎也不可能再私带欧洲人入境，法国传教士徐德新被处决而非驱逐。教会的科层体系开始考虑任用中国人当主教，也征询了仅存的三位在华欧洲主教的意见。而唯一被确切提及的中国人便是李自标，尽管在福建的主教只是笼统地支持这一想法。而若亚敬则写信称李自标“因他的才智、学识、热忱和对教宗的忠诚，精明且无所不能”。[18]当考虑此事的委员会往前翻阅李自标的档案来寻找其他评价时，他们发现若亚敬之前便称他是“最为精干且诸事皆能，因为有才智和学识”，他唯一的负面评价是因为他的“健康似乎不太稳定，虽然他在精神上已做好准备，传教时却有力不从心的时候”。[19]

这些提议从未被付诸行动，所以李自标也没有成为主教，不过果真当上的话，几乎肯定会导致他为人所知，继而被流放或处决。相反，当年为李家赢得荣耀的是李自昌的儿子李炯。李炯放弃天主教而改从儒学的事迹在凉州广为人知。李炯背教也成为主政官员争相称道的事情。在一生苦学之后，李炯终于在 1817 年通过在北京举行的殿试。他在从京城返乡的路上亡故后，其生平被记载下来，作为家乡显达的人物供后人研究。[20]

1820 年，随着嘉庆离世，对基督教的镇压也告一段落。李自标向罗马解释，继承大统的道光皇帝对此事并无兴致。时不时仍有基督徒被流放，但是官员们已经没有什么热情，因为皇帝不再热衷此事。相反，李自标看到了更大的精神力量在起作用，“因为人类的敌人在施加着他恶魔般的精力以及他的全部力量。这在各处都是一样，但是在不信教的地方尤其如此，目的就是要蒙蔽众人的眼睛，就是怕当福音之光升起之时，他们会逐渐理解到真理”。[21] 李自标回到马厂生活，在那里他惊喜地发现信教的人数并没有减少，有些人虽然在官衙里弃教，但这仅仅是软弱和怯懦的表现，而真正在心里面背教的行为并不存在或是极为罕见。他如今已经年届六旬，在给罗马的信中提及他身体尚佳，但是头发已经花白，心里也清楚死亡已经临近。[22]

在马厂，他又恢复了通信。那不勒斯书院急于找到新的中国学生，而李自标几乎是他们唯一幸存的通信人。他很小心，马戛尔尼使团归程时，他送往那不勒斯的一名中国学生成了一场灾难，其行为让其成为对传教事业的巨大威胁。最终，李自标送去了两名他颇为熟悉的男孩。其中一位是王多禄（Wang Duolu），十五岁，李自标在马厂时经常住在他家。当他们抵达那不勒斯时，书院院长写信描述了当两位年轻人被带去觐见国王时围观的人群，以及他们正式入校时举行的庆祝活动，这些场面“你肯定不难想象，因为你知道这里是什么样子”。[23] 之后，李自标写给那不勒斯中国学生的信里都是给他们带来的消息，包括一则令人伤心的事件——赵家岭的小礼拜堂挂起了一块尊孔的匾额，此处也被改为当地的孔庙，为的是让省里巡抚派来的人能够看到。[24]

令他最为感动的还是收到了来自乔瓦尼·博尔贾的信件和礼物。在迫害最为紧张的时期，李自标仅同罗马和那不勒斯的中国学生通信，因为他视此为自己的义务，但这已经殊为不易。有一次，他提示学生们告诉他有关博尔贾的事情，因为“我十分爱他”。[25] 在对基督徒的迫害最为炽盛的时刻，面对重重危险，他引用了耶稣的话“爱惜自己生命的，就失去生命”，还通过这些学生向博尔贾以及他在学院的同辈人、后来成为书院院长的伊尼亚齐奥·奥兰多（Ignazio Orlando）送去特别的问候，并转告他们：“如果不是身处这个帝国，我每年会给他们写很多封信。”[26] 他请求这些中国学生如果路过广州，替他给博尔贾买一个中国的礼物，钱则是从他在澳门的教会庶务员那里的户头上出。许多年后，严宽仁的侄子在学成归国时，带来了博尔贾赠送的一套宗教书籍以及一封书信。[27]

李自标对此的回复，也是唯一一封使用非正式的“你”作称谓的信，见证了友谊的力量，在他返回中国逾三十年后，仍然将他同欧洲联结在一起：

> 最受钟爱的先生，我想——也不知对错——我写给我们的院长或同事的某一两封信已经足够存续和体现我们灵魂的结合，这始于我们的年少时光，所以许多年来，非有紧急的事由，我未单独给你写信。对于许多我本该致信的人，我也一直未能提笔。你智力超群，自然也会意识到其原因在于路途遥远所带来的困难以及对危险的担心，因为携带这样的信件在这里经常被视为不可接受。至于其他方面，我们想要了解彼此身体健康和互相关爱的愿望从未被否认。[28]

他随后感谢博尔贾寄来了书籍，“但是令我更加欣喜的是，你同我的联结不仅是精神层面的，而且在我们年迈时也丝毫不弱于我们年轻时，你也印证了你曾经讲给我的话，即在年轻时不能容忍的事情在年迈时能容忍了，而软弱的年轻人在老年时变得更坚强，这些话语中的真理在我们身上得到了见证”。[29] 信件的其余部分讲述了他在上了年纪之后日常生活中所要面对的困难，也因此需要博尔贾的祈祷，使“我只要一息尚存，便不会辜负我的使命”。[30]

两年之后，李自标于 1828 年离世，并被埋葬在马厂村。[31] 他在与人交往时的超凡能力意味着他从未被捕或流放，但是他突出的语言和智识能力却让他一生都藏在中华帝国的一个偏僻和闭塞的角落里。他始终将自己的生平理解为一项伟大的全球壮举的一部分，在给罗马的最后一封信中写道，他总是感谢天主让他在过去三十多年中能够从事神圣的传教工作，却只得到了“非常微小的回报”，原因并不是无限仁慈的天主没有增加基督徒的虔诚或是感化某些异教徒，而是他自己的罪过和无能阻碍了任务的完成，以至于“从这片主托付给我的果园中，并未能收获您和整个神圣教会所期望的精神果实”。[32]

李自标死后，若亚敬写信给罗马称赞他是“一位在能力和理论方面拥有最为坚实基础的人，超过其他任何人。在过往的数年间，每年能够和他共处一段时光，对我来说是一种莫大的慰藉，因为我可以和他轻松地讨论事情，不论是日常普通的事件还是已经发生的不寻常之事”。[33] 此后的岁月中，神学院的年轻中国学生如果在学业中取得了特别优异的进步，经常会被夸奖为是沿着李自标的脚步前行，因为在李自标身后，全省再也没有出现第二位神学家。[34]

第十八章

小斯当东在议会

小斯当东于1817年返回英国，时年三十六岁，是家财万贯的准男爵。他比英国的任何人都了解中国，因此期望其知识、财富和地位能够让自己从事外交或是在政府中就职。[1]这样的职业生涯应当足以让他影响英国对华政策。但这些都未实现。与此相反，他与中国的联系反而成了他遭受排挤和嘲弄的肇因，这也加剧了一直困扰他的社交焦虑，这些都源自他的背景和异于常人的教育经历。

小斯当东想要获得议会的席位仍可谓易如反掌。在1818年选举中，他成为康沃尔郡米切尔（Mitchell）村的议员，这里有十八位选民。这样一个席位的通行价码是四千至五千英镑，这对于小斯当东来说并不是问题。实际上，他可能支付了一个很合适的价钱，因为掌控这个席位的是强硬的托利党人法尔茅斯子爵（Viscount Falmouth），他同意让小斯当东以无党派人士当选。[2]在广州贸易中赚了钱的中国商人会捐个功名或者职衔，与他们一样，小斯当东也能够利用自己的财富买一个政府中的职位。

不过，与中国的情形一样，贸易为贵族所鄙视，而土地则是最安全和最受尊重的投资形式。小斯当东也在乡间买了一处田产。小斯当东抛开了购买一处与中世纪斯当东家族有关的田产，或是与拜伦在纽斯特德庄园（Newstead Abbey）的故居相关的田产的浪漫想法，他转而购买了利园（Leigh Park），这处宅子相对较小，位于面朝大海的山坡上，能够俯瞰朴次茅斯。在房屋雅致的圆形门厅处，有一个先进的火炉来供暖，另有数处酒窖和一个不小的温室花园。这处宅子可能也较为便宜，因为出于对干腐问题的担忧，上一次出售落空。[3]

小斯当东成家立业的最后一步便是娶妻了。他在这一时期购买的一本书是简·奥斯汀的《曼斯菲尔德庄园》，其故事情节围绕着一位家资丰厚的准男爵婚配的逸事而展开。奥斯汀此时刚刚过世，与小斯当东属于同一世界：她家族的房产位于利园北方数英里处，她的侄子是附近一个教区的神父，她的兄弟是马礼逊在华的友人。[4]事实上，这些年来人们也都在张罗小斯当东的婚事。其中便有那些他十分喜欢的、在戈尔韦举办的聚会。他上一次返回英国时，简·马戛尔尼就试图安排他与巴罗的女儿相亲，她那时只有十来岁，但是当小斯当东完成在华任期时，她正是当嫁的年龄。约翰娜（Johanna）在她五十多岁时仍然会谈起他们在一起共度的欢快时光。然而，小斯当东却开始避免住在巴罗家。他阅读爱情小说，也一直喜欢跳舞，在他的第一个伦敦社交季里热衷于参加舞会，但是他始终未婚。[5]

起初，他对于担任议员颇为享受，赞同有些人的说法，即“下议院是伦敦最好的（尽管更像是代价昂贵的）俱乐部！”[6]议程在下

图 18.1　约瑟夫·弗朗西斯·吉尔伯特（Joseph Francis Gilbert）所绘的利园。这是小斯当东为其伦敦住宅所委托的一系列画作中的一幅。一辆马车载着宾客驶来，能够看到草坪上的两个园丁和一只狗：这是小斯当东的理想。从烟囱中升起的烟暗示着温暖的室内以及为温室植物而加热的温室花园。他于 1832 年又增添了哥特式的图书馆。

午过半后开始，小斯当东会参加，坐在自己位于后排的座位上，聆听那些显赫的政客开启当天的辩论，在用过晚餐后回来听取辩论的总结陈词。他享受这种“智识的盛宴”，仔细地倾听各个辩论，以极为严肃的态度对待晚间议程结束时的投票。[7]但是在他担任米切尔的议会代表的八年间，他总是无法让自己面对发表演讲这一考验。他也从未加入政党或是参与政治竞选。他曾倾听、会餐和投票，但“确实是无事可做”。[8]

这一时期的下议院由出身贵族的子弟所占据。本杰明·布罗迪将这一类人描述为打小就被培养成无所事事的人，成年后以政治、旅行、户外运动、赛马或赌博来填充自己的生活。[9] 小斯当东和他的表亲们在这样的世界里都不惬意，但是他们在其间显得比他更为成功：本杰明·布罗迪成为御医，彼得·布罗迪是一个物权法相关的委员会的主要成员，而托马斯·登曼则成了英国首席大法官。小斯当东从未取得他渴望的政府职位，但是他的问题并非仅仅在于社会阶层之分：他的中国背景本身也变成了一个问题。[10]

马礼逊从中国返回之后，两人都意识到彼此之间有很多共同之处。马礼逊现在也出了名，但是在返回纽卡斯尔后莫名其妙地感觉格格不入，他知道小斯当东是理解这一点的人。马礼逊的夫人称回国后的两年间，他唯一的休闲便是访问利园。他此前已经访问了小斯当东在玛莉勒本的房子，这是一个简单朴素、安静的住处，其中的装饰主要是小斯当东新近购入的一些价格不菲的大师旧作、家族成员的肖像（图 2.1）和关于其田产的画作。乍一眼看上去，利园也显得大同小异，门厅处有彩绘玻璃窗户，展示着小斯当东的盾形纹章和他爱尔兰田产的景色，旁边是一幅油画，画的是被猎杀的猎物。这显示的是小斯当东作为英国有产绅士的一面，他也试图以这样的形象出现在邻居和选民的面前。但实际上他从未开过枪，他同当地猎狐活动的唯一联系就是在猎犬践踏他的花园时大声地抱怨。[11]

直到进入台球室，他们才开始提到中国，这里是小斯当东同至交好友休憩的地方。墙上挂着与中国相关的绘画。在火炉上方空间的中心位置悬挂着潘有度的肖像（图 12.2），两翼的画都是关于对“海王星号”水手的审讯（图 13.2）。小斯当东还会把额勒桑德所作的

图18.2　约瑟夫·弗朗西斯·吉尔伯特所绘制的庙宇前草坪，1832年。庙宇可远眺大海，内有小斯当东父母及潘有度等友人的纪念物。园丁们正忙着修剪和清理草坪。

他在乾隆皇帝御前下跪的素描指给人看，以及他在那次出使时获赠的靠窗椅子上的覆缎坐垫。[12]

他还邀请和他们同在中国的马吝前来与马礼逊相见，三人彻夜长谈。翌日上午，他们一起在花园中散步。在离房子不远处，他们来到了一处古典风格的庙宇（图18.2），这是小斯当东在母亲死后于1823年所建。里面有他父母的纪念碑，但是令马礼逊感触良多的是一片用来缅怀其他朋友和亲戚的牌匾。上面的名字简单地按照过世的日期排列，其中包括几位两人在中国都认识的人物：两位年长的东印度公司商人、两位来自澳门的天主教传教士、成为小斯当东首位投资人的乔治·米勒船长和潘有度。[13]

后来小斯当东还买了一个价值不菲的银质镀金墨水瓶以及配套的烛台，并在上面镌刻了“致神学博士马礼逊神父，来自他亲密无间的朋友乔治·托马斯·斯当东”的铭文。[14]礼物在马礼逊动身赴华之前寄出。小斯当东和马礼逊共事多年，彼此敬重，但是鉴于强大的阶级界限，两人都视小斯当东为马礼逊的赞助人。小斯当东列上马礼逊所有的称号并将自己仅仅描述为一位亲密无间的朋友，这是一件并不寻常的事情，马礼逊大为感动，在致谢的信中写道：“在过去二十年间，您不辞俯就——请容许我这样说（考虑到我卑微的处境）——赐我以友情……就您临别赠言中提到的‘亲密无间’的友情，请接受我最诚挚的谢忱。谨愿我们的救世主降圣福与汝！”[15]

多年之后，当小斯当东写回忆录时，他声称他之所以停止了他的中国研究，乃是由于回到英国之后便没有了时间，同时离开了中国学者的协助，他也无法翻译。这种说法只是部分真实，因为这肯定不是他刚回国时的打算。他带回来超过三千卷汉语书籍的典藏，堆满了他在伦敦住处的一整个房间。[16]他于1821年发表了《中华特使所述中国出使土尔扈特鞑靼可汗之纪略》（*Narrative of the Chinese Embassy to the Khan of the Tourgouth Tartars by the Chinese Ambassador*），这是对图理琛所撰《异域录》的加注译本，讲述了图理琛奉康熙皇帝之命前去联系居住在俄国伏尔加河流域的土尔扈特蒙古人的旅程。一百年前，该书已经被部分译为法语并出版，用以提供地理数据，一同出版的还有那批首次将基督教传播到李自标凉州故里的耶稣会传教士所做的天文观测。小斯当东选择此书另有他因：如译本题目所示，他将图理琛的行程视为一次出使。他明白这缘于康熙统治时期所面临的外部形势,但他也认为该书显示了“中国人反社会的体系”并非一项本质特征，而是一种政策。[17]正是英国海军在华南海岸所展示的武力使得中国政府无法放弃这种政策，而“在某种程度上无损于自身的安全”。[18]翌年，他又出版了《中英商业往来札记》(*Miscellaneous Notices Relating to China and Our Commercial Intercourse with That Country*)以支持他的论点，开篇是一些译文，但是其中主要是他自己关于对华贸易的一些文章。[19]

这些书籍意在显示同中国开展外交是行得通的，也为了证明小斯当东的专长，但是反响平平。中国与欧洲列国为了达成势力均衡而开展的争斗无涉，那里发生的任何事情都不太可能给伦敦的政治带来实质影响，因此也无人问津。在写给马礼逊的信中，小斯当东称“在中国这一主题上教导公众几乎等同于虚掷光阴”。[20]这些书让他能够保持末流名人的地位，但是并未引起任何政府的关注，更不用说任命了。1823年，心灰意冷之余，他做了一个大手笔，将自己所有的汉语藏书都捐给了新成立的皇家亚洲学会。[21]

1826年，当小斯当东因为支持天主教徒的宗教自由而丢掉了议会席位后，他开始尝试向中国专家之外的身份转型。有人邀请他加入好古学会（Society of Dilettanti），但是必须先要完成一次欧陆壮游，所以他便动身前往意大利，“辗转于宫殿和教堂”之间，抱怨那里冬日的天气,享用了当地的葡萄酒,也买回一些昂贵的艺术品。[22]他还着手修葺利园的花园，增添了一处湖泊，扩建了温室花园，甚至让一株香蕉树结了果。[23]在爱尔兰，他在科里布湖岸边设计了一处新的房产和花园，并遵照父亲的遗愿选了一个继承人：他的戈尔韦表侄中年龄最大的乔治 · 林奇（George Lynch）。他给了这位年轻人一笔津贴，还将他安顿在这处新房产中。[24]

在伦敦的社交圈中，人们想要听的是马戛尔尼使华和叩头的故事，而非小斯当东关于英国当下对华关系的观点。他见人时鞠躬的方式也与这样的想法不谋而合，遂成为大家开无心玩笑的话题，似乎他是一位从中国风格的风景画中走出来的人物。亨利·克拉布·罗宾逊（Henry Crabb Robinson）很高兴能在一次宴会中坐在小斯当东旁边，但是主要对老斯当东关于马戛尔尼使华的记述感兴趣。他对于小斯当东的评论是，他鞠躬的方式让他“看起来有点可笑；但是他有十足的绅士风度，我相信他在各个方面都是可敬的”。[25]爱尔兰小说家玛利亚 · 埃奇沃思（Maria Edgeworth）在一个喜欢邀请名流的女子举办的聚会中遇到了他，写道：“我从未见过和他鞠躬的样子同样滑稽的事情，与他见面时，我觉得我每说一个字，他就会鞠一次躬，没完没了。”她把他描绘为“匀速晃动的洋娃娃”，就像一个盒中玩偶，不断被按进匣子里又弹出来。[26]因为有马戛尔尼使华，人们在见到他时总会想起鞠躬的事情。在先前与广州的清朝官员的谈判中，究竟要采取何种程度的礼仪本就是无休止的争议话题。现在，由于不适应他想要融入的贵族社会，他鞠躬过多，在背后被取笑为一种中国玩具，这只会令他更焦虑。

他结交的一位真正的朋友是马丁 · 阿切尔 · 席（Martin Archer Shee）爵士，这是位肖像画家，他的长处是让人感到轻松自在，也有着非常类似的爱尔兰出身。他们通过好古学会相识，当席爵士遇到麻烦时，小斯当东花了大价钱委托他为自己的伦敦住所创作了一幅巨幅肖像（图 18.3）。席及家人遂成为利园的常客，即使在罹患重病、行动不便后，他还继续前来并盘桓多日。席的儿子后来描述小斯当东“具有迷人的活力、广博的知识和诚挚的善心，为利园的社交氛围带来了一缕独特的魅力，人们但凡有幸体验过这种令人振奋的影响力，便再难以从记忆中抹去”。[27]

小斯当东通过 1830 年的大选重返议会，鼓足勇气发表了他的首次演说，不过显然是迫于他的戈尔韦亲戚们的压力：演说的主题是将戈尔韦当地的普选权拓展至天主教徒。然而当时的重大政治问题是议会改革。这对小斯当东而言颇为复杂，他继承了父亲作为爱尔兰人的自由观念，但是他的席位来自一个改革者致力于废除的衰败选区。虽然受自己相互矛盾的观念所困扰，但在两派势均力敌的议会中，他手握着一张关键的摇摆票。[28]

他被人诟病优柔寡断，但用相对主义来形容他可能更为恰当：他关于英国政府的观点出自他在中国担任口头和书面翻译时所发展出的观念。当他思考如何投票时，他在私人的笔记本中写道：“在政府体系中，是非对错皆取决于人际关系。”[29] 他接着叙述道，没有哪个贤明的政治家会期望改变一个国家的政府，无论是“通过民主制、贵族制或是绝对君主制”。[30] 颇具特色的是，他随后对此加以限定，称一个体系如果不能够良好运转则可予以更易，变更之后应当能使之运转得更好。译者所具备的这种接纳完全不同观点的能力也使得他投出了一些从政党政治的视角看来十分离经叛道的票。

在那些关键的时刻，小斯当东总是投票支持改革，而且因为

图 18.3　马丁·阿切尔·席爵士所作的小斯当东肖像，1833 年。

他在议会里总是不怎么讲话，他的意见也少为人知。因此，当他在1832年大选中争取汉普郡南（要选出两位议会成员）的席位时，他和巴麦尊勋爵（Lord Palmerston）一起作为改革派候选人。两人年纪相仿，都对外交事务感兴趣，且此前都曾买过席位，但是巴麦尊是子爵，拥有大片地产，还担任外交大臣。巴麦尊是选举的焦点，小斯当东主要因为公开支持巴麦尊而受到批评：他最无法忍受的攻击——可能是出于其中的性暗示——指控他对巴麦尊“哪怕算不上投怀送抱，但也是欲拒还迎的伴侣”。[31]

对小斯当东的批评也会撷取大众对中国的想象。百灵家族的一位亲戚同样也来自那个嘲笑小斯当东的伦敦社交圈，曾经在给朋友的信中轻率地写道：“我担心我们将要被斯当东爵士所代表，此人在郡中到处低头哈腰，如同满清官吏一般。”[32]在报刊上，这种中国风格的意象被进一步深化。《汉普郡广告》(*Hampshire Advertiser*)中的一则韵文拿小斯当东在阿美士德使华时拒绝向茶壶之王（嘉庆皇帝）叩头的事情来对比如今他支持格雷勋爵（Lord Grey）领导的改革派的意愿：

“在地上磕头九次，”茶说，
　　“我乃日月之兄弟。”
斯当东说，“我绝不会照做——
　　不，我很快就要 ____”。
现在的斯当东已经大不相同——
　　身长不过五英尺加一指距；

“在地上向我磕头。”格雷勋爵说。

小个子便扑通跪了下去。[33]

不过当年是改革者之年，小斯当东和巴麦尊借助公众热情的浪潮一举赢得选举。当小斯当东返家时，他发现当地市镇已经装饰一新，二十六位青年男子身着白衣，腰缠紫带，帽子上还有月桂树叶，坚持要解下马具，并亲自拉着他的马车穿过哈文特（Havant）挤满人群的街道。[34]

所以当小斯当东返回议会时，他突然变得自信满满，而此时东印度公司对华贸易的垄断权即将到期，它在两国关系中所扮演的角色也将终结。他决定要全力说服议会，如若未同中国政府事先达成一致，单方面的改变会带来灾难性的后果。如果不是“绝对寻求”一个同中国开战的借口，没人会考虑将英国的代表置于这样一个潜在的丢脸境地。[35] 这些论点被视为东印度公司的特殊恳求，但几乎没人关注中国，小斯当东在寻求为他的议案安排议会辩论日期时可谓困难重重。

当一天夜间终于轮到小斯当东的议案时，时间已经不早了，巴麦尊刚刚就英国与葡萄牙的关系发表了一番令人振奋的演说。所有人对中国都提不起兴趣，小斯当东却紧张得难以动弹。在上面旁听席的报纸记者还没听小斯当东开口讲几句话，他的声音就淹没在四周渐起的交谈中。当他挣扎着完成演说后，一位官员提出清点人数的动议，确保有足够的法定人数在场。后来发现在场有所需的四十位议员，但这是一个让人离开的强烈暗示。议员们开始离场。十五分钟后，下议院再次清点人数，但已不足法定人数，辩论被迫延期，这让小斯当东感到十分屈辱。[36]

翌年，当新的大选宣布之后，托利党人有了一个更好的目标。小斯当东形成了使用扩音小喇叭的习惯，而巴麦尊对此曾试图礼貌地劝阻。[37] 一则火药味十足的歌谣《天朝上国大人 G. 司当–清–国爵士的哀恸》（*The Lamentation of Sir G. Stan-ching-quot, Mandarin of the Celestial Empire*）描述他因为从茶叶贸易中牟利无望而失望痛惜，像只"落败的公鸡"而出局。[38] 托利党胜选后，当地报纸登载的选举结果名单将出了名的花花公子巴麦尊唤作"丘比特"，而称小斯当东为"叩头"。[39] 获胜的托利党候选人发表了胜选演讲，其中提到了要终结"外交礼仪和象形文字的支配"。[40] 小斯当东将剪下来的报纸贴到笔记本中，并起草了一封致报社的信件。这种中国风格的意象现在令他变得心烦：外交礼仪明显指的是巴麦尊作为外交大臣时的谈判，但是象形文字又有何指？难道作者"有意暗示学识成就和外国语言知识成了剥夺议会席位的条件！"[41]

与此同时，中国的事态发展正如小斯当东所预料的那样。1834年，律劳卑勋爵（Lord Napier）被派往广州出任英国政府的代表，称号是商务总监督（superintendent of trade）。在经历了与清朝官员的长时间对峙之后，律劳卑的健康急转直下，在返回澳门的途中病故。很快，在广州的英国商人开始叫嚣开战。

对于小斯当东而言，这些事件都笼罩在马礼逊在谈判之初离世的阴影之中。马礼逊被任命为律劳卑的翻译，他不得不担任这一角色，因为他认为家人在自己去世后会用得着这些钱。对于在一场绝无可能成功的谈判中担任翻译，他在写给小斯当东的信中充满了担忧。在广州居住多年之后，马礼逊也开始替中国忧心：鉴于清朝政府的财政难题，放开贸易后会有何种冲击？如他给小斯当东的信中所说："我实非那种通过损害或是毁灭其他国家来增益自己国家的爱国者。"[42]

小斯当东私下里致信政府官员，提议由自己同中国人谈判，不顾个人的安危，以期避免战争。[43]他还使用了汉语文件，这是数年间的首次，在他的私人笔记本里写下了两广总督卢坤给英国人的两份谕示的大致翻译。他的翻译很明显是快速完成的，但是随着他思考如何用英语解释某句话时，也出现了一些更正之处，引人注意的是他的版本迥异于马礼逊的译文，而后者被收录在英国政府的档案中。[44]按照一直以来的做法，小斯当东让中国官员像欧洲人一样说话。当精疲力竭、状态欠佳的马礼逊让卢坤讲出"本人，总督，向上仰望，体现大皇帝如上天一般的善意"，而小斯当东则写为"本人行事遵照我国君主仁慈意愿之本意"。[45]很明显，他也理解卢坤的论点。当卢坤论说中国重视的是"以理服人"时，他给"理"字添加了下划线，在谈及将英国人逐出的句子中加入了"侵略者"一词以符合英语语法。[46]他后来在笔记本中拾起了卢坤的话语，称律劳卑的行为是"对中国人无端的暴力侵袭，蔑视其法律，攻击其要塞，杀伤其人民"。[47]

在广州的一位英国商人林德赛（Hugh Lindsay）曾写了一封公开信，呼吁巴麦尊逼迫中国人开放广州之外的其他口岸，并签订通商条约，理由是中国人并未开化，对待英国人从未平等视之。[48]小斯当东在震怒之余，以一本小册子作答，论证中国并非适用他种规则之地，而是与欧洲国家无异。他首先提出了一个现实：林德赛称对华作战只需十二艘船和六百士兵。鉴于中国军队的巨大规模，小斯当东论称这只是在中国人极端懦弱时才成立,而他们并非如此。显然，写下这段话使得小斯当东意识到或许他对这种关于中国人的错误观念也负有责任，因为在利园花园的湖上有一座桥，上面有中式的门廊和铭文，此外还有中式的楼阁和船舍。于是他又增添了一处不小的要塞，模仿镇守广州下游江面的炮台，在上面还悬挂了清朝的旗帜。[49]

然而，小斯当东的小册子主要讲的是法律，而非军事。他认为，尽管获得北方贸易口岸和通商条约颇令人向往，但绝非发动战争的正当理由。为此而战“只会让我们的旗帜和名号受耻蒙羞”。[50] 如同对待一个欧洲国家一样，英国对待中国的方式应当符合国际法。律劳卑派战船北上广州实属不当，而任何其他政府也都会像中国人一样做出反应：毕竟，如果法国军舰硬闯泰晤士河，英国人会做何反应呢？[51]

林德赛此前称国际法并不适用，因为中国人并未视英国人为平等的一方，而是称他们为蛮族。小斯当东认为林德赛对这里的“夷”字的翻译值得商榷，称这个字虽然并非正面的词语，但也不像英语中“蛮族”一词那样具有强烈的负面含义。他取笑了林德赛提及孔子如何使用该字——中国人可能变化很少，但即便如此，也不能推测一个字当今的含义与两千多年前无异。此外，使用词语“最冒犯的含义”来翻译，本身就会创造敌意。[52] 而让他最为恼火的是将中国人指代律劳卑的“夷目”一词翻译为“蛮族之眼”。对他而言,用“夷目”来称呼一位外国监督是合情合理的。将其翻译为“蛮族之眼”

图 18.4　约瑟夫 · 弗朗西斯 · 吉尔伯特所绘的利园湖泊，其中展示了中式的炮台和船舍。从这个角度看过去，中式桥梁为树木掩映。

或许听上去像是一个无伤大雅的笑话，但是当人们的内心因此被点燃，“出于臆想的侮辱而愤懑，非利剑和刺刀无以消弭，就不得不对其进行严厉谴责了”。[53] 换言之，小斯当东并不赞同在过往的经典中发现词语的真正含义，而是认为翻译应当以其当下的政治影响来评判。

小斯当东非常希望对中国和其他国家一视同仁，而中国人也应被视同常人，并不应当因为用蛮人之眼来指称一位商务监督而受到嘲笑。毫无疑问，这份情感部分出于他正在创作的小册子，部分出于马礼逊的离世，但是考虑到他此前被当作一个来自东方的笑料，而非要聆听的权威，这种亲身经历或许也与这份情感有关。然而，尽管如此，两年之后，重返议会的小斯当东投下了支持鸦片战争的一票。

第十九章

鸦片战争

道光皇帝对鸦片走私采取的激进新政策引发了一系列事件，此后，英国于1839年对中国宣战。鉴于大英帝国势力渐长而清朝羸弱，这样一场战争或许难以避免，尽管嘉庆曾下令加强海防，小斯当东也提到中国军队规模庞大，但这是一场清廷无望获胜的战争。清廷并不具备相应的财政实力来支持能够打败英国人的军队。

身在广州的许多人和一些曾在此任职的清朝官员都对此心知肚明，一如吴熊光在三十年前英国占领澳门时所判断的那样。不过这些都没有形成文字：即使在皇朝的档案中也只有只言片语，而刊印的中文材料没有提供丝毫关于英国人的有价值的信息。林则徐已经抵达广州去落实新的政策，因此急于学习并很快聘用了一整个翻译团队，但到这个时候他已经走得太远，无法扭转先前提倡的政策了。此外，林则徐初抵广州时，与英国人素有联系的人疑虑颇深，以至于无人愿意充任翻译。到了战争结束时，猜疑与危险尤其，使得在最终议定条约时竟无一位中方翻译在场。

战争的直接肇因是鸦片，这是小斯当东所未能预料到的。东印度公司遭废，刺激了一拨新的英国贸易商进入市场，以低价互搏。到 19 世纪 30 年代晚期，广泛吸食鸦片引发了对军队战斗力的担忧，一些身居高位的官员也担心购买烟土导致的白银外流会带来经济疲敝和民怨四起。官府之前也有镇压，但会导致英国出动海军，或者用论辩这些问题的经典话语来说，引发边患。现在，鸦片的影响所带来的忧虑与日俱增，道光皇帝选择支持一项比先前实施的政策都远为严厉的镇压提议：其计划是同时处理吸食者和贩售者，如若不改便处极刑。[1]

这项政策的支持者主要是通过科举制度获得提拔的汉人，他们视鸦片贸易为道德和经济问题，而非对外关系的问题，他们对外交也知之甚少。被派去执行新政的林则徐出身相对低微，通过科举出仕并官至总督。他因勤劳和清廉而政声远扬，因此对于这项注定阻力重重的工作，他也成了不二人选。在广东见过他的外国人所作的报告显示他颇具魅力，让人如沐春风，更不用提他身后历代的中国士人对他景仰有加了。

林则徐在南下途中已经遍阅档案，并下令捉拿主要烟贩。他于抵达八天后下令外国人必须交出所有鸦片，并具结如有再犯，人即正法。英国人开始拖延，而林则徐沿用吴熊光在 1808 年采用的策略，撤出所有中国佣工并停止食物供应。英国政府的商务总监督义律（Charles Elliot）通知英国商人向他正式交出所有鸦片，并转交给林则徐，林亲自监督在海水和石灰中销毁烟土。嗣后，林则徐允许贸易重启。[2] 林则徐和义律都清楚英国有可能出动海军，但是行船依然有赖于每年的季风，所以伦敦在数月内都不会有回应。

与此同时，林则徐很清楚必须尽可能多地增加对英国的了解，以便能够直面即将到来的威胁。他也的确有一位翻译：袁德辉，此前受聘于理藩院，担任拉丁文翻译多年。他出身于天主教家庭，和李自标一样，赴海外留学以担任圣职。他在英国控制的海峡殖民地（新加坡、槟榔屿、马六甲）的一所神学院里度过几年光阴。之后在二十五岁上下，他显然放弃了担任圣职的想法，转学到了位于马六甲的新教英华书院（Protestant Anglo-Chinese College）。书院由马礼逊创办，为此小斯当东也提供了一笔不小的捐赠。该学院后来由东印度公司资助，既训练未来的传教士，也经营着一家基督教印刷所，同时为付费的学生提供专业的汉语和英语培训。袁德辉已经颇为精通拉丁语，此时又对英语勤加学习。书院的美国、英国学生认为他很无趣，但是自身学力不足的汉语老师却为他的汉语能力所折服。他们雇用他将英语译为汉语，同时为他们即将印刷的基督教书籍书写中文活字。两年之后，他返回广州，大抵是为了入行贸易。1829 年，为处理与俄国宫廷的官方交涉，亟须一位拉丁文翻译来接替最后一批先前负责此事的耶稣会士，他因此被两广总督派往北京。然而，看上去他实际上被用于从事英语的笔译和口译：次年，两名官员被派去处理英国水手遭遇船难的事件，他随之重返广州，并购入英文书籍。1836 年，他以母亲病重为由告假，归期未定，而下一次再遇到他的时候，他已经出现在林则徐的幕府中，这显示他与那些关心鸦片问题的人也有过交往。[3]

书面翻译需要慢功夫，袁德辉帮助林则徐搭建了一个从事笔译和口译的团队。他似乎也曾求助于英华书院的一位教师梁发，此人是马礼逊发展的最早一批信徒（现在最为人知的是他写的布道书《劝世良言》引发了太平天国运动）。梁发的儿子梁进德，也曾在新加坡上学，后来成了林则徐最为信任的译员。[4]强烈反对鸦片的美国传教士伯驾（Peter Parker）先前曾聘用过梁进德，后来也受邀加入林则徐的翻译团队。[5]此外还有一名在美国受教于传教士的青年男子，以及一名曾经在印度跟随英国传教士学习的男子，父亲是中国人，母亲是孟加拉人。一群船难的幸存者曾被带来由林则徐亲自问话，其中有一位英国医生在在场的通事中又发现了一位可能的译员，“一位十分聪慧的年轻人”，英语讲得“出奇的好”，原因是他曾为益花臣在伦敦工作八年。[6]

林则徐似乎主要安排袁德辉和梁进德担任笔译。梁进德翻译了一部地理百科全书的个别部分，用于理解一般背景，主要摘选关于英国和美国的章节并侧重于政府和军事方面。对于英国人运作的法律框架，袁德辉翻译了滑答尔（Emmerich Vattel）的经典名著《万国法》（*Law of Nations*）中的相关章节。为检验袁译准确与否，林则徐又请伯驾翻译了相同材料中的片段。林则徐亲自为最终版本作注，其评论将文中的观点与最近的中国案件联系了起来。至于英国对于自己的政策会做何反应，他安排翻译了地尔洼（Algernon Thelwall）的《对华鸦片贸易罪过论》（*Iniquities of the Opium Trade in China*）的部分章节。（地尔洼是有偿的编者，而此书由东印度公司的前雇员汇总，其中很可能有小斯当东，因为他也赞同此书的目标并且可能已经结识以公开演讲教练为副业的地尔洼。）[7]为了掌握近期事态，林则徐安排属员选译广州的两份英文报纸，这两份报纸主要转载伦敦、印度和其他地方的报道。他还将由此产生的《澳门新闻纸》送与那些心有戚戚的同僚传阅，而其中的信息也会出现在他给皇帝的奏折中。[8]

林则徐还向他的翻译及其他人进行了问询。他在广东时所做的这些问询笔记目前仅余很小的一部分存世，但其中有对袁德辉、先前去过英国的容林、来自孟加拉的温文伯，以及为英国人做翻译的贸易商罗伯聃（Robert Thom）的问询摘录。[9]总体来说，这些人都相当了解扩张之中的大英帝国。

但是林则徐却也能够向皇帝论说，英国人由于穿紧身的衣服，膝盖不便弯曲，这导致他们不善陆地作战。哪怕对英国征服印度的讨论再有限，也应可知英国人能够在陆上作战，而且这是一项重大的风险：拱卫广州的炮台旨在应对通过水路强行闯入的英国军舰，阿美士德使华即将结束时曾有此举，但是炮台完全没有陆上的防护。[10]更为糟糕的是，在抵达广州六个月之后，林则徐就在这份奏折中做出了这种似是而非的论断，意在说服皇帝允许他对新一季的鸦片进口强制实施新的规定，如有必要可处决一两名外国人，而这一行动无疑会加剧危机。他的奏折将商定的政策概括为从源头阻止鸦片进口，并杜绝边患。他称自己已经暗中调查，结论是实能战胜英国人。所有的美国人都告诉他，英国人极具侵略性，在东南亚已经占领了一众城市，毫无是非之分，只会听从武力。这封奏折的立论是为了回应朝中的反对者，他们惧怕英国的海军力量和财富。林则徐论称这种观点有误；只要中国人小心避免任何海战，则无须担心。而关于英国人的紧身衣物导致他们不适应陆战的论点也正是在此背景下出现的。[11]

林则徐绝非颟顸之人，他在来到广州之际就已经确定了自己要采取的一系列行动。他所需要的知识此前并未曾出现在北京的政策制定过程中，焦点一直以来都是如何处理鸦片，却避开了关于英国海军力量的话题。尽管为数不少的官员曾在广东就职，也极有可能清楚英国战舰的潜在威胁，但这并未成为汉语中塑造公共论辩的书面知识。这些知识仍然属于口耳相传的领域，实际上更是只可意会的，对于林则徐所属的汉族士人圈子而言尤其如此，他们对接触属于满族特权的对外事务仍然如履薄冰。盛泰的故事广为流传，阿美士德使华时，他由于对英国好奇而被流放多年，他甚至还不是汉人，而是能面见皇帝的蒙古旗人。

林则徐并未就自己在抵达广东后了解到的情况而重新思考自己的政策，相反他根据需要挑选了那些支持自己立场的信息。于是，他安排译员从持论相对友善和持同情态度的报纸《广州周报》(*Canton Press*）选取文章，聚焦于关于鸦片贸易的辩论，而这在英国也是一个引发激烈争议的事情。关于英国海军，他仅搜集了极少量的信息；事实上，他唯一关于英国军队的长篇译文是英国军队当下参加阿富汗远征时的可怕遭遇。这自然倾向于支持他关于英国人只在海上具有威胁的观点。[12] 见过他的英国医生描述了他如何关注英式服饰，安排自己的僚属带着船上的一名军官先是朝一个方向走一圈，又朝另一个方向绕行。为了看得更清楚些，林则徐戴上了自己的眼镜，时不时地啧啧称奇，全程都在与同僚们谈笑取乐。[13] 很显然，这次对英国海军军服的一手观感，要么强化了林则徐对于其不利于作战的既有认知，要么提供了让他人强化这般认知的机会。

1839年8月上旬，伦敦收到了林则徐将英国商人拘禁于商馆之中和义律交出所有鸦片库存的消息。10月1日，内阁在一个为期两天的闭门会议中决定对中国宣战，同期也决定对奥斯曼帝国宣战。决定性的因素是交出的鸦片的价值据说超过两百万英镑，令人震惊。政府显然不会通过加税来补偿这些鸦片走私者，但是内阁一致认为这个金额过于巨大，不能让市场独自承受。所以他们决定诉诸武力，让中国人来支付。读过滑答尔的林则徐或许能论辩说国际法并不支持向走私者支付补偿，但是此时的内阁受制于政治而非法律，而一场慷慨激昂的关于英国商人所受囚禁和国家荣誉何等重要的演说被用来掩人耳目。作为外交大臣，巴麦尊获得了向中国和印度发送指令的授权，但这个决定在伦敦仍然秘而不宣。[14]

直到次年开春新一季的船只自印度抵达之后，消息才逐渐散播开来。返回议会的小斯当东是朴次茅斯的议员之一，而此地则是东印度公司影响力的坚强据点。两年前，他曾阻止巴麦尊提出的一项在中国设立英国治外法权的议案，坚称如果没有中国政府的同意，英国法庭不能侵犯清朝公堂的司法权。该议案后来被取消。[15]如今的巴麦尊在一届非常弱势的辉格政府担任外交大臣，意识到他需要拉拢小斯当东。巴麦尊咨询他如何向清廷致信，给他发来礼貌的便函，还在下议院安排了小型的非正式会面。[16]小斯当东继续透过自己的在华经历，尤其是1814年议定他现在所称的“地方条约”（Provincial Treaty）的经历来看待中国发生的事件，但他现在开展的为中国争取同其他列强同等待遇的斗争也影响了他的视角。他建议英国的谈判立场应当建立在“惯常的认识和实践之上，为全部国家所理解，不论有的国家遵循的程度有多不完美”，而当他的心中回想起李耀案或者甚至可能还有他自身在阿美士德使华时的境况，又说“如果没有人质，即使是地位最低下的个人，都不应当放心地交到中国人手中”。[17] 第二封信提醒巴麦尊，尽管他的信中并未谈论鸦片问题，但是他有一种“反对它的强烈情感”，并承诺在下议院支持反对此事的动议。[18]

随后在 1840 年 4 月，当反对派就政府对在华事件的处理提出不信任案投票时，巴麦尊给予小斯当东一项殊荣，安排他第二位出场替政府辩护。这是一场关乎政府能否继续掌权的重要辩论。中国也最终成为英国政治中真正关切的重要事务，而小斯当东将处于整场辩论的中心。议会下院挤满了人，辩论持续了三天，所有当时政坛的大人物都发了言。小斯当东最终被认可为中国事务的大专家。

小斯当东上了钩，但是他并不仅仅是受了奉承便支持战争；和往常一样，他能够看到事情的两面。他演讲的大部是表达对鸦片的反对以及他关于应当按照国际法来对待中国的信念。随后的一个发言者抱怨说，他只听出小斯当东认为不应当对中国人或政府施加任何形式的干涉。小斯当东实际上已为战争正名：新贸易季节的鸦片商从印度出发前并不知晓中国的新规，那么中国人威胁要将他们处决何谈正当？当日下议院里的情绪并不在此，但这确实是林则徐抛给道光皇帝的问题之一。小斯当东既了解中国，又有法律人的思想，这也是清朝官员素来忌恨的，此时挑出了中国事件的技术弱点，哪怕从中国人自己的视角来看这也说不过去。在情感层面小斯当东与义律是相通的，他认识义律，对他素有好感，理解义律正面对着自己在 1814 年所经历的那些危险。[19]

在这场辩论中，小斯当东的意见和作品都被双方反复征引：詹姆士·格雷厄姆爵士（Sir James Graham）的开场演说抨击政府，指责他们未能以应有之尊重对待小斯当东先前的警告。其他演讲者称赞了他的先知先觉，摘取他为反战所写的小册子中的论调，批评他如今转为支持政府。但是小斯当东在获得所有这些认可时的欣喜被一番话语破坏，显示了大家看待他的态度实际上并未改变。约翰·霍布豪斯（John Hobhouse）调侃他对待辩论过于严肃：毕竟最终还是党派政治说了算。他宣布从此以后要将小斯当东称作自己“杰出而天真的朋友、朴次茅斯议员”，因为他“在中国生活的时间过长，以至于他并不了解下院如何行事”。[20] 巴麦尊先是利用小斯当东演讲中提到的关于中国法律的事实为自己的行动辩护，后来又对整场辩论加以总结，最后在雷鸣般的掌声中落座。[21] 六个月之后，小斯当东致信巴麦尊，问及政府是否能给他一个更加正式的职位以行咨议，巴麦尊回复称自己不知小斯当东所云为何物。[22]

这场辩论的新闻报道甫一抵达中国，林则徐即安排译出。译者侧重格雷厄姆爵士对于政府的批评，而忽略几乎所有支持开战的声音。小斯当东的贡献也被压缩为一句话，用以警告战争有可能会旷日持久。[23] 由于他的名字有不同汉译，没有人能够认出他就是那个二十年前令嘉庆皇帝大为不悦的人。不管怎样，英国舰队此时正在沿中国海岸线北上。

英国人并未以澳门为目标，而是朝着宁波外围的舟山行进，早在马戛尔尼使华之前，英国政府就将该地视为一个潜在的基地。在占领主岛之后，他们继续北上，抵达天津附近多沙的海湾，并在这里向震愕之中的朝廷递交了巴麦尊提出各项要求的信函。林则徐被撤职、流放，代之以直隶总督满人琦善，南下同英人会商。

同许多年前的马戛尔尼和未来一段时间的清朝官员一般，琦善并不信任任何从事贸易的人。允许这些通事或是行商替自己翻译，无疑会赋予他们和当地官员过多的权力。他也是林则徐的政治对手，被派来的部分原因就是要调查他。林则徐的支持者后来说他对林的翻译计划不屑一顾，但无论如何，在林倒台之后，翻译队伍都面临风险：梁进德很快便去往澳门避难。[24]

琦善转而选择一个名叫鲍鹏的人担任自己的翻译，此人之前曾受雇于一位主要的英国鸦片商人。鲍鹏在赚了一大笔钱后便捐了一个低级的职衔，为了逃避对鸦片贸易的镇压，向北跑到了山东省内。在那里，他加入了先前认识的一位县令的幕府。当一艘英国战舰经过时，他顺势被召去翻译。结果这些英国人认识他，他们来到岸边仅是为了购买补给，所以鲍鹏毫不费力便让他们离开了，并无事端。琦善南下路过山东时，听闻了鲍鹏的事迹，便寻来充当译员。[25]

鲍鹏的出身使他难以获得信任，但琦善显然意在通过恐吓来控制他。琦善在 1840 年 11 月曾与义律有一场关键的私人会晤，地点在一艘英国船上，而他只带了鲍鹏随行。能懂英语的行商、通事及其他人都被留在了别的船中。谈判的结果是中方同意赔一笔巨额补偿，并允许英国人占领香港岛，但是并不变更通商的条款，这一结果让道光皇帝和巴麦尊都火冒三丈。琦善被判斩监候（后获缓决），鲍鹏则被发配新疆充军。[26]

巴麦尊用璞鼎查（Henry Pottinger）替换了义律，给他的指令是要展开更为猛烈的进攻。1841 年秋，英国舰队沿海岸北上，占领了厦门、宁波二城。当此举仍未能逼迫清廷就范时，他们又从印度带来进一步的增援，率舰队溯长江而上，先是占领了镇江，后于 1842 年夏兵临南京城下。

在鸦片战争漫长的第二阶段，主要的谈判工作由马礼逊在澳门出生的儿子马儒翰（John Morrison）参与。他的童年部分在澳门度过，部分在英国上学。此后他又在马六甲的英华书院学习。自读书时，他便认识袁德辉和梁进德，但即使在开战之前，他的信念同他这一代英国人也并无二致：不同于小斯当东，他认为国际法并不适用于中国人，因为他们并不遵循基督教世界的宗教和道德原则。他尤为受到英国领导人的青睐。中国人认为英国的很多政策背后都有他作祟，据说曾喊出五万元来悬赏他的人头。[27]

除了负担过重的马儒翰，英国人并无他选，因为贸易仍然十分依赖中国行商及其雇员的语言能力。获得最高评价的有郭实腊（Karl Gützlaff）和罗伯聃，前者曾在东南亚传教，能讲闽南话，但他是普鲁士人，后者曾十分用功地学习汉语，但一般只能用文字交流。当地还有汉人买办，他们习惯于为英国人工作，但是知道自己一旦被捕即会遭处决。[28]

因此，结束战争的《南京条约》和后来在广州签订的《通商章程》所涉及的谈判都由马儒翰担任翻译，实际上也是由他执行的。清朝官员并没有带来自己的翻译，而马儒翰则将重大决策都转给待在香港岛上的璞鼎查，之间隔着数日的路程。马儒翰的影响变得如此之大，以至于双方都对他抱有疑心，当通商章程的中文和英文版本有出入时，有传言说他因为收了中国人的贿赂才让这种情况出现。[29]作为英国国内为数不多的能够理解翻译问题的人员之一，小斯当东提请新的保守党政府授权自己检视条约并一探究竟，不过他的信件被标注"此事当歇"。[30]

鸦片战争之后，在中国从事口译或笔译，要么有了新的殖民语境，要么融入中国民族主义者抵抗英国帝国主义的抗争之中。在香港和新的通商口岸，翻译成了英国殖民机构所必需的组成部分。马儒翰在香港被授予多个要职，但于翌年死于高热症，据信乃是由其在议定条约时所处境地带来的忧虑所致。郭实腊获任职掌舟山多年。小斯当东长期以来致力于在英国的大学里设立一个汉语讲席，也最终获得支持。梁进德在香港待了一段时间之后便返回广州，在一位主要的中国行商手下工作。他批评英国人发动战争的行为和英国警察在香港的行径，颇为敢言。在父亲死后，他便离开了教会，离开之前他曾告诉一位传教士，除非英国人变得更为友善，否则基督教就不会获得尊重。他最终在皇家海关总税务司谋得一份职务，这是一个由清朝设立但聘用英国人管理的机构，他在那里成为讲英语的新一代华人中的一员，他们将引领中国 19 世纪晚期的洋务运动。[31]

同时，林则徐在发配途中将梁进德翻译的《四洲志》交于友人魏源，后者加以编辑，并收入篇幅更为巨大的《海国图志》中出版。这只是鸦片战争后的几年间出版的众多关于西方国家的书籍之一，其中许多作者都与林则徐有深交。此前几乎没有中国人敢于在私人作品中提及马戛尔尼来华，但是阻碍汉人钻研洋务的藩篱已经被打破，而战争本身也让许多人意识到这些研究是当务之急。[32]

林则徐以步行的速度穿越中国，数月之后抵达甘肃省内，一位老朋友陈德培出来与他做伴，在他的马车旁步行前往凉州，这也是七十年前还是孩童的李自标离开家乡前往那不勒斯时所走过的路线。一路上两人相互交谈，一同饮酒，开怀大笑，还感慨于战事。后来，陈德培誊抄并精心保存了部分林则徐问询他的英文译者时所做的笔记。为感谢陈德培的同情之心，林则徐作诗以赠，末句写道：

> 关山万里残宵梦，犹听江东战鼓声。[33]

第二十章

忘却

1852 年大选让巴麦尊上台当了首相，但是在备选阶段，小斯当东被挤出了他在议会中占据的朴次茅斯席位。当他试图转到汉普郡南参选时，当地报纸刊登的一份来信如此形容他：其漫长的职业生涯“给一个乡区或街坊留下的印迹不会超过一片浮云投下的影子”。[1]还将他描绘为完全同时代脱节的人，只会透过他的客厅或是马车的窗户向乡间看去。“既无家人，就公认的、合理的字义而言也无朋友”，他身边围绕着一些只是想要继承家产的人，这些人一味逢迎，时刻避免触怒他，所以他的“观念和意见从未曾同现今的世界发生过联系或碰撞”。[2]这些话所言非虚，足以令小斯当东不安，无疑也导致他在回忆录中对媒体表现出敌意，不过像许多政治攻讦一样，里面略去了故事的另一面：小斯当东的确了解这个新的全盛的维多利亚时代及其观念，但是他现在已经年过七旬，和许多长者一样，他并非全都赞同。

小斯当东自中国返回后的三十年是一个急速变革的时期。他在

18 世纪 80 年代随父亲游历英国时见证了工业革命的早期阶段，而时至当日，工业革命已经改变了生活的几乎所有方面。1841 年，他私下里请了一个新的私人助理，在他的帮助下赴德国和意大利进行了一番游历。这里面就包括了他的第一次铁路旅行，激发了“带有焦急的惊奇和好奇之感”。[3] 仅数年之后，他在利园的访客便由伦敦搭乘火车而来，欧陆上发生的革命也展现了所有这些变化的政治影响。

小斯当东的观念到现在已经变得十分陈旧，这一点可以在他新近出版的一本小册子中看出来，这本小册子探讨的是于上海刊印的新版汉语《圣经》中何为“上帝”一词的最佳汉译。在小斯当东的英国国教信仰之外，这本小册子又融入了对其他基督教教派甚至其他宗教的开放态度，这个观念在前一个世纪马戛尔尼和老斯当东提及时就已属司空见惯，但小斯当东的汉普郡选民却难以接受。这本小册子论称新教的译者应当采用与天主教徒一样的汉语词汇，因为天主教的传教士同样也促进了基督教信仰，就连不信仰基督的中国人在天性上可能也“对真正的上帝有了解和崇拜”。[4] 这种自然神学的论调为 17 世纪耶稣会采取的与儒教相调适的政策提供了基础，如今却为大多数新教传教士所不容。最后，关于翻译，一如他整个职业生涯中不断提及的，他认为“词语不过是思想的符号”，期望任何汉语词汇能够完整且正确地传递英语中“上帝”一词的概念是错误的。[5] 所有这些都是他自 19 世纪头几年起便秉持的观念，而这些观念让他能够工作于中国和欧洲的文化之间，却同以欧洲自信和帝国主义为特征的新时代格格不入。

当他不在藏书室里工作时，小斯当东会在他的俱乐部里与人畅聊，不仅是好古学会的俱乐部，还有雅典娜神殿俱乐部（Athenaeum）和皇家学会俱乐部（Royal Society Club），在那里他可以见到许多当时的知识分子领袖。他还是新成立的英国科学促进会（British Association for the Advancement of Science）和皇家亚洲学会的活跃成员。[6]在夜间，他可以尽情享受美酒和佳肴。他之前的老师伊登勒有一天在德文郡街用餐时，甚至感觉有点难以置信，他的座位上方是马戛尔尼和老斯当东从马德拉斯归国后的肖像（图 2.1），对面墙上的画是小斯当东在首次出访后回到母亲身边的情形（图 12.1），“有半打上等美酒可大口啜饮，有鹿肉、肉馅油酥饼、碎肉饼和其他美味可大快朵颐，仅是提到这些美食的名字便让我口中生津”。[7]

每年夏天有三个月的时间，小斯当东都会南下住在利园，访客们也接踵而至，住下来享受和欣赏那些花园。他二十年前所造的湖泊和庙宇都还在，不过现在花园最为知名的是加热温室中种植的热带植物。这是当时最尖端的园艺学，1845 年，花园还受到《园丁纪事》（*Gardener's Chronicle*）的报道。一则图解展示了主要的玻璃屋，通过一个设计精巧的燃煤热水系统，全年保持在华氏六十五度（摄氏十八点三度）或以上。位居中心的是热带的果树，包括八种不同类型的香蕉、橙子、荔枝和龙眼、牛油果和椰枣，以及肉桂、豆蔻和其他多种香料树。开花的攀缘植物被引到立柱之上，而蕨类则以盆栽，置于加热的花架上。[8]小斯当东的园丁成功地让一株杧果树结果而果实的味道还挺不错时，他随即又新添了一处山竹屋来栽种更大的植株。在这种温暖、潮湿的环境中，兰花不停绽放，包括原产于佛罗里达的雪茄萼足兰（*Cyrtopodium punctatum*），这是这种兰花首次在英国开花，小斯当东于 1844 年将其展示于英国皇家植物园的邱园（Kew Gardens）。为德文郡公爵在查茨沃思庄园（Chatsworth）工作的约瑟夫·帕克斯顿（Joseph Paxton）于 1849 年成功地让巨大的亚马逊王莲（*Victoria regia*）开花，小斯当东也急切地想要复制。他建造了一个六边形的玻璃屋，1853 年王莲在这里首次开花（图 20.1）。[9]

小斯当东先前修建的娱乐休闲庭院现在也满是珍奇的植物。当来自美国南部沙漠中的硕大的龙舌兰（*Agave americana*）长出二十四英尺（七点三米）长的尖叶并开花时，小斯当东还印制了传单发给访客，还另外寄给了邱园的董事们。其大片的浅白色花朵和背后深色的针叶树形成了惊人的反差，这被小斯当东的表弟本杰明·布罗迪用于他正在写作的一本大众科普图书，成了背景的一部分，同时这也暗示了书中角色的真实身份。[10]

本杰明·布罗迪的《心理探究》（*Psychological Inquiries*）是一本介绍当时诸多重大科学和政治问题的书，以对话体呈现，三位主角分别是睿智的顾问尤布鲁斯（Eubulus）、律师克里忒斯（Crites）和医生厄尔盖茨（Ergates），场景是他们漫步于尤布鲁斯美丽的花园或者安坐于他的藏书室。布罗迪匿名出版此书，但销量很好，两年内便刊印三次，很快他便被认出来。即使在第一卷中，也很容易辨认出厄尔盖茨是本杰明·布罗迪，尤布鲁斯是小斯当东，克里忒斯是本杰明的弟弟彼得。第二卷写成时，小斯当东和彼得·布罗迪都已经过世，里面不仅详细描写了尤布鲁斯的花园，还向他问起汉

图 20.1　小斯当东信笺的页首是这幅玻璃温室的图片。访客到来，园丁在围墙花园精心打理的边缘处辛勤劳作。

语。当然，对话是虚构的，但是至少就第一卷而言，布罗迪肯定知道自己的弟弟和小斯当东能够读到，并认出他们自己，家族里的其他成员也同样会认出。事实上，这本书的引人入胜之处很大一部分来自对人物的刻画，将读者带入，开始想象漫步于这样美丽的地方，就许多有意思的话题同知识广博、思维发散的人们交谈，但是他们又显然都是亲密的朋友，对彼此的观点都很大度。[11]

小斯当东谈起景色的优美，以及他如何流连于观赏光影与形状的变换、花朵从含苞待放到盛放的过程、树木的生长以及鸟类和昆虫的习性。他称人不应该忽视他人的良善并且应当努力保持愉悦，即使身处困境。他积极的态度与“愤世嫉俗的律师”彼得·布罗迪形成了对比，后者总是对“人类的恶习、任性和善变”保持清醒。[12]

他们的讨论一开始谈的是，在漫长而繁忙的工作生涯之后，退休也并非易事。本杰明和彼得·布罗迪从伦敦搭火车抵达。花园里清新的空气尤其令彼得感到愉快，他整天关在自己的房间里，由于吸了污染过的伦敦雾气而头疼。当他们坐在山毛榉树林中一段倒下的树桩上，他们忍不住想在这里隐退会是何等惬意，但小斯当东向他们保证这种想法不会持续多久。不同于彼得·布罗迪，他并不希望退休后离群索居，因为他确信社交是“同饥饿一样无法抗拒”的本能。[13]

而这将他们引向了探讨头脑的新科学，或者如李维斯（George Henry Lewes）在他一贯挖苦的评论中所说，即“一些讨人喜欢的评论，关于记忆、睡眠、梦境、颅相、溺水和其他诱人的话题”。[14] 本书很大一部分为布罗迪实验性的、逸事性的知识提供了载体，但是小斯当东被赋予了自然史方面的广泛知识以及对犬类的特别喜好：他讲述了很多狗的故事：能够找回家，乐于与人类做伴，它们躺在火旁时能看出正在做梦。[15]

从头脑的新科学出发，讨论又进入了政治哲学领域。这里彼得·布罗迪支持时下风靡的新思想。他提出了流行的颅相学，该学说基于头部外形能揭示性格这一理念，而这又被应用于讨论不同种族的身体特征。本杰明·布罗迪则在对比动物大脑的基础上对此加以反驳。随后，他安排小斯当东做了一个长篇演讲，论证各式各样的元素能塑造人类性格：天然的人类本能、习惯、教育和儿时的训练、健康，甚至年龄。其中心思想在于并非种族或是生物学塑造了国民性格，而是国家体制：人们在“专断和压迫的政府之下，生命、自由和财产皆无定数”，会变得心智低下、诡计多端，而那些有幸生活在自由、规章完备的共同体中的人则会显得开放和强健。[16] 他还在别处论证，文明的最佳形式是人类天然本能、习惯和才智混合交织的结果，但是其交织程度之深，以至于探索文明终极动因的问题“过于复杂，无法找到一个满意的答案”。[17]

小斯当东也将这些理念应用于社会阶级。他论称劳动阶级的才智与其他阶级并无不同，但是他们的处境意味着他们很难有学习的机会。而他通过和附近村子里的老人交谈学到了很多自然史方面的知识。而那些属于所谓的更高社会阶级的人：“有些人愚笨，许多人粗心，有些人从未学会自主观察和思考。但还有些人能够自主观察那些引起他们注意的事物，并对其进行完全精确的推理。”[18]

本杰明·布罗迪的《心理探究》的第二卷在达尔文的《物种起源》出版之后不久面世。在藏书室中，彼得·布罗迪评论了小斯当东收藏的关于自然神学的书籍。这引发了对于进化的观念及其内涵的辩论。彼得·布罗迪询问是否应将黑人视为另一物种的成员。本杰明回复说：“我知道这种假说在美国的许多蓄奴州中被大肆宣扬；然而，我认为这是无稽之谈。”[19] 小斯当东总结，有诸多原因能促进或延滞文明的进程，故而无法回答这样的问题，只能说改变的发生需要很多代人的时间。他列举的原因为政府的形式、气候及和平与战乱的影响。（气候是对于人类差异的经典解释，但是对于政府和战乱的强调与他自己的在华经历关系密切。）后来，当被逼着承认近世欧洲代表了最高程度的文明时，他回复说中世纪的人们有同样的才智，唯一的区别在于今日的人们在科学及其他某些学科方面拥有更为广泛的知识。[20]

小斯当东并非与时代的流行观念脱节，但他无法与之产生共鸣。他受教于父亲，后者被深刻地烙上了启蒙运动的理念，而之后他的人生成长阶段大部分都在中国度过。他与年龄相仿的中国同事、天主教传教士和出身劳动阶级且不服从国教的新教徒马礼逊之间建立了他一生当中最为亲密的友谊。在英国人和中国人之间担任口译员迫使他的思想在迥异的两种文化的理念之间不断切换，而他的笔译工作也使他深入思考了他这么做的时候在智识上做出的选择。

尽管在回忆录中小斯当东仅把回到伦敦之后的自己描述为一位英国绅士，但是他此前的生活从未完全离他而去。1853 年，利园的访客名单中出现了“贺志先生”。[21] 这是和小斯当东在广州时同在一个圈子的何志。在吴亚成和李耀被流放、小斯当东离开广州之后，何志多次选择旅居海外的职位并于 1822 年在英国永久定居。他娶了一位英国姑娘，并在益花臣手下工作。益花臣在回到英国之后继续雇用中国用人，但是何志不仅仅是一名用人：他拥有一处属于自己的大房子，管理着益花臣的一处农场，也被益花臣和几位当地的医师当成朋友。有可能他也负责益花臣的鸦片烟瘾，两人也可能一起吸食。现在益花臣答应将自己的英国财产赠予何志，但他需要经人推荐成为归化的英国国民方可继承。[22] 他此时来访的原因已无从

图 20.2　一张早期的上色照片，何志和他的儿子约翰 · 益花臣 · 发官 · 贺志（John Elphinstone Fatqua Hochee）。

得知。他和小斯当东都爱下棋，也都因花园中的花朵而得奖。我们只能希望他们聊起旧日时光时会一起品尝小斯当东的荔枝和杧果。而小斯当东在访客清单中提到他的名字，我们由此便清楚，小斯当东视何志为同阶级的绅士。

然而，现在他身边最经常见的人是家族里的年轻一代。小斯当东认可的继承人乔治·林奇现在住在戈尔韦，不过会时不时地来利园探望，还有些人来得更为频繁：乔治的弟弟亨利；乔治·西姆科克斯（George Simcockes），小斯当东的爱尔兰教子，一生都由其供养；他在索尔兹伯里的一位家道中落的亲戚的女儿们。在他们后面还有小斯当东的管家乔治·贝尔西（George Belsey）和他的儿子。正是在这样一拨人彼此之间以及同他们的恩主之间形成了复杂的关系网，报纸形容他们在年老的小斯当东身上费尽心思，“图的就是钱财”。[23]

小斯当东于1859年去世，他将自己在爱尔兰的田产以及大部分投资留给乔治·林奇，但是他在伦敦的房产和利园的田产给了亨利·林奇。他还把一大笔遗产给了西姆科克斯、各种表亲以及几位老友，给用人留了一年的薪水，给了他的管家贝尔西一笔数额不小的年金，还给了其他十三位年长、退休的用人一笔养老金。六周后，亨利·林奇遽死于霍乱，他的儿子在第一时间将遗产出售一空：房屋、家具、画作和珍稀植物都被拍卖。六年间，利园的房屋被购入者拆毁，花园也被完全重新改造。在他生命的最后几年，小斯当东向皇家亚洲学会捐赠了乾隆皇帝赏给他父亲的玉如意以及给他的黄缎荷包。玉如意连同学会的藏品后来被转移给维多利亚与艾尔伯特博物馆（Victoria and Albert Museum）。其余物品皆已散佚。[24]

大抵同时，李自标在山西的遗产也遭拆除。鸦片战争在欧洲传教士和中国神父及教民之间创造了一套新的权力关系。在李自标向乾隆皇帝提出宽容天主教的请求逾五十年后，鸦片战争的余波让咸丰皇帝最终发布正式谕旨，宣布对基督教的宽容。山西的天主教徒闻讯之后欣喜异常，但是很快接踵而至的是新一代的欧洲传教士，他们对中国及其人民的态度则远为严苛。[25]这些新传教士即使与当地中国天主教徒不和，也不会再有被清廷囚禁或流放的风险，而且给他们出资的是他们自己的国家而非当地精英。他们也受到了文明等级和种族竞争等观念的影响，而这些都是小斯当东在本杰明·布罗迪的《心理探究》中所反对的。

在山西，新一代传教士由自信且专制的新主教杜约里（Gabriele Grioglio）带领，他对中国习俗多加谴责，并全力以赴地改造天主教的实践，使之与欧洲更为接近。中国神父以曾在那不勒斯受训的神父为首向罗马提出抗议，但无济于事，并发现他们现在被降级为欧洲人的助手。李自标曾常驻的马厂村成了几场争议的中心，因为刚到的意大利传教士批评了当地的习俗。尽管当地天主教徒坚决反对，他们还是取消了李自标所创设的机制。李自标的餐会里的资金从其成员的手中被收走，用于新建一所教堂，剩余部分则移交给了教区的神父。[26]

19 世纪接近尾声时，潞安成为一个独立教区，由荷兰传教士负责，他们将李自标在 19 世纪 10 年代教难期间躲藏的赵家岭村发展为教区的朝圣地。李自标在窑洞中建的礼拜堂被保留下来，但不久就被一座修建在山顶上的巨大的新巴洛克式教堂所超越。这是由欧洲人出资兴建的，但最终毁于二战的战火。[27]

由于这些变化，在人们的眼中，基督教变为一个由外国人引入且一直由他们控制的宗教。19 世纪晚期，李自标在马厂村的坟墓被迁至一个新的哥特式教堂的院内，现已不见踪影，村里的老人在 2018 年对笔者说他们祖上的改宗都是在荷兰传教士时期。在山上的赵家岭村，人们还记得人称乜神父的李自标，这是他在马戛尔尼使华后给自己改的姓，十分罕见。村里教堂的一份告示称他是最早将福音带到这个地方的人，人们还将他同那个位于山坡上的窑洞里的小礼拜堂联系起来，这个礼拜堂被他们精心保存至今。然而，将基督教视为外来宗教的观念是如此之深，人们推测李自标肯定是个外国人，即使教堂里的告示说他来自甘肃。来自澳门的华人神父何天章最有可能在村中发展了第一批信徒，但是他从未久留，关于他的记录仅保存于意大利传教士史家的档案和著作中，而李自标作为一名曾在 18 世纪的欧洲学习并在乾隆皇帝御前做翻译的中国人所取得的惊人成就也早已湮没。[28]

不论是小斯当东还是李自标，他们都未被完全遗忘，不过他们在 18 世纪共同经历的那个相互联系的世界早已远去，以至于变得难以想象。到了 19 世纪晚期，在人们对世界的更大的叙事中，他们的故事已经无甚意义，他们也只会出现在细心的史家的脚注中。他们的生平的确看起来不过是夏日的一片浮云所投下的影子。

结语

语言至关重要，口译者在外交谈判中握有权力，因为翻译并不是一个简单的过程。数年前，刘禾论证了在19世纪及20世纪早期的中国，翻译的进程创造了一些衍指符号（super-signs），亦即一些配了对的中英词汇，而围绕着这些词汇，两种语言中都聚集了一连串的含义，这些超级符号在政治上也产生了冲击。一个有力的例证就是汉字“夷”和英文单词“野蛮人（barbarian）”配成了一对，这也是她论述的起点。[1] 翻译过程中可以做出多种多样的选择，而这也会对谈判产生影响，回望口译的历史便可看出其中的政治特性。

李自标和小斯当东都是18世纪的人，他们翻译的方式也反映了当时的世界。在为马戛尔尼使团翻译时，李自标所使用的术语是为了缩小分歧，最终让谈判能够取得成功。马戛尔尼使华通常被理解为一场失败，因为所有英方的谈判目标都没有达成，但这并不是李自标评判成功的标准。他的目的则更加平衡，就是得到一个让双方都能接受的结果，马戛尔尼离开时已经计划未来再次使华，同时李自标也得以安全返回澳门，就此而言已可谓成功。作为翻译的小斯当东心态相仿。在他父亲的坚持下，他在孩童时就学习了拉丁语和汉语，主要通过沉浸于口语环境中，青年时期，他在书面翻译时也受到了长期促进贸易的中国商人及其雇员的指引。他的天性本是在读书致学，他的书面翻译也远较口头翻译更为成功，但他从事翻译时尚无一本汉英字典，因此必须通过同贸易中的中国同事进行会话和讨论来学习。最终产生的就是尽量消减分歧并强调两种文化共同之处的翻译。

马礼逊的路径则与两人相悖，他学习汉语是在成年之后，全然凭着一种勇气和决心，目的是翻译《圣经》，其中的真理在他看来是无法转释的。马礼逊首先创造了一部字典，为了达到翻译的目的，他也在中国的古典哲学中搜寻词语的真正含义。这些使得他最终成了小斯当东口中的更好的汉语学者，但是他这种精准的字面翻译使得汉语在英国读者眼中显得陌生且迥异。马礼逊的方法影响了 19 世纪后期的书面译者和口译者：其中很多人早期在东印度公司时都是受他训练，其他人则是使用他的字典及后续版本，而他的方法也更接近英国学校中教授语言的方法。由此而来的翻译有了一种疏远的效果，这也与文化差异和政治等级的观念相符合。

小斯当东和马礼逊都清楚，要用一种文化把另一种文化的观点表达出来，所遭遇的问题绝没有一蹴而就的解决方案。翻译中的选词绝不仅是判断对错。两人曾在东印度公司共事，也是挚友，可能因为只有他们才能完全了解彼此所从事之事的难度。

在 20 世纪，机器翻译模型的发展，以及口译的职业化和女性化，某种程度上掩盖了这些决定的难度，进而低估了口译这一角色的价值。这在 21 世纪的中国尤为明显，当下的政治辩论又重新用令英语读者费解的古旧行话进行。清朝的官员制定政策时，使用儒家的术语来讨论边境争端和英国国王的恭顺臣服，当代的中国官员辩论时使用的固定习语则来自中国化的马克思主义，如果直译为英语的话同样令人疑惑。学者们花费大量时间来讨论中国的政治决策者是否真的相信这些术语，这一问题与国际关系中关于意识形态的力量如何影响外交政策的重要讨论有交集。然而，如何用英语传递这些思想仍然是一个棘手的问题。

正因为译者有其权柄，而成功的外交翻译往往需要译者在另一个文化中生活过较多时日，当国与国转向冲突时，翻译便成了危险的事情。李自标在为马戛尔尼使团担任翻译之后曾写道，只有愚蠢透顶的人才会承担如此危险的任务——这还是在中英两国尚未有实质冲突之时。当英国海军在华南海岸日趋活跃时，小斯当东的友人吴亚成和李耀最终被发配新疆，当嘉庆皇帝威胁要对小斯当东施以同样处置时，他也不得不离开中国，再未返回。本书认为正是这样的危险解答了为何 19 世纪中叶的中国政治决策者对英国如此无知这一问题。

知识本身并不会单纯地传播或是增加，反而有可能会丧失，在英国同在中国一般，知识的缺失让人费解。17 世纪和 18 世纪的耶稣会士及其他欧洲天主教传教士对中国语言的了解令人印象深刻。同李自标家人同住的麦传世用汉语写了好几本书。但是在 18 世纪 90 年代的伦敦，意大利人安东尼奥 · 蒙突奇却尝试用第一原理来解码汉语文本以便理解，即使在城市另一边的码头上住着许多中国水手。这里，社会等级是一个关键因素，缺少书面形式的知识同样也是。精英人士多以学者自居，总期望从书籍中学习。小斯当东之所以成为这一时期真正通晓中文的英国人，全在于他父亲相信学习所有的语言都需要在儿时便沉浸其中，这种观念在当时非同寻常。

在中国，知识缺失导致的问题更为严重，因为在 19 世纪早期，中国面对的是一个富庶、技术先进且结构上奉行扩张主义的英国，还刚刚经历了与拿破仑的大规模军事冲突。同在英国一样，缺乏对外国语言的了解是一个关键问题，而书面文本的缺失和社会等级则构成了这一现象的主要肇因。不论在英国还是在中国，罕有成年的精英男子希望向水手和用人学习。然而，在中国还多了一层危险的因素。在出现军事紧张时，对于忠诚的疑虑会使对另一方具有广泛认知的人处境格外凶险。对于这些风险，口译者和笔译者都是首当其冲的。正如在许多政治情境中那样，但尤其是像清朝这样高度集权和专制的体制下，这些问题变得更加严重，毕竟控制决策者接触到哪些知识是影响其决策的最有效手段之一。当我们说中国对西方的威胁一无所知时，我们首先指的是道光皇帝，而向他呈现的信息不可避免的是片面的。

时至今日，这些问题依然存在，与其说与中国有关，不如说与部分阿拉伯世界的人们有关，美国一直在那里作战。那里的翻译会身处极端危险的境地，因为他们会被认为同另外一方过于亲近。其中许多人都逃离了故土。此外，当许多政治决定做出时，一些为人所知的信息却没有在关键时刻传递给决策者，学界对此类无知行为的研究逐渐燃起了兴趣。

李自标在孩童时便离开了中国西北边远地区的家乡，远赴那不勒斯，学习拉丁语、希腊语和希伯来语，成为一位未来公爵的朋友，在法国大革命的战争中游历欧洲，这样的人生故事世所罕见。斯当东幼年时便见过乾隆皇帝，在 18 世纪 90 年代一个威尔特郡乡村看阿辉放他做的中国风筝，用汉语编写了一本帮助把疫苗介绍到中国的册子，这些经历几乎同样出人意料。正是这样的故事向我们展现了我们当今所生活的全球化世界的起源。生活在两种文化之间，进而相互理解并形成跨越文化的长期友情，这样的经历在当时不多见，在今天却较为普遍。

正是这样的接触和交往最终导致了国与国之间的紧张关系，这令他们的生活殊为艰辛，也实属可悲。李自标和小斯当东却又是幸运的，因为两人都以高龄辞世。即使他们对于外国的了解无人赏识，但至少他们都能苟全性命，未遭流放。当林则徐经过李自标的故乡凉州，写诗表达他对鸦片战争的无比愤懑时，此时的世界已经容不下李自标的故事连同他跨越世界的友情，以及他对一种超越文化差异的哲学的坚定信念。鸦片战争过后，帝国主义以及一种全力与之相拮抗的民族主义，占据了中国与西方关系的主流。帝国主义和民族主义正是产生于 18 世纪小斯当东和李自标生活和工作过的复杂且相连的世界。甚至在 19 世纪早期，帝国主义也是其阴暗面，而伴生的帝国主义和民族主义正是其结果。帝国主义和民族主义后来的支配地位意味着先前的更为复杂的世界不仅不复存在，而且为世人所遗忘。

这本书讲的是翻译的危险，以及随着中英之间的政治形势愈发敌对时，这些危险是如何与日俱增的。翻译因为他们能与另一方共情的能力而面临风险，说直白点，能讲对方的话则意味着他们的忠诚是暧昧的，但是复杂的身份认同并不应妨碍我们看到他们工作的价值。李自标和小斯当东的人生经历提醒我们，在理解其他文化时，语言和翻译无比重要，多年的学习也具有价值，这使得我们能够听懂别人讲话并产生共鸣与理解，进而向他们阐释我们自己。只有具备了这种关于其他文化的知识，我们才能为我们今日生存其间的、互联互通的世界打造出一个未来。

致谢

本书的研究和写作过程历时数年。对于所有曾帮助过我的人，我都不胜感激，对于所有愿意花上几个小时倾听李自标和小斯当东的故事并与我交谈的朋友和家人亦是如此，而我同样要感谢那些通过观点和对话启发我以及在现实中帮助我的人，我在下文中会提到。我尤其要感谢香港城市大学的程美宝，她对于这个项目一直抱有热忱和兴趣。

就李自标的故事而言，目前在上海大学的柴彬以及他之前在兰州大学的学生都很热心，帮我在武威找到李家曾栖身的那些地方。樊米凯（Michele Fatica）则允许我进入那不勒斯东方大学（Università Orientale di Napoli）的档案馆，那里的环境非常优美。传信部的档案馆不仅欢迎我，还热心地提供了李自标部分信件的副本。罗马的方济各会总会拥有李自标给那些中国学生所写的信件的抄本，其间的历任档案管理员都极为热情。华东师范大学的李文杰和中国人民大学的曹新宇都曾帮我搜寻清朝的档案材料，也愿意同我畅聊清朝官场和英国使团的问题。经中国人民大学的夏明方介绍，我去了位于北京的中国第一历史档案馆，而当我到了之后，中国社会科学院的邱源媛给了我很大的帮助和启发。在山西，长治教区的张姓神父安排我在李自标晚年生活的马厂和赵家岭进行访谈。在英国，梅里埃尔·霍尔（Muriel Hall）和玛丽·基恩（Mary Keen）都不厌其烦地同我讨论拉丁文的翻译，也给了我很多新的观点，而伦敦大学学院的凯瑟琳·基恩（Catherine Keen）则在意大利语方面给我提供了帮助。

关于斯当东父子，戈尔韦历史学会（Galway Historical Society）的皮达·欧多德（Peadar O'Dowd）指导我进一步理解他们的爱尔兰背景。承蒙加布丽埃勒·林奇·斯当东（Gabrielle Lynch Staunton）和家人惠允，我得以看到顾资档案馆（Coutts Archives）所存的小斯当东的银行账户。斯图加特大学的玛格丽特·弗伦茨（Margret Frenz）帮助我处理关于印度译员的材料。乔丹·古德曼（Jordan Goodman）十分大方地将现存日本东洋文库的马戛尔尼文件的影印件转借与我。上海师范大学的徐茂明在伦敦的英国国家档案馆中找到了马戛尔尼所持国书的中文版本。对于我先前一篇文章中的许多观点，王宏志提出了具体而有益的不同看法。何志的后人西莉亚·邓肯（Celia Duncan）发来了他父亲的家族史，而 RH7 历史小组（RH7 History Group）的珍妮特·贝特森（Janet Bateson）替我核对了何志的移民身份。关于澳门的刘思永，海伦娜·洛佩斯（Helena Lopes）提供了广博的意见。在本项目接近尾声时，我意识到我需要对 19 世纪 30 年代袁德辉在北京的活动有更多的了解，汉

娜 · 赛克（Hannah Theaker）替我在第一历史档案馆做了一些研究工作。

马里斯 · 吉勒特（Maris Gillette）和她在密苏里大学圣路易斯分校的同事评议了前面的一章。亚历山大 · 斯塔特曼（Alexander Statman）和马克斯 · 奥伊特曼（Max Oidtmann）不仅通读了原稿全文，还写了精彩的评论。此外，通过与德温 · 菲茨杰拉德（Devin Fitzgerald）和迈克尔 · 夏基（Michael Sharkey）谈论翻译和其他话题，我获益良多。戴维 · 考克斯（David Cox）修改了约翰 · 巴罗的 1796 年地图，令使团的航行路线得以凸显。杜克大学图书馆、基尔大学图书馆和出版商亚当 · 马修（Adam Matthews）都找到并提供了关于小斯当东的文档。我也十分感谢波德莱恩（Bodleian）图书馆的馆员，特别是乔舒亚 · 索伊弗特（Joshua Seufert）和曼提敏 · 苏诺杜拉（Mamtimyn Sunuodula）二位。

本书部分内容先前曾出现在《一位忠实的译者？李自标与 1793 年马戛尔尼使华》一文中，收录于娜丁 · 阿姆斯勒（Nadine Amsler）、沈艾娣与克里斯蒂安 · 温德勒（Christian Windler）所编《跨文化外交之转变：亚洲与欧洲的比较视角（1700—1850）》["Transformations of Intercultural Diplomacies: Comparative Views of Asia and Europe（1700—1850）"]，发表于《国际历史评论》（*International History Review*）2019 年第 5 期第 41 卷。

注释

引言

1 Macartney, *Embassy to China*, 122–123; G. L. Staunton, *Authentic Account*, 2:229–234.

2 《清高宗（乾隆）御制诗全集》，第 9 卷，第 581 页；Evelyn S. Rawski, *The Last Emperors: A Social History of Qing Imperial Institutions* (Berkeley: University of California Press, 1998), 6.

3 India Office Records [IOR] G/12/92, Macartney to Dundas, 9 Nov. 1793; Archivio Storico di Propaganda Fide [APF], SOCP 68:623 Ly, 20 Feb. 1794.

4 GT Staunton Papers, Diary, 14 Sept. 1793.

5 Barrow, *Travels in China*, 7.

6 Harrison, "Qianlong Emperor's Letter to George III."

7 Fairbank, *Chinese World Order*; 赵汀阳 (Tingyang Zhao), "Rethinking Empire from a Chinese Concept 'All-under-heaven' (Tianxia)," *Social Identities* 12, no. 1 (2006); Perdue, "Tenacious Tributary System."

8 Keliher, *Board of Rites*.

9 Wang, *Remaking the Chinese Empire*；张双智：《清代朝觐制度研究》，学苑出版社，2010 年；王宏志：《翻译与近代中国》，复旦大学出版社，2014 年。

10 Amsler, Harrison, and Windler, "Introduction."

11 Wang, *White Lotus Rebels and South China Pirates*.

12 王宏志：《翻译与近代中国》。

13 Torikai, *Voices of the Invisible Presence*.

14 G. T. Staunton, *Remarks on the British Relations*, 36; 刘禾 :《帝国的话语政治》; Chen, *Merchants of War and Peace*, 82–102。

15 Margareta Bowen et al., "Interpreters and the Making of History," in *Translators through History*, ed. Jean Delisle and Judith Woodsworth (Amsterdam: John Benjamins, 1995).

16 Nancy L. Hagedorn, "'A Friend to Go Between Them': The Interpreter as Cultural Broker during Anglo-Iroquois Councils, 1740–1770," *Ethnohistory* 35, no. 1 (1988).

17 APF SOCP 68:612 Ly, 20 Feb. 1794.

18 Grégoire Mallard and Linsey McGoey, "Strategic Ignorance and Global Governance: An Ecumenical Approach to Epistemologies of Global Power," *British Journal of Sociology* 69, no. 4 (2018).

19 《鸦片战争档案史料》, 第 1 册, 第 673 页 ; Mao, *Qing Empire and the Opium War*。

20 Fatica, "Gli alunni del *Collegium Sinicum* di Napoli."

21 Chen, *Chinese Law in Imperial Eyes*.

22 Jami, *Emperor's New Mathematics*; Nicolas Standaert, *The Intercultural Weaving of Historical Texts: Chinese and European Stories about the Emperor Ko and His Concubines* (Leiden: Brill, 2016).

23 Van Dyke, *Canton Trade*; Wong, *Global Trade in the Nineteenth Century*; May Bo Ching, "The Flow of Turtle Soup from the Caribbean via Europe to Canton, and Its Modern American Fate," *Gastronomica* 16, no. 1 (2016).

24 陈国栋 :《清代前期的粤海关与十三行》; 赖惠敏 :《乾隆皇帝的荷包》; Hanser, *Mr. Smith Goes to China*。

第一章　凉州李家

1 ACGOFM MH 23–4 Libro della recezione de collegiali alla prima pruova, 33; ACGOFM Missioni 53 Raccolta di lettere, Liu 1781.

2 G. L. Staunton, *Authentic Account*, 1:389.

3 邱燮友 :《唐诗三百首》, 台北三民书局, 1973 年, 第 357 页 ; 李鼎文 :《甘肃文史丛稿》, 甘肃人民出版社, 1986 年, 第 130 页。

4 李于锴 :《李于锴遗稿辑存》, 第 26 页 ; 爱如生明清实录数据库, 第 1003 卷, 乾隆 41 年 2 月 14 日 ; ACGOFM Missioni 53 Raccolta di lettere, Kuo to Ly 1787。

5 Archivum Romanum Societatis Iesu, Jap.Sin. 105 II Sinarum Historia 1681–1707, 319, 341.

6 Souciet, *Observations mathématiques*, 1:35, 176–177; Louis Pfister, *Notices biographiques et bibliographiques sur les Jésuites de l'ancienne mission de Chine 1552–1773* (Shanghai: Imprimerie de la Mission Catholique, 1932), 1:530–534, 584–586.

7 Giovanni Battista Maoletti da Serravalle 叶崇贤, APF SC Indie 12:136, Serravalle, 2 Aug. 1712; APF SOCP 27:319, Serravalle, 4 Aug. 1704。

8 Gianstefano Remo, *Della Nolana ecclesiastica storia* (Napoli: Stamperia Simoniana, 1757), 526; APF SC Indie 14:597 Serravalle, 8 Aug. 1719; APF SC Indie 14:577 Ottaiano, 20 July 1720; APF SC Indie 16:305–306 Ottaiano, 10 Aug. 1722; APF SC Indie 16:840 Memorie dalla Cina dell anno 1724; APF SC Indie 19:711 Supplemento delle Memorie 1728; APF SC Indie 18:413 Memorie degli affari concernenti varie occorenze delle missioni, 20 Dec. 1726.

9 Remo, *Della Nolana ecclesiastica*, 526–527; Zetzsche, *Bible in China*, 26–27; Francesco Jovino 麦传世,《默想神工略说》, Österreichische Nationalbibliothek MS.

10 《武威市民族宗教志》, 第 229 页。这里错将该传教士认定为未在凉州传过教的艾蒂安 · 勒费弗尔。

11 《清中前期西洋天主教在华活动档案史料》, 第 1 册, 第 123–124 页 ; APF SC Indie 31:297 Liu, 1766。

12 傅伯泉:《武威历代的商业贸易》,《武威文史》,2006 年第 3 辑,第 58 页;《武威简史》,第 140–142 页。

13 曾继卫:《欧阳永裿与其〈敦节俭条约〉》,《武威文史》, 2004 年第 2 辑, 第 207 页。

14 Vitalis Josephus Kuo 郭元性, APF SC Indie 30:248 Kuo, 15 Oct. 1761; Margiotti, *Cattolicismo nello Shansi*, 300–304; Di Fiore, *Lettere di missionari*, 169, 272。

15 ACGOFM MH 23–4 Libro della recezione de collegiali, 33.

16 ACGOFM Missioni 53 Raccolta di lettere, Kuo to Ly 1787; First Historical Archives 02-01-006-003082-0002 Guo Shixun 郭世勋 QL 56/10/17;《武威耆旧传》, 第 4 卷, 第 14 页 ;《武威简史》, 第 134–135 页。

17 APF SOCP 55:6 Lieu, 17 June 1764; Archivio Istituto Universitario Orientale Napoli (AION) 16.1.8 Kuo 1792.

18 Perdue, *China Marches West*, 368; 李鼎文 :《甘肃文史丛稿》, 第 214 页 ;《武威通志 · 大事卷》, 甘肃人民出版社, 2007 年, 第 33 页。

19 潘挹奎 :《武威耆旧传》, 第 2 卷, 第 8–9 页 ; 第 4 卷, 第 14–15 页。李于锴 :《李于锴遗稿辑存》，第 26 页。

20 梁份：《秦边纪略》第 2 卷，第 1–2、20 页；李鼎文：《甘肃文史丛稿》，第 175 页。

21 《武威简史》，第 40 页。

22 Xiangyun Wang, "Tibetan Buddhism at the Court of Qing: The Life and Work of lCang-skya Rol-pa'i-rdo-rje (1717–86)" (PhD diss., Harvard University, 1995), 48.

23 《武威民族宗教志》，第 126–127 页。

24 潘挹奎：《武威耆旧传》第 3 卷，第 9–10 页。

25 Fatica, *Matteo Ripa e il Collegio*, 325–326.

26 ACGOFM Missioni 53 Raccolta di lettere, Vita compendiosa D. Cajetani Siu; APF SOCP 59:480–483 Simonetti, Memorie per l'occurenze 1772; *Elenchus alumnorum*, 2–4; APF SC Collegi vari 10, Nota degli alunni Cinesi del Coll. Della S.F. di Gesu 1773; APF SC Collegi vari 10, Nota degli alunni esistenti nel Collegio della S. Familia di Gesu Cristo, 30 Nov. 1776; APF SOCP 59:500 Simonetti, 16 Jan. 1773.

27 APF SOCP 59:483 Simonetti, Memorie per l'occurenze, 1772; AION 42.2 Corrispondenza dell' Europa, Fatigati, 5 Feb. 1783; APF SC Indie 33:490 Palladini, 20 June 1773; APF SC Indie 33:506 Palladini, 26 July 1773; AION 6 Borgia to Fatigati, 9 Nov. 1773.

第二章 戈尔韦的老斯当东

1 G. T. Staunton, *Memoirs of the Chief Incidents*, 191.

2 G. T. Staunton, *Memoir of the Life and Family*, 2, 143; AION 16.1.15 Ly to Massei, 14 May 1792; McNulty, "Genealogy of the Anglo-Norman Lynches" ; G. A. Hayes-McCoy, "A Relic of Early Hanoverian Rule in Galway," *Journal of the Galway Archaeological and Historical Society* 23, nos. 1/2 (1948): 62–63.

3 G. T. Staunton, *Memoir of the Life and Family*, 10; National Archives of Ireland, Documents re Stauntons' interest in the tithes of the parish of Cargine and property in Grenada 999/241/1/4A.

4 G. T. Staunton, *Memoir of the Life and Family*, 11, 160–165, 176; James Hardiman, *History of the Town and County of Galway* (Dublin: Folds and Sons, 1820), 318.

5 G. T. Staunton, *Memoir of the Life and Family*, 12–13; McNulty "Genealogy of the Anglo-Norman Lynches," 32.

6 GT Staunton Papers, G. L. Staunton to sister 1 Dec. 1774; Sir George Leonard Staunton papers, BL, G. L. Staunton to Margaret Staunton, 26 July 1768.

7 *Public Advertiser*, 12 Sept. 1772.

8 G. T. Staunton, *Memoir of the Life and Family*, 200–201; Brodie, *Works of Sir Benjamin Collins Brodie* (London: Longman, Green, Longman, Roberts & Green, 1865), 1:3; GT Staunton Papers, Brodie to G. L. Staunton, 3 June 1781.

9 Barrow, *Some Account of the Public Life*, 1:2–6, 37–38, 327; Roebuck et al., *Macartney of Lisanoure*, 1, 12, 16–20, 23, 57, 61–62, 131; Bodleian Library, George Macartney Papers, Eng. lett. c. 385 Macartney to Jane Macartney, 22 Mar. 1784.

10 Christine Y. Ferdinand, *Benjamin Collins and the Provincial Newspaper Trade in the Eighteenth Century* (Oxford: Oxford University Press, 1997), 28–47.

11 G. T. Staunton, *Memoir of the Life and Family*, 17 (date corrected from correspondence), 393; Sir George Leonard Staunton Papers, BL, Jane Staunton's marriage portion, 22 July 1771, George Leonard Staunton Will; National Archives of Ireland, Stauntons' interest in the tithes of the parish of Cargine, 999/241/2/3 Collins to Staunton, 27 Jan. 1778.

12 G. T. Staunton, *Memoir of the Life and Family*, 57.

13 G. T. Staunton, *Memoir of the Life and Family*, 271.

14 G. T. Staunton, *Memoir of the Life and Family*, 57.

15 National Archives of Ireland, Stauntons' interest in the tithes of the parish of Cargine 999/241 2/3 Collins to Staunton, 27 Jan. 1778.

16 G. L. Staunton, *Authentic Account*, 1:172–173.

17 Bodleian Library, George Macartney Papers, Eng. misc. f. 533:2 Commonplace book.

18 Sir George Leonard Staunton Papers, BL, Staunton to parents, 5 Feb. 1780; G. T. Staunton, *Memoir of the Life and Family*, 22.

19 Sir George Leonard Staunton Papers, BL, Staunton to parents, 5 Feb. 1780.

20 Lucy S. Sutherland, "Lord Macartney's Appointment as Governor of Madras, 1780: The Treasury in East India Company Elections," *English Historical Review* 90 (1975).

21 Bodleian Library, Papers of Lady Louisa Stuart, Eng lett. c. 387 Jane Macartney to Caroline Dawson, 18 May 1785.

22 G. T. Staunton, *Memoir of the Life and Family*, 268.

23 GT Staunton Papers, Brodie to G. L. Staunton, 3 June 1781.

24 GT Staunton Papers, Jane Staunton to G. L. Staunton, 30 June 1781.

25 GT Staunton Papers, Jane Staunton to Margaret Staunton, 6 Sept. 1781.

26 GT Staunton Papers, Margaret Staunton to Jane Staunton, 5 Apr. 1784.

27 Hanser, "From Cross-Cultural Credit to Colonial Debt."

28 Bodleian Library, George Macartney Papers, Eng. misc. b. 162: 56 Short account of affairs on the Coromandel Coast. 亦见 Davies, *Private Correspondence of Lord Macartney*, ix。

29 G. T. Staunton, *Memoir of the Life and Family*, 264.

30 Bodleian Library, George Macartney Papers, Eng. hist. c. 66:2 Coote to Macartney, 15 Aug. 1781, 25 Aug. 1781, 2 Sept. 1781; Eng. hist. c. 68 Tourndary to Coote, 28 Nov. 1781; Barrow, *Some Account of the Public Life*, 1:188–191.

31 Davies, *Private Correspondence of Lord Macartney*, xi; G. T. Staunton, *Memoir of the Life and Family*, 272–276; Barrow, *Some Account of the Public Life*, 1:174–197.

32 G. T. Staunton, *Memoir of the Life and Family*, 37.

33 Journal of the Commissioners, 1:95, 2:7, 2:169–170; *Minutes of Evidence Taken before the Right Honourable House of Lords, in the Lords Committees Appointed to Take into Consideration So Much of the Speech of His Royal Highness the Prince Regent as Relates to the Charter of the East India Company*(London, 1813), 96–97; Sinnappah Arasaratnam, *Merchants, Companies and Commerce on the Coromandel Coast 1650–1740* (Delhi: Oxford University Press, 1986), 257–258.

34 Journal of the Commissioners, 1:86.

35 Journal of the Commissioners, 1:89.

36 Journal of the Commissioners, 2:170.

37 Journal of the Commissioners, 2:170.

38 Journal of the Commissioners, 2:169.

39 Barrow, *Some Account of the Public Life*, 1:604–605; Bodleian Library, George Macartney Papers, Eng. lett. c. 386:106 Macartney to Jane Macartney, Eng. misc. f 533:14 commonplace book.

40 GT Staunton Papers, G. T. Staunton to Jane Staunton, 30 Dec. 1805; Barrow, *Some Account of the Public Life*, 1:321, 1:334–335; G. T. Staunton, *Memoir of the Life and Family*, 10.

第三章　李自标在那不勒斯的教育经历

1 Carlo Antonio Pilati, *Voyages en différens pays de l'Europe en 1774, 1775 et 1776* (A La Haye: C. Plaat et Comp., 1772), 2:160–162; Helen Hills, "Cities and Virgins:

Female Aristocratic Convents in Early Modern Naples and Palermo," *Oxford Art Journal* 22, no. 1 (1999): 45; Romeo De Maio, *Società e vita religiosa a Napoli nell'età moderna (1656–1799)* (Napoli: Edizioni scientifiche italiane, 1971), 14–20, 104–105, 340–346; John Moore, *A View of Society and Manners in Italy* (Dublin: Price, W. Watson et al., 1781), 2:226.

2 Ugo Di Furia, "Arte e storia nella chiesa e collegio della Sacra Famiglia ai Cinesi" ; Michele Fatica, "I percorso della mostra," in Fatica, *Matteo Ripa e il Collegio*.

3 Tiziana Iannello, "Il collegio dei cinesi durante il decennio francese (1806–1815)," in Fatica and D'Arelli, *La missione cattolica in Cina*, 268–269; Michele Fatica, "Per una mostra bibliografica ed iconografica su Matteo Ripa, il Collegio dei Cinesi e il Real Collegio Asiatico (1682–1888)," in Fatica and D'Arelli, *La missione Cattolica in Cina*, 13; APF SC Collegi vari 9:63 Fatigati, 20 Mar. 1762.

4 *Elenchus alumnorum*.

5 APF SC Collegi vari 10:296 Alunni levantini, 26 Nov. 1773; APF SC Collegi vari 10:289–91 Fatigati, 19 Dec. 1773.

6 Fatica, "Gli alunni del *Collegium Sinicum* di Napoli," 535; *Elenchus alumnorum*, 4.

7 Giacomo Di Fiore and Michele Fatica, "Vita di relazione e vita quotidiana nel Collegio dei Cinesi," in Fatica, *Matteo Ripa e il Collegio*, 37–39; APF SC Collegi vari 10:126 Avvisi dalla Consulta, 1767.

8 APF SC Collegi vari 9:181 Fatigati, 27 Oct. 1764; APF SC Collegi vari 10: 173 Fatigati, 25 May 1770; APF SC Collegi vari 10: 291 Fatigati, 19 Dec. 1773; APF SC Collegi vari 11:142 Fatigati, 19 Jan. 1782; APF SC Collegi vari 11:294 Palladini, 15 Oct. 1785; Di Fiore and Fatica, "Vita di relazione" ; Elio Catello, *Cineserie e Turcherie nel '700 napoletana* (Napoli: Sergio Civita Editore, 1982), 12.

9 APF SC Collegi vari 12:150 Massei, 15 Mar. 1794.

10 Alfredo Zazo, *L'Istruzione pubblica e privata nel Napoletana (1767–1860)* (Castello: Il Solco, 1927), 28–29; Giuseppe Maria Galanti, *Breve descrizione della città di Napoli e del suo contorno*, ed. Maria Rosaria Pelizzari (Napoli: Di Mauro, 2000), 235.

11 APF SC Collegi vari 10:296 Alunni levantini, 26 Nov. 1773.

12 AION 42.2 Corrispondenza dell'Europa, Marrini, 26 July 1795; APF SRC Collegi vari 10:557 Fatigati, 5 Dec. 1778.

13 AION 16.1.15 Ly to Borgia, 10 Sept. 1826; Luigi Borgia, "Famiglia Borgia" (Nobili Napoletani), www.nobili-napoletani.it.

14 ACGOFM MH 23–2 Variae erudit [这是该学院一名中国学生的笔记本，其中有中文和拉丁文；来自福建漳州的学生严雅谷（Jacobus Nien）在 1762 年去世，他的肖像上有一首诗，表明该笔记本可能编写于 18 世纪 60 年代后期]；APF SC Collegi vari 10:240 Nota degli alunni 1771; ACGOFM Missioni 53 Raccolta di lettere 95, Wan, 4 Sept. 1772; Cappello, *Progymnasmatum eloquentiae*; Cappello, *Hieropaedia Catholica*; Giambattista Vico, *On the Study Methods of Our Time*, ed. and trans. Elio Gianturco (Indianapolis: Bobbs-Merill, 1965).

15 APF SC Collegi vari 10:142 Sersale, 24 June 1767; ACGOFM MH 10–1:13 Regole e costituzione della Congregazione e Collegio della Sacra Famiglia di Gesù Cristo.

16 APF SC Collegi vari 10:275 Nota degli alunni cinesi; APF SC Collegi vari 11:147 Stato di signori alunni cinesi del 1782.

17 这些书是：林云铭编《古文析义》[Principles of classical prose], 1682 (Standaert, "Jean François Foucquet's Contribution," 415)、吕芸庄编《考卷精锐》[Selected examination essays], 1842 (Fatica, *Matteo Ripa e il Collegio*, 324).

18 APF SRC Collegi Vari 10:142 Sersale, 24 June 1767.

19 ACGOFM MH 23–2 Variae erudit.

20 APF SC Collegi vari 11:6 Fatigati, 16 Dec. 1779; APF SC Collegi vari 11:147 Stato di signori alunni cinesi del 1782.

21 Elvira Choisi, "Intellectuals and Academies," in *Naples in the Eighteenth Century: The Birth and Death of a Nation State*, ed. Girolamo Imbruglia (Cambridge: Cambridge University Press, 2000), 127–128.

22 Cappello, *Hieropaedia Catholica*.

23 APF SC Collegi vari 10:514–5 Nota d'alunni cinese nota d'alunni levantini 1778.

24 Cappello, *Progymnasmatum eloquentiae*, 1; ACGOFM Missioni 53 Raccolta di lettere, Wan, 8 Oct. 1784.

25 APF SC Collegi vari 10:442 Nota degli alunni, 30 Nov. 1776.

26 APF SC Collegi vari 10:515 Nota d'alunni cinese, 6 Jan. 1778; APF SC Collegivari 11:6 Fatigati, 16 Dec. 1779.

27 APF SC Collegi vari 11:95 Fatigati, 31 Mar. 1781.

28 ACGOFM MH 7–7 Libro degli aggregati, Ignazio Orlando "D. Gennaro Fatigati."

29 ACGOFM MH 7–7 Libro degli aggregati, 1791 Giovanni Maria Borgia; ACGOFM MH 7–7 Libro degli recezione de novizii, Giovanni Maria Borgia; Luigi Borgia, "Famiglia Borgia" (Nobili Napoletani), www.nobili-napolctani.it.

30 APF SC Collegi vari 11:5–6 Fatigati, 16 Dec. 1779.

31 APF SC Collegi vari 11:94 Fatigati, 31 Mar. 1781.

32 Michele Fatica, *Seats and Palaces of Università degli Studi di Napoli "L'Orientale" (1729–2005)* (Napoli: Università degli Studie di Napoli "L'Orientale," 2005), 19; Fatica and D'Arelli, *La missione cattolica in Cina*, 234.

33 *Elenchus alumnorum*, 2–5.

34 APF SC Collegi vari 12:62 Massei, 31 Oct. 1789.

35 APF SC Collegi vari 10:136–142 Sersale, 24 June 1769; John A. Davis, *Naples and Napoleon: Southern Italy and the European Revolutions (1780–1860)*(Oxford: Oxford University Press, 2006), 25–26.

36 ACGOFM Missioni 53 Raccolta di lettere, Wan, 8 Oct. 1784.

37 P. Ovidi Nasonis, *Tristium Libri Quinque; Ibis; Ex Ponto Libri Quattuor; Halieutica Fragmenta*, ed. S. G. Owen (Oxford: Oxford University Press, 2015), *Epistulae ex Ponto*, 1:4, 1:8, 3:5, 5:9.

38 Di Fiore and Fatica, "Vita di relazione," 41.

39 APF SC Collegi vari 12:18 Massei, 27 Feb. 1787.

40 AION 16.1.15 Ly, 23 Mar. 1806; *Elenchus alumnorum*, 4.

41 APF SC Collegi vari 12:281–292 Phan, 29 Nov. 1816.

42 APF SC Collegi vari 10:136–142 Sersale, 24 June 1769; *Elenchus alumnorum*, 24–25; ACGOFM Missioni 53 Raccolta di lettere, Ly, 24 Aug. 1792.

43 *Elenchus alumnorum*, 23; APF SC Collegi vari 10:136–142 Sersale, 24 June 1769; APF SC Collegi Vari 10:123 Avvisi dalla consulta della congregazione, 1767; Di Fiore, *Lettere di missionari*, 11.

44 APF SC Esami dei missionarii 3:59, 9 Jan. 1791; APF SOCP 67:183 Cho 19 Feb. 1791; ACGOFM Missioni 53 Raccolta di lettere, Ly, 28 Dec. 1790, 14 Jan. 1791.

第四章　小斯当东的奇异童年

1 G. T. Staunton, *Memoirs of the Chief Incidents*, 7, 187–188.

2 Sir George Leonard Staunton Papers, BL, G. L. Staunton to Ann Staunton, 6 Nov. 1782.

3 GT Staunton Papers, [Peter Brodie] Verses presented to my Dear Wife on Her Birthday 1782.

4 GT Staunton Papers, Margaret Staunton to Jane Staunton, 5 Apr. 1784.

5 Sir George Leonard Staunton Papers, BL, G. L. Staunton to Collins, 28 Jan. 1785; GT

Staunton Papers, Blake to Jane Staunton, 1 Oct. 1784.

6 G. T. Staunton, *Memoir of the Life and Family*, 3, 316

7 National Archives of Ireland 999/241/2/4 Last Will and Testament of Benjamin Collins; *A Pretty Book of Pictures for Little Masters and Misses, or, Tommy Trip's History of Beasts and Birds with a Familiar Description of Each in Verse and Prose to Which Is Prefix'd the History of Little Tom TripHimself, of His Dog Jouler, and of Woglog the Giant*, 14th ed. (London: B.C. Collins, 1787).

8 G. T. Staunton, *Memoir of the Life and Family*, 319; Anna Barbauld, *Lessons for Children. Part I. For Children from Two to Three Years Old* (London: J. Johnson, 1800), 9–10.

9 G. T. Staunton, *Memoir of the Life and Family*, 316–317.

10 G. T. Staunton, *Memoir of the Life and Family*, 319.

11 *The Times*, 23 June 1792, 2.

12 Bodleian Library, George Macartney Papers, Eng. Lett. c. 385:136 Jane Macartney to Pitt, 31 July 1785.

13 Bodleian Library, George Macartney Papers, Eng. Misc. b. 162:39 Commonplace book.

14 Bowen, *Business of Empire*; Hanser, *Mr. Smith Goes to China*, 120–126, 140–143.

15 G. T. Staunton, *Memoir of the Life and Family*, 305; Sir George Leonard Staunton Papers, BL, Staunton to Menzies, 10 Apr. 1788.

16 Pritchard, "Crucial Years of Early Anglo-Chinese Relations," 237.

17 Sir George Leonard Staunton Papers, BL, Staunton to Menzies, 10 Apr. 1788.

18 Old Bailey Proceedings Online, June 1789, trial of Leonard Wilson (t17890603–2); GT Staunton Papers, Curtis to G. L. Staunton, 1 Feb. 1788.

19 GT Staunton Papers, G. L. Staunton to Egan, Jan. 1790; G. T. Staunton *Memoir of the Life and Family*, 324.

20 National Archives of Ireland, Documents re Stauntons' interest in the tithes of the parish of Cargine 999/241/2/12.

21 Old Bailey Proceedings Online, June 1789, trial of Leonard Wilson (t17890603–2).

22 GT Staunton Papers, Beck to G. L. Staunton, 10 Mar. 1791.

23 Barrow, *Auto-biographical Memoir*, 43, see also 5, 8–13, 17, 40, 45.

24 GT Staunton Papers, Diary, 6 June 1791.

25 GT Staunton Papers, Diary, 15 June 1791.

26 Berg, "Britain, Industry and Perceptions of China."

27 GT Staunton Papers, Diary 21, 30 June 1791.

28 Smith, *Memoir and Correspondence*, 382–383.

29 Linnean Society of London, Correspondence of Sir James Edward Smith, Hope to Smith, 28 Sept. 1792.

30 Barrow, *Some Account of the Public Life*, 1:391.

第五章 为使华寻觅翻译

1 IOR G/12/91:28 Macartney to Dundas, 4 Jan. 1792. 为清晰起见，添加了标点符号。

2 G. L. Staunton, *Authentic Account*, 1:40; GT Staunton Papers, Diary, 24 Jan. 1792 and 15, 22, 25 Jan. 1792.

3 G. T. Staunton, *Memoir of the Life and Family*, 348.

4 GT Staunton Papers, Hamilton to G. L. Staunton, 21 Feb. 1792.

5 APF SC Collegi vari 12:131 Massei to Antonelli, 17 Mar. 1792; APF SC Collegivari 10:276 Nota degli Alunni Cinesi [1773].

6 ACGOFM Missioni 53 Raccolta di lettere, Ly [1792]. 李自标提到的“汉语拉丁语词典”，有可能是康和子（Carlo Orazi da Castorano）于 1732 年在北京编纂的《拉意汉词典》(Dictionarium Latino-Italico-Sinicum）的抄本，后来由小斯当东捐赠给了皇家亚洲学会 (RAS George Thomas Staunton Box 1)。参见 Hui Li（李慧）, Il Dictionarium Latino-Italico-Sinicum di Carlo Orazi da Castrorano O.F.M. (1673–1755) (Sapienza PhD diss. 2014/2015), 4, 66。

7 APF SC Collegi vari 10:442 Nota degli alunni, 30 Nov. 1776; APF SC Collegivari 12:18 Massei, 27 Feb. 1787.

8 *Elenchus alumnorum*, 4; APF SC Collegi vari 11:95 Fatigati, 31 Mar. 1781.

9 APF Collegi vari 12:133 Massei to Antonelli, 27 Mar. 1792; APF SOCP 67:518 Cho, 4 Apr. 1792.

10 AION 42.2.8 Cho and Ly, 23 Mar. 1792; Sir George Leonard Staunton Papers, BL, Staunton to Macartney, 11 Aug. 1792.

11 ACGOFM Missioni 53 Raccolta di lettere, Ly, 26 Mar. 1792.

12 ACGOFM Missioni 53 Raccolta di lettere, Ly, 26 Mar. 1792, 13 Apr. 1792; APF SOCP 67:518 Cho, 4 Apr. 1792.

13 ACGOFM Missioni 53 Raccolta di lettere, Ly, 13 Apr. 1792.

14 ACGOFM Missioni 53 Raccolta di lettere, Ly, 13 Apr. 1792; Sir George Leonard Staunton Papers, BL, Staunton to Macartney, 11 Aug. 1792.

15 G. T. Staunton, *Memoirs of the Chief Incidents*, 11; G. T. Staunton, *Memoir of the Life and Family*, 341–342.

16 ACGOFM Missioni 53 Raccolta di lettere, Ly, 14 May 1792.

17 ACGOFM Missioni 53 Raccolta di lettere, Ly, 14 May 1792.

18 ACGOFM Missioni 53 Raccolta di lettere, Ly, 14 May 1792

19 AION 16.1.15 Ly to Massei, 14 May 1792.

20 AION 16.1.15 Ly to Massei, 14 May 1792.

21 G. T. Staunton, *Memoir of the Life and Family.*

22 AION 16/1/16 Cho and Ly, 22 May 1792.

23 *General Evening Post*, 9 June 1792, 8; Barrow, *Auto-biographical Memoir*, 43; *Morning Herald*, 31 Jan. 1792, 4.

24 ACGOFM Missioni 53 Raccolta di lettere, Ly, 7 July 1792.

25 ACGOFM Missioni 53 Raccolta di lettere, Ly, 7 July 1792, 24 Aug. 1792.

26 ACGOFM Missioni 53 Raccolta di lettere, Ly, 24 Aug. 1792.

27 关于服饰和基督教作为身份和认同的标志，参见 Roxann Wheeler, *The Complexion of Race: Categories of Difference in Eighteenth-Century British Culture* (Philadelphia: University of Pennsylvania Press, 2000), 7; Dror Wahrman, *Making of the Modern Self: Identity and Culture in Eighteenth-Century England*(New Haven, Conn.: Yale University Press, 2004), 93, 177。

28 *Gazetteer and New Daily Advertiser*, 3 May 1792, 6.

29 Bodleian Library, George Macartney Papers, Eng. Misc. b. 162:81 Commonplace book.

30 Burney, *Journals and Letters*, 1:195.

31 AION 16/1/16 Cho and Ly, 22 May 1792; Roebuck et al., *Macartney of Lissanoure*, 21; Basil Gray, "Lord Burlington and Father Ripa's Chinese Engravings," *British Museum Quarterly* 22, nos. 1/2 (1960); IOR/G/12/91: 28–29 Macartney to Dundas, 4 Jan. 1792.

32 ACGOFM Missioni 53 Raccolta di lettere, Ly, 7 July 1792.

33 Toyo Bunko, Japan, MS-42 Macartney Papers, Dundas to Macartney, 29 July 1792; Baring Archives NPI C.22.7 Baring to Dundas, 28 Aug. 1792.

34 William Shepherd, "Ode on Lord Macartney's Embassy to China," in *New Oxford Book of Eighteenth Century Verse*, ed. Roger Lonsdale (Oxford: Oxford University Press, 1984), 787–788.

35 ACGOFM Missioni 53 Raccolta di lettere, Nien, 24 Aug. 1792, Ly to Borgia, 24

Aug. 1792; APF SOCP 67:517 Nien, 3 July 1792.

36 Pritchard, "Instructions of the East India Company," 375–377; G. L. Staunton, *Authentic Account*, 1:41–42.

37 ACGOFM Misisoni 53 Raccolta di lettere, Ly to Borgia, 24 Aug. 1792; Macartney, *Embassy to China*, 64.

38 Barrow, *Auto-biographical Memoir*, 50.

39 Barrow, *Some Account of the Public Life*, 2:501.

40 GT Staunton Papers, Reeves to G. L. Staunton, 4 July 1792.

41 Antonio Montucci, *Proposals for Publishing by Subscription a Treatise on the Chinese Language with an Answer to the Reviewers* (London, 1801), 2, 8; Antonio Montucci, *De studiis sinicis in imperiali athenaeo petropolitano* (Berlin: Ludovicus Quien, 1808), 9–11; Villani, "Montucci, Antonio." 关于艾蒂安·富尔蒙，参见 Stephanus Fourmont, *Meditationes Sinicae* (Paris: Lutetiae Parisiorum, 1737), xi–xxvi, 8–9, 19–22; Leung, *Etienne Fourmont*, 146–155。

42 Wu, *Traduire la Chine au XVIIIe siècle*, 75–83.

43 Stifler, "Language Students," 48–50.

44 IOR/L/MAR/C/902:33 Statement of the circumstances attending the maintenance and return of Lascars and Chinese, 11 Feb. 1811; *Morning Chronicle and London Advertiser*, 29 July 1782, 4; Old Bailey Proceedings Online, Dec. 1804, trial of Ann Alsey, Thomas Gunn (t18041205–56), Sept. 1800, trial of William Rayer and Charles Moren (t18000917–29); Fisher, *Counterflows to Colonialism*, 151; Price, *Chinese in Britain*, 18–28, 31–33.

45 Steven Shapin, *A Social History of Truth: Civility and Science in SeventeenthCentury England*(Chicago: University of Chicago Press, 1994).

第六章　远渡重洋

1 GT Staunton Papers, Diary, 15 and 16 Sept. 1792; Macartney, *Embassy to China*, 23; Macartney, Journal of a Voyage, 1–2; G. H. Williams, "The Western Defences of Portsmouth Harbour 1400–1800," *Portsmouth Papers* 30 (1979).

2 *General Evening Post*, 19–21 June 1792, 5; Macartney, Journal of a Voyage, 1–2; Bodleian Library, George Macartney Papers, Eng. misc. f. 534:32–33 Commonplace book; Burney, *Journals and Letters*, 1:193, 207; National Library of Ireland MS 8799 (3) Documents relating to the pedigree of the Winder family.

3 *Biographical Memoir of Sir Erasmus Gower*, 3–6, 11–14, 50.

4 Barrow, *Auto-biographical memoir*, 45

5 Barrow, *Auto-biographical Memoir*, 49.

6 Bodleian Library, George Macartney Papers, Eng. misc. f. 534:32–33 Commonplace book; Proudfoot, *Biographical Memoir of James Dinwiddie*, 130–131.

7 G. L. Staunton, *Authentic Account*, 1:88; Baring Archives NP1.C25 Nepean to Baring, 3 Sept. 1792; IOR L/MAR/B 267 GA Henry Lindeman Journal, 1 Nov. 1793; Macartney, Journal of a Voyage, 2; Bodleian Library, George Macartney Papers, Eng. misc. b. 162:79 List of persons belonging to the China embassy; H. V. Bowen, "Privilege and Profit: Commanders of East Indiamen as Private Traders, Entrepreneurs and Smugglers, 1760–1813," *International Journal of Maritime History* 19, no. 2 (2007).

8 Sir George Leonard Staunton Papers, BL, Staunton to Pigott, 23 Sept. 1792.

9 G. L. Staunton, *Authentic Account*, 1:55, 195–196, 319; Anderson, *Narrative of the Embassy*, n.p.; Macartney, Journal of a Voyage, 2; Alexander, Journal, 2 July 1793; *Biographical Memoir of Sir Erasmus Gower*, 90.

10 G. L. Staunton, *Authentic Account*, 1:58; *Lloyds Evening Post*, 29–31 Aug. 1792, 214; J. C. Hüttner, *Voyage a la Chine* (Paris: J.J. Fuchs, 1798), 32–33, 61–63, 79, 147, 245.

11 G. L. Staunton, *Authentic Account*, 1:58（这句话的翻译不是老斯当东的英文版本，而是更接近小斯当东说的简单的拉丁文）; G. T. Staunton, *Memoirs of the Chief Incidents*, 18–19。

12 GT Staunton Papers, Diary, 25 Sept. 1792.

13 G. L. Staunton, *Authentic Account*, 1:195; GT Staunton Papers, Diary, 14 Apr. 1793

14 GT Staunton Papers, Diary, 13 Jan. 1793.

15 G. L. Staunton, *Authentic Account*, 1:195; Barrow, *Travels in China*, 105–6; Alexander, Journal, 88.

16 Wellcome Trust MSS 3352 Macartney Journal of a Voyage, 3–9.

17 GT Staunton Papers, Diary, 13 Oct. 1792.

18 Bodleian Library, George Macartney Papers, Eng. misc. f 533 Commonplace book, 29; Peyrefitte, *Collision of Two Civilisations*, 35（我无法确定Peyrefitte的资料来源，但它很可能是马戛尔尼日记的另一份抄本）.

19 Gower, Journal of His Majesty's ship Lion, 11; G. L. Staunton, *Authentic Account* 1:87; Bodleian Library, George Macartney Papers Eng. misc. f. 533:21Commonplace

book; Karen Harvey, "Ritual Encounters: Punch Parties and Masculinity in the Eighteenth Century," *Past and Present* 214 (2012).

20 GT Staunton Papers, Diary, 19 Nov. 1792.

21 GT Staunton Papers, Diary, 3, 8, 13 Dec. 1792; Macartney, Journal of a Voyage, 75–94.

22 G. L. Staunton, *Authentic Account*, 1:174; Barrow, *Voyage to Cochinchina*, 91.

23 Gower, Journal of HMS Lion, 19–20; G. L. Staunton, *Authentic Account* 1:193.

24 GT Staunton Papers, Diary, 10 Jan. 1793 and 7 Jan. 1793.

25 GT Staunton Papers, Diary, 12, 20, and 21 Jan. 1793.

26 Gower, Journal of HMS Lion, 31.

27 GT Staunton Papers, Diary, 25 Jan. 1793; Gower, Journal of HMS Lion, 31.

28 Macartney, Journal of a Voyage, 72; J. K. Laughton and Andrew Lambert, "Ommanney, Sir John Acworth," in *Oxford Dictionary of National Biography* (2004), www.oxforddnb.com.

29 *Hampshire Advertiser*, 29 Sept. 1832.

30 GT Staunton Papers, Diary, 18, 22, 25, and 28 Feb. 1793.

31 GT Staunton Papers, Diary, 5 Mar. 1793; Barrow, *Voyage to Cochinchina*, 169, 203

32 Alexander, Album, BL WD 959, 280–82; Bodleian Library, George Macartney Papers, Eng. misc. f. 533:9 Commonplace book.

33 Barrow, *Voyage to Cochinchina*, 203; GT Staunton Papers, Diary, 6 Mar. 1793; Alexander, Journal, 11 June 1793; IOR/G/12/93 2:220–221 Secret Committee, 31 June 1793; Kwee, *Political Economy of Java's Northeast Coast*, 14, 162–171.

34 Bodleian Library, George Macartney Papers, Eng. misc. f. 533:15 Commonplace book. See also Mcgee, "Putting Words in the Emperor's Mouth."

35 Macartney, Journal of a Voyage, 111–112; Barrow, *Voyage to Cochinchina*, 204–206.

36 GT Staunton Papers, Diary, 1 Mar. 1793; Macartney, Journal of a Voyage, 113–118; Barrow, *Voyage to Cochinchina*, 208.

37 Macartney, Journal of a Voyage, 128.

38 ACGOFM Missioni 53 Raccolta di lettere, Nien, 13 Apr. 1793.

39 Gower, Journal of HMS Lion, 62; AION 27/10/5 Nien, 13 Apr. 1793; Bodleian Library, George Macartney Papers, Eng. misc. f. 533:29 Commonplace book; G. L. Staunton, *Authentic Account*, 1:283.

40 AION 27/10/5 Nien, 13 Apr. 1793.

第七章　其他可能的译员

1 *Elenchus alumnorum*, 2; ACGOFM Missioni 53 Raccolta di lettere, Zen, 15 Mar. 1786; 吴巍巍：《明末艾儒略在漳州的传教活动与社会反响》,《漳州师范学院学报》(哲学社会科学版)，2010 年第 3 期；Erik Zürcher, ed., *Kouduo Richao Li Jiubiao's Diary of Oral Admonitions: A Late Ming Christian Journal* (Sankt Augustin: Institut Monumenta Serica, 2007), 94–97。

2 关于原始文本，参见 Morse, *Chronicles of the East India Company*, 2:244–247。这里提到的中文版本藏于英国国家档案馆 (TNA), London, FO 1048/1 King's letter to Kienlung, Sept. 1793(非常感谢徐茂明发现了这份文件)。关于译文是由严宽仁翻译的证据，参见 G. L. Staunton, *Authentic Account*, 1:388; Macartney Cornell MS DS117, 329 Credentials to King of Vietnam。也可参见计秋枫《马戛尔尼使华事件中的英吉利"表文"考》一文，他令人信服地论证这封信是在航行途中翻译的，但由于没有看到英国档案中的版本，论证也适用于清朝档案中的版本（见第 8 章）。

3 Macartney, Journal of a Voyage, 196–202.

4 IOR G/12/93 3:33 Macartney to Dundas, 18 June 1793; Barrow, *Voyage to Cochinchina*, 270; Wang, *White Lotus Rebels and South China Pirates*, 210–220.

5 Macartney, Journal of a Voyage, 209; Gower, Journal of HMS Lion, 62–64; Alexander, Journal, 28 May 1793.

6 Macartney, Journal of a Voyage, 217–229; Barrow, *Voyage to Cochinchina*, 291–292; Anderson, *Narrative of the Embassy*, 54.

7 王宏志：《马戛尔尼使华的翻译问题》; Macartney Cornell MS DS116 vol. 11 Edicts communicated by Thomas Fitzhugh QL20/3/25。

8 AION 42/2/8 Ly, 16 May 1793.

9 APF SOCP 68:611 Ly, 20 Feb. 1794; AION 42/2/8 Ly, 16 May 1793.

10 APF SOCP 68:487 Marchini, 3 Nov. 1793；《清代台湾关系谕旨档案汇编》，台湾史料集成编辑委员会（台北："行政院"文化建设委员会，2004 年），2:163–165；《钦定平定台湾纪略》(1788)(文渊阁四库全书本)，42:21, 50:20, 54:24, 56:13；《平台纪事本末》，台湾银行编（台北中华书局，1958 年），46, 49, 62; FHA 02-01-006-003082-0002 郭世勋 QL56/10/17。

11 G. L. Staunton, *Authentic Account* 1:389.

12 AION 27/10/5 Nien 8 July 1793.

13 印光任、张汝霖：《澳门记略》,《四库全书存目丛书》史 221，齐鲁书社，1996 年，

第 1 卷，第 35 页，第 2 卷，第 53 页。

14 李长森：《近代澳门翻译史稿》，第 70–82 页；刘芳、章文钦：《清代澳门中文档案汇编》。

15 英文本参见 Pritchard, "Instructions of the East India Company," 2:375–377。亦可参见李长森：《近代澳门翻译史稿》，第 69 页；IOR G/12/93 2:33–9 Secret Committee, 11 Oct. 1792。

16 中文参见《英使马戛尔尼访华档案史料汇编》，第 216 页；陈显波：《主体文化对译者的影响——以弗朗西斯·百灵致两广总督信件翻译为例》，《佳木斯大学社会科学学报》，2011 年第 5 期；刘黎：《中英首次正式外交中百灵致两广总督信件的翻译问题》，《重庆交通大学学报》，2016 年第 2 期。

17 陈国栋：《清代前期的粤海关》，第 171–197 页。

18 Pritchard, "Instructions of the East India Company," 376.

19 IOR G/12/93 2:21–2 Browne, 25 Nov. 1792.

20 中文参见《英使马戛尔尼访华档案史料汇编》，第 217 页；亦参考《英使马戛尔尼访华档案史料汇编》，第 279 页；刘芳、章文钦：《清代澳门中文档案汇编》，第 1 卷，第 357–358 页。（解释了在类似情况下如何使用"澳门通译处"。）

21 中文参见《英使马戛尔尼访华档案史料汇编》，第 91–92 页。

22 IOR G/12/93 2:204 Secret Committee, 1 June 1793, 2:227–228 Secret Committee, 22 June 1793, 2:318 Secret Committee, 29 Sept. 1793（对安顿奥兄弟的安排可能是一样的）；《英使马戛尔尼访华档案史料汇编》，第 309–310 页；G. L. Staunton, *Authentic Account*, 2:14; Barrow, *Some Account of the Public Life*, 1:346。

23 APF SOCP 68:485–486 Marchini, 3 Nov. 1793; IOR/G/12/92:141, Macartney to Dundas, 9 Nov. 1793; Macartney Cornell MS DS117, 252 Macartney journal notes, 22 June 1793.

24 FHA 02-01-006-003087-0006 Agui QL56/12/16; APF SOCP 68:487 Marchini, 3 Nov. 1793.

25 郭成康：《十八世纪的中国政治》，台北昭明出版，2001，第 319–320 页。

26 《英使马戛尔尼访华档案史料汇编》，第 309–313 页；Alexander, Journal, 22 July 1793。

27 Barrow, *Travels in China*, 55. Alexander, Journal, 2 July 1793; Macartney, *Embassy to China*, 65; Macartney Cornell MS DS117, 252 Macartney journal notes, 3 July 1793;《英使马戛尔尼访华档案史料汇编》，第 314–315 页。

28 《英使马戛尔尼访华档案史料汇编》，第 314 页；Barrow, *Auto-biographical Memoir*, 59。

29 G. L. Staunton, *Authentic Account* 1:416–417.

30 《英使马戛尔尼访华档案史料汇编》，第 320–321 页；G. L. Staunton, *Authentic Account*, 1:417。亦参考陈利：《帝国眼中的中国法律：主权、正义和跨文化政治》，第 25–65 页。

31 G. L. Staunton, *Authentic Account*, 1:432.

32 G. L. Staunton, *Authentic Account*, 1:432–433;《英使马戛尔尼访华档案史料汇编》，第 396、65 页。

33 Macartney, *Embassy to China*, 67;《英使马戛尔尼访华档案史料汇编》，第 336 页。

34 Macartney Cornell MS DS117, 265 Narrative of Events, 21 July 1793; 赖慧敏：《乾隆皇帝的荷包》，第 150 页；李桓：《国朝耆献类征初编》，第 96 卷，第 38–39 页。《英使马戛尔尼访华档案史料汇编》，第 82、340–341 页。

35 王文雄：G. L. Staunton, *Authentic Account*, 1:485–487;《清史稿校注》，第 12 卷，第9533 页。乔人杰：刘文炳：《徐沟县志》，山西人民出版社，1992 年，第 432 页；《郝村乔氏家谱》，2005 年，第 27 页；Macartney, *Embassy to China*, 98, 248; 赖慧敏：《乾隆皇帝的荷包》，第 150 页。

36 G. L. Staunton, *Authentic Account*, 1:488.

37 G. L. Staunton, *Authentic Account*, 1:488–489.

38 《英使马戛尔尼访华档案史料汇编》，第 374 页；G. L. Staunton, *Authentic Account*, 1:489。

39 Barrow, *Travels in China*, 105–106, 267.

40 Alexander, Journal, 28 July 1793; IOR G/12/92:27–32 Macartney's Instructions to his Attendants; Macartney Cornell MS DS117, 252 Macartney journal notes, 22 July–3 Aug. 1793.

41 Bodleian Library, George Macartney Papers, Eng. misc. f. 533:9 List made out by Sir George Staunton.

42 Macartney Cornell MS DS117, 271 Gower to Macartney, 16 Sept. 1793.

43 IOR/G/12/93 2:347–348 Macartney, 6 Aug. 1793.

第八章　作为译员和中介的李自标

1 APF SOCP 68:611–2 Ly, 20 Feb. 1794.

2 Macartney Cornell MS DS117, 265 Narrative of events, 21 July 1793; Anderson, *Narrative of the Embassy*, 58.

3 Macartney Cornell MS DS117, 265 Narrative of events, 21 July 1793.

4 《御制诗五集》,见《乾隆御制诗文全集》,第 9 册,第 83 卷,第 23 页。亦参考第 80 卷,第 26–27 页。

5 《御制诗五集》, 第 83 卷, 第 23a 页。

6 《英使马戛尔尼访华档案史料汇编》, 第 347–348 页 ; 王钟翰编 :《清史列传》, 中华书局, 1987 年, 第 7 卷, 第 2078 页。

7 《英使马戛尔尼访华档案史料汇编》, 第 343–345 页 ; 李桓 :《国朝耆献类征初稿》, 第 8 卷, 第 4451–4452 页。

8 Macartney, *Embassy to China*, 248;《明清宫藏中西商贸档案》, 第 4 卷, 第 2153–2160 页 ; Preston M. Torbert, *The Ch'ing Imperial Household Department: A Study of Its Organization and Functions, 1662–1796* (Cambridge, Mass.: Council on East Asian Studies, Harvard University, 1977), 122–123; Chang Te-Ch'ang, "The Economic Role of the Imperial Household in the Ch'ing Dynasty," *Journal of Asian Studies* 31, no. 2 (1972); 赖慧敏:《乾隆皇帝的荷包》, 第 112–113、140–151、232 页。

9 Macartney, *Embassy to China*, 71.

10 Macartney, *Embassy to China*, 71.

11 Macartney, *Embassy to China*, 74–76; National Library of Ireland MS8799(1) E Winder papers, Account by Edward Winder of a journey in China, 1;《英使马戛尔尼访华档案史料汇编》, 第 360 页。

12 Fairbank, *Chinese World Order*; John E. Wills, *Embassies and Illusions: Dutch and Portuguese Envoys to K'ang-hsi 1666–1687* (Cambridge, Mass.: Council on East Asian Studies, Harvard University, 1984); James L. Hevia, *Cherishing Men from Afar: Qing Guest Ritual and the Macartney Embassy of 1793* (Durham, N.C.: Duke University Press, 1995), 9–15; Wang, *Remaking the Chinese Empire*, 3–9.

13 Anderson, *Narrative of the Embassy*, 67;《钦定大清会典事例》, 第 505 卷, 第 2、7–8 页。

14 《钦定大清会典事例》, 第 514 卷, 第 6、10–12 页 ; 黎难秋 :《中国口译史》, 第 441–447 页 ; Kim, "Foreign Trade and Interpreter Officials" ; Chan, "'Chinese Barbarian Officials.'"

15 Alexander, Album, BL WD 959, 60, 155; IOR G/12/93:368 Macartney to Dundas, 9 Nov. 1793;《英使马戛尔尼访华档案史料汇编》, 第 40 页。

16 《钦定大清会典事例》, 第 56 卷, 第 4–6 页。

17 IOR G/12/91:85 Macartney to Dundas, 17 Mar. 1792.

18 National Portrait Gallery, London, James Gillray, "The Reception of the Diplomatique and his Suite at the Court of Pekin," 1792; Macartney, *Embassy to*

China, 84–85; Bodleian Library, George Macartney Papers, Eng. misc. f. 533:16 Commonplace book (undated note).

19 Macartney, *Embassy to China*, 86–87; Mosca, *Frontier Policy to Foreign Policy*, 129–153.

20 这次谈话发生在 1793 年 8 月 16 日。目前尚不清楚福康安此时是否已到达北京。FHA 03-0260-008 Fukang'an QL 58/7/5; Barrow, *Travels in China*, 115–116。

21 Macartney, *Embassy to China*, 86.

22 Macartney, *Embassy to China*, 90; Anderson, *Narrative of the Embassy*, 94.

23 Macartney, *Embassy to China*, 90.

24 Barrow, *Travels in China*, 88; Hüttner, *Voyage a la Chine*, 31.

25 Barrow, *Travels in China*, 102, 108; Macartney, *Embassy to China*, 93; Proud foot, *Biographical Memoir of James Dinwiddie*, 44.

26 《英使马戛尔尼访华档案史料汇编》，第 1 页；Macartney, *Embassy to China*, 80; APF SOCP 68:609 Ly, 20 Feb. 1794.

27 Proudfoot, *Biographical Memoir of James Dinwiddie*, 46; IOR G/12/92:58–59 Macartney to Dundas, 9 Nov. 1793.

28 Proudfoot, *Biographical Memoir of James Dinwiddie*, 46; IOR G/12/92:59 Macartney to Dundas, 9 Nov. 1793.

29 APF SOCP 68:612 Ly, 20 Feb. 1794.

30 Macartney, *Embassy to China*, 92; APF SOCP 68:612 Ly, 20 Feb. 1794;《英使马戛尔尼访华档案史料汇编》, 第 375 页。

31 APF SOCP 68:609 Jacobus Li, 25 Dec. 1793 and 68:612 Ly, 20 Feb. 1794.

32 IOR G/12/92:57 Macartney to Dundas, 9 Nov. 1793.

33 Macartney, *Embassy to China*, 99–100; G. L. Staunton, *Authentic Account*, 142–143; 王宏志：《马戛尔尼使华的翻译问题》。

34 Barrow, *Some Account of the Public Life*, 2:422; Macartney, *Embassy to China*, 99–100; G. L. Staunton, *Authentic Account*, 142–143; GT Staunton Papers, G. T. Staunton to G. L. Staunton, 27 Mar. 1800.

35 APF SOCP 68:611 Ly 20 Feb. 1794.

36 Barrow, *Travels in China*, 422.

37 《英使马戛尔尼访华档案史料汇编》，第 50–51 页。

38 Georg Simmel, *The Sociology of Georg Simmel*, trans. Kurt H. Wolff (London: Collier-Macmillan, 1950), 145–150.

第九章 御前讲话

1 《英使马戛尔尼访华档案史料汇编》，第 562 页；Anderson, *Narrative of the Embassy*, 120–121。

2 Macartney, *Embassy to China*, 114; Hüttner, *Voyage a la Chine*, 61–63.

3 Macartney, *Embassy to China*, 114.

4 APF SOCP 68:610 Ly, 25 Dec. 1793.

5 Macartney, *Embassy to China*, 117, 124; Anderson, *Narrative of the Embassy*, 138; GT Staunton Papers, Diary, 8 Sept. 1793; Millward et al., *New Qing Imperial History*; Daniel Mark Greenberg, "A New Imperial Landscape: Ritual, Representation, and Foreign Relations at the Qianlong Court" (PhD diss., Yale University, 2015).

6 GT Staunton Papers, Diary, 8 Sept. 1793; Macartney, *Embassy to China*, 118–121; G. L. Staunton, *Authentic Account*, 2:209–213; APF SOCP 68:612 Ly, 20 Feb. 1794.

7 原始英文文本：Morse, *Chronicles of the East India Company*, 2:244。严宽仁的版本：TNA FO 1048/1 King's letter to Kienlung, Sept. 1793。索德超的版本：《英使马戛尔尼访华档案史料汇编》，第 162–164 页。关于国书的问题，参见秦国经：《从清宫档案看英使马戛尔尼访华历史事实》，参见《英使马戛尔尼访华档案史料汇编》，第 74 页；王宏志：《马戛尔尼使华的翻译问题》，第 128 页。

8 《英使马戛尔尼访华档案史料汇编》，第 148–149 页；Durand, "Langage bureaucratique et histoire," 97–98。

9 《英使马戛尔尼访华档案史料汇编》，第 535 页。

10 APF SOCP 68:609 Ly, 25 Dec. 1793; AION 27/10/9 Ly, 20 Feb. 1794. See also G. L. Staunton, *Authentic Account*, 2:215; Macartney, *Embassy to China*, 119; 黄一农：《印象与真相——清朝中英两国的觐礼之争》。

11 IOR G/12/93 3:72 Macartney to Dundas, 9 Nov. 1793. G. L. Staunton, *Authentic Account*, 2:220–222; Macartney, *Embassy to China*, 120–121; Yoon, "Prosperity with the Help of 'Villains.'"

12 Macartney, *Embassy to China*, 121; IOR G/12/92:68 Macartney to Dundas, 9 Nov. 1793.

13 《英使马戛尔尼访华档案史料汇编》，第 51 页。

14 《英使马戛尔尼访华档案史料汇编》，第 150–151 页；Macartney, *Embassy to China*, 121。

15 Greenberg, "New Imperial Landscape," 91–182; Keliher, *Board of Rites*, 72; Stephen H. Whiteman, "From Upper Camp to Mountain Estate: Recovering

Historical Narratives in Qing Imperial Landscapes," *Studies in the History of Gardens & Designed Landscapes* 33, no. 4 (2013).

16 Macartney Cornell MS DS117, 371 Parish, 28 Feb. 1794; G. L. Staunton, *Authentic Account*, 2:225–229; 昭梿 :《啸亭杂录》, 第 375–376 页。

17 Keliher, *Board of Rites*, 154. 关于《万树园赐宴图》, 参见 Greenberg, "New Imperial Landscape," 113–116, 128。

18 Macartney, *Embassy to China*, 122.

19 GT Staunton Papers, Diary, 14 Sept. 1793.

20 GT Staunton Papers, Diary, 14 Sept. 1793.

21 G. L. Staunton, *Authentic Account*, 2:230–238; APF SOCP 68:610 Ly, 25 Dec. 1793; APF SOCP 68:613 Ly, 20 Feb. 1794; IOR/G/12/92:71 Macartney to Dundas, 9 Nov. 1793; Hüttner, *Voyage a la Chine*, 85–89; Macartney, *Embassy to China*, 124.

22 Anderson, *Narrative of the Embassy*, 148; GT Staunton Papers, Diary, 14 Sept. 1793.

23 GT Staunton Papers, Diary, 17 Sept. 1793.

24 GT Staunton Papers, Diary, 18 Sept. 1793.

25 *The Times*, 29 Sept. 1794, 3.

26 National Library of Ireland MS 8799 E Winder papers 1 Account by Edward Winder of a journey in China, 1793.

27 National Library of Ireland MS8799 (4) Wiley (illeg.) to Winder, 17 Feb. 1797.

28 管世铭 :《韫山堂诗集》(1802), 第 16 卷, 第 3 页。亦参考刘家驹 :《英使马戛尔尼觐见乾隆皇帝的礼仪》,《近代中国初期历史研讨会论文集》, 台北"中研院", 1989 年。

29 管世铭 :《韫山堂诗集》, 第 16 卷, 第 3 页。

30《乾隆御制诗文全集》, 第 9 册,《御制诗五集》, 第 84 卷, 第 10–13 页。

31 Macartney, *Embassy to China*, 124–126; G. L. Staunton, *Authentic Account*, 2:240–48; Anderson, *Narrative of the Embassy*, 149.

32 Macartney, *Embassy to China*, 127–128; G. L. Staunton, *Authentic Account*, 2:343 (undated but this is the most likely occasion); IOR G/12/92:75 Macartney to Dundas, 9 Nov. 1793.

33 Mosca, *Frontier Policy to Foreign Policy*, 137–154; FHA 03-0259-066 Fukang'an QL58/6/22, 04-01-13-0093-007 QL58/6/11.

34 Macartney, *Embassy to China*, 127;《松文清公升官录》, 第 257–268 页 ; 李桓 :《国

朝耆献类征初编》，第 36 卷，第 31 页；马子木：《论清朝翻译科举的形成与发展（1723–1850）》。

35 昭梿：《啸亭杂录》，第 318 页；《松文清公升官录》，第 275 页。Yoon, "Prosperity with the Help of 'Villains,'" 497。

36 赖慧敏：《乾隆皇帝的荷包》，第 478–479 页。陈开科：《嘉庆十年》，第 100–103 页。

37 《松文清公升官录》，第 285 页；《清史稿校注》，第 7 卷，第 5420 页。

38 Macartney Cornell MS DS117, 17 Copy of a dispatch from the Ruling Senate, 1791; 《松文清公升官录》，第 284 页；Fu, *Documentary Chronicle*, 309–316, 320–322; Afinogenov, *Spies and Scholars*, 177, 200。

39 Macartney, *Embassy to China*, 127. G. L. Staunton, *Authentic Account*, 256–257.

40 Gregory Afinogenov, "Jesuit Conspirators and Russia's East Asian Fur Trade, 1791–1807," *Journal of Jesuit Studies* 2, no. 1 (2015).

41 Anderson, *Narrative of the Embassy*, 149. Macartney, *Embassy to China*, 125; Hüttner, *Voyage a la Chine*, 93; GT Staunton Papers, Diary, 15 Sept. 1793.

42 Macartney, *Embassy to China*, 136–139; GT Staunton Papers, Diary, 18 Sept. 1793; Xiaoqing Ye, "Ascendant Peace in the Four Seas: Tributary Drama and the Macartney Mission of 1793," *Late Imperial China* 26, no. 2 (2005).

43 Hüttner, *Voyage a la Chine*, 112–117; Macartney, *Embassy to China*, 135; G. L. Staunton, *Authentic Account*, 256–258.

44 IOR/G/12/92 Macartney to Dundas, 9 Nov. 1793, 79, 83; 赖慧敏：《乾隆皇帝的荷包》，第 357–409 页。

45 Macartney Cornell MS DS117, 278 Macartney to Cho-chan-tong [Heshen], 3 Oct. 1793 Latin version.

46 *The Times*, 29 Sept. 1794, 3; Macartney Cornell MS DS117, 278 Macartney to Cho-chan-tong, 3 Oct. 1793.

47 Macartney, *Embassy to China*, 150; Macartney Cornell MS DS117, 278 Macartney to Cho-chan-tong, 3 Oct. 1793.

48 APF SOCP 68:613 Ly, 20 Feb. 1794; Fatica, "Gli alunni del *Collegium Sinicum* di Napoli."

49 《英使马戛尔尼访华档案史料汇编》，第 59 页。

50 APF SOCP 68:610, Jacobus Ly, 25 Dec. 1793. Macartney, *Embassy to China*, 141.

51 《英使马戛尔尼访华档案史料汇编》，第 59 页。关于后来的英文翻译，参见 Edmund Trelawney Backhouse and John Otway Percy Bland, *Annals and Memoires of the Court of Peking* (London: W. Heinemann, 1914), 322–331。

第十章　成为隐身的翻译

1 APF SOCP 68:620 Ly, 20 Feb. 1794.

2 GT Staunton Papers, Diary, 26 Sept. 1793; Macartney Cornell MS DS117, 259 Irwin to Macartney, 2 July 1793; Bodleian Library, George Macartney Papers, Eng. misc. f. 533:11 Commonplace book (有一条关于李自昌官服的未注明日期的批注，它表明马戛尔尼见到了他并且可能需要再次确认他的身份); Barrow, *Travels in China*, 112–113.

3 APF SOCP 68:484 Marchini, 17 Dec. 1793.

4 William Jardine Proudfoot, *"Barrow's Travels in China" : An Investigation* (London: George Philip and Son, 1861), 39.

5 Macartney, *Embassy to China*, 149.

6 APF SOCP 68:609–610 Ly, 25 Dec. 1793.

7 Macartney, *Embassy to China*, 150, 155–156.

8 《英使马戛尔尼访华档案史料汇编》，第 60–62 页；GT Staunton Papers, Diary, 20 Oct. 1793。

9 杨钟羲：《雪桥诗话续集》(1857)，第 6 卷，第 85 页。

10 《英使马戛尔尼访华档案史料汇编》，第 176–177 页。

11 《英使马戛尔尼访华档案史料汇编》，第 405 页；Macartney, *Embassy to China*, 159。

12 《英使马戛尔尼访华档案史料汇编》，第 405 页；Macartney, *Embassy to China*, 159–160。

13 Macartney, *Embassy to China*, 160–161, 178; G. L. Staunton, *Authentic Account*, 2:358.

14 Macartney, *Embassy to China*, 163.

15 Macartney, *Embassy to China*, 179; 姚莹：《识小录 寸阴丛录》，黄季耕点校，黄山书社，1991 年，第 101 页。

16 《英使马戛尔尼访华档案史料汇编》，第 415、443 页；Macartney, *Embassy to China*, 177.

17 Macartney Cornell MS DS117, 308 Poirot to Macartney, 29 Sept. 1794; Macartney, *Embassy to China*, 166–167;《英使马戛尔尼访华档案史料汇编》，第 437–440 页；IOR G/12/92:102, Macartney to Dundas, 9 Nov. 1793.

18 《英使马戛尔尼访华档案史料汇编》，第 438 页。

19 《英使马戛尔尼访华档案史料汇编》，第 438 页。

20 IOR G/12/92:353 Note for Cho-chan-tong, 9 Nov. 1793.

21 APF SOCP 68:614 Ly, 20 Feb. 1794.

22 AION 27/10/9 Ly, 20 Feb. 1794.

23 《英使马戛尔尼访华档案史料汇编》，第 459 页。

24 《英使马戛尔尼访华档案史料汇编》，第 478 页。

25 昭梿:《啸亭杂录》，第 347、459–460 页；《清史稿校录》，第 12 卷，第 9479–9481 页；李桓：《国朝耆献类征初编》，第 5 卷，第 2960 页。

26 Macartney, *Embassy to China*, 176.

27 G. L. Staunton, *Authentic Account*, 2:470–471; FHA 03-0428-043 Changlin QL 53/5/27; Macartney, *Embassy to China*, 190.

28 Barrow, *Auto-biographical Memoir*, 114.

29 GT Staunton Papers, Diary, 11 Nov. 1793; Barrow, *Travels in China*, 523; Barrow, *Auto-biographical Memoir*, 139. Note: the identification of Zhu Gui depends on Barrow's 1847 memoir.

30 Barrow, *Auto-biographical Memoir*, 133.

31 Macartney, *Embassy to China*, 180–181; AION 27/10/9 Ly, 20 Feb. 1794.

32 IOR G/12/92:399 Macartney to Dundas, 23 Nov. 1793.

33 Macartney, *Embassy to China*, 184–185; APF SOCP 68:617 Ly, 20 Feb. 1794; Gower, Journal of HMS Lion, 96–97;《英使马戛尔尼访华档案史料汇编》，第 198–199 页。

34 Macartney Cornell MS DS117, 333 Interpretatio verbalis responsi Imperatoris dictante Ciaan Zun tu.

35 Macartney, *Embassy to China*, 193.

36 《英使马戛尔尼访华档案史料汇编》，第 198–199 页；Macartney Cornell MS DS117, 333 Interpretatio verbalis。

37 《英使马戛尔尼访华档案史料汇编》，第 198–199 页；Macartney Cornell MS DS117, 333 Interpretatio verbalis。

38 Macartney, *Embassy to China*, 193.

39 Macartney, *Embassy to China*, 193;《英使马戛尔尼访华档案史料汇编》，第 198–199 页。

40 Macartney, *Embassy to China*, 210.

41 《掌故丛编》，1928 年初版，1964 年台北国风出版社重印，第 23 页；王宏志：《马戛尔尼使华的翻译问题》，第 134 页。

42 APF SOCP 68:618 Ly, 20 Feb. 1794; Macartney, *Embassy to China*, 205;《明清

宫藏中西商贸档案》，第 4 卷，第 2390–2400 页；Fu, *Documentary Chronicle*, 327–331; IOR G/12/92:471–483 Viceroy's 1st and 2nd edicts; IOR G/12/93 3:316 Representation of Lord Macartney to the Viceroy。

43 IOR G/12/93 3:317 Representation of Lord Macartney; IOR G/12/93 3:289 Macartney to Browne, 22 Jan. 1794; 许地山编：《达衷集》（鸦片战争前中英交涉史料），上海商务印书馆，1928 年，第 169 页。

44 IOR G/12/92:445 Macartney to Dundas, 7 Jan. 1794.

45 Macartney, *Embassy to China*, 216–217.

46 Macartney Cornell MS DS117, 290 Draft journal, 13 Jan. 1794; Macartney, Journal of a Voyage, 47; IOR G/12/93 Macartney to Dundas, 25 Mar. 1793, 18 June 1793.

47 AION 27/10/9 Ly, 20 Feb. 1794.

48 APF SOCP 68:620 Ly, 20 Feb. 1794.

49 Proudfoot, *Biographical Memoir of James Dinwiddie*, 71.

50 Bodleian Library, George Macartney Papers, Eng. misc. f. 533:8 Commonplace book.

51 G. T. Staunton, *Memoir of the Life and Family*, 49–50.

52 APF SOCP 68:616 Ly, 20 Feb. 1794.

53 APF SOCP 68:620 Ly, 20 Feb. 1794; AION 27/10/9 Ly, 20 Feb. 1794.

54 APF SOCP 68:616 Ly, 20 Feb. 1794.

第十一章　使团之后的李自标

1 APF SOCP 68:484 Marchini, 17 Dec. 1793.

2 *Biographical Memoir of Sir Erasmus Gower*, 38; Macartney Cornell MS DS 117, 290 Journal draft, 6, 12, and 24 Feb. 1794; APF SOCP 68:635 Marchini, 2 Mar. 1794; AION 27/10/9 Ly, 21 Feb. 1794; ACGOFM Missioni 53 Raccolta di lettere, Nien, n.d.

3 GT Staunton Papers, G. T. Staunton to G. L. and Jane Staunton, 25 Jan. 1800, G. T. Staunton to G. L. Staunton, 27 Mar. 1800, G. T. Staunton to Jane Staunton, 7 May 1801; TNA FO 1048/11/87 Copies of Chinese official documents about the Ashing case 1811. 在本书此处及其后，随斯当东父子前往英国的阿成与后来清朝和东印度公司档案中为人所知的阿成（吴亚成）的关联只是间接的。他们职业生涯的所有已知细节都非常吻合，而且很明显，后来这位阿成与小斯当东的关系非常密切。然而，阿成应该是一个普通人名，我们也不知道那个去英国的年轻人姓什么，所以有可能他们是两个不同的人。

4 APF SOCP 68:635 Marchini, 2 Mar. 1794. APF SOCP 68:621–628 Marchini, 17 Jan. 1794 (in Li's handwriting).

5 APF SOCP 69:153–154 Marchini, 17 Nov. 1794.

6 APF SOCP 69:254 Mandello, 18 Oct. 1794.

7 APF SC Indie 39:483 Ly, 3 Oct. 1795.

8 Margiotti, *Cattolicismo nello Shansi*, 89–114; APF SOCP 63:809 Kuo 1781; APF SOCP 69:385 Conforti, 30 Aug. 1799;《天主教长治教区简史》，第 67 页。在韩丁的（William Hinton）《深翻》（*Shenfan*, London: Secker & Warburg, 1983）一书中，马厂以 Horse Square Market 一名为英语世界的读者所知。

9 APF SC Cina 3:412 Landi, 2 Oct. 1807. ACGOFM Missioni 53 Raccolta di lettere, Guo to Li, 16 Mar. 1787; Bernward H. Willeke, ed., "The Report of the Apostolic Visitation of D. Emmanuele Conforti on the Franciscan Missions in Shansi, Shensi and Kansu (1798)," *Archivum Franciscanum Historicum* 84, nos. 1–2 (1991); APF SOCP 63:750 di Osimo, 26 Aug. 1782. 李自标新的姓有可能是把他的英文姓 Plum 回译成了中文的 Mei（梅），但所有记录中的中文姓都是 Mie（乜）。

10 FHA 02-01-006-003213-0024 Changlin QL 60/1/21; APF SC Cina 2:142 Mandello, 1 Sept. 1803; 潘挹奎：《武威耆旧传》，第 4 卷，第 14–15 页；APF SC Indie 39:483 Ly, 3 Oct. 1795。

11 Willeke, "Report of the Apostolic Visitation," 265; ACGOFM Missioni 53 Raccolta di lettere, Ly, 15 Sept. 1798;《清史稿校注》，第 12 卷，第 9553 页。Wang, *White Lotus Rebels and South China Pirates*, 41–80.

12 Wang, *White Lotus Rebels and South China Pirates*, 124–157.

13 《清史稿校注》，第 12 卷，第 9468–9469、9480 页；Wang, *White Lotus Rebels and South China Pirates*, 151–153。

14 APF SC Cina 1a:440 Ly, 20 Dec. 1801. See also APF SC Cina 10:312 de Donato, 30 Oct. 1841.

15 ACGOFM Missioni 53 Raccolta di lettere Ly, 14 Aug. 1799; APF SC Cina 1a:552 Ly, 4 July 1802.

16 APF SOCP 69:387 Conforti, 30 Aug. 1799; APF SOCP 70:52 Indie Orientali Cina Ristretto 1802; APF SC Indie 39:826–827 Conforti 1799; APF SC Cina 1a:441 Ly, 20 Dec. 1801; APF SC Cina 2:131 Mandello, 9 Oct. 1803; Willeke, "Report of the Apostolic Visitation," 216–217; Henrietta Harrison, *Missionary's Curse*, 48.

17 APF SC Cina 1a:441 Ly, 20 Dec. 1801; APF SOCP 70:111–2 Indie Orientali Cina Pekino ristretto 1803; Willeke, "Report of the Apostolic Visitation," 216; Margiotti,

Cattolicismo nello Shansi, 615–16.

18 APF SC Cina 14:275 da Moretta, 1851.

19 APF SC Cina 1a:441 Ly, 20 Dec. 1801.

20 AION 27/10/9 Ly, 21 Feb. 1794.

21 APF SC Cina 2:131–2 Mandello 1803; APF SC Cina 2:165 Ciang, 1803; APF SC Cina 3:603 da Signa 1808; APF SC Cina 3:789–790 U and Li, 4 Oct. 1810; APF SOCP 70:1 Conforti 1802.

22 ACGOFM Missioni 53 Raccolta di lettere Ly, nd.

23 AION 16/1/15 Ly, 3 July 1802.

24 AION 16/1/15 Ly, 3 July 1802.

25 ACGOFM Missioni 53 Raccolta di lettere Ly, 14 Aug. 1799; *Elenchus alumnorum*, 4.

26 AION 16/1/15 Ly, 7 Aug. 1799.

27 AION 16/1/15 Ly, 25 Feb. 1801.

28 ACGOFM Missioni 53 Raccolta di lettere, Ly, 30 July 1803.

29 Public Record Office of Northern Ireland, D572 Macartney Papers, 7/77 Ly, 25 Feb. 1801.

30 Public Record Office of Northern Ireland, D572 Macartney Papers 8/174 Plum, July 1802

31 《清史稿校注》，第 12 卷，第 9554 页；昭梿：《啸亭杂录》，第 92 页。

32 APF SC Cina 2:83–87 Mandello, Sept. 1803. 范天成又名 Simone Fan。

33 ACGOFM Missioni 53 Raccolta di lettere, Ly, 14 Aug. 1797.

34 APF SC Cina 2:245 Ly, 28 Jan. 1804.

35 APF SC Cina 2:245 Ly, 28 Jan. 1804.

36 APF SC Cina 2:245–58 Ly, 28 Jan. 1804; APF SC Cina 2:417 Landi, 7 Nov. 1804.

37 APF SOCP 70:313–4 Ciao, 1 Aug. 1704; APF SC Cina 2:418 Landi, 7 Nov. 1804; AION 16/10/15 Ly, 30 Aug. 1804. 郭儒旺又名 Camillus Ciao。

38 APF SC Cina 2:418 Landi, 7 Nov. 1804.

39 APF SOCP 70:373 Indie Orientali Cina Ristretto, 1806.

40 APF SC Cina 3:412 Landi, 2 Oct. 1807.

41 APF SC Cina 3 Ly, 23 Mar. 1806; APF SC Cina 3:376 Ly, 9 Feb. 1807 APF SCCina 3:419 Landi, 2 Oct. 1807;《清代外交史料 · 嘉庆朝》，第 1 册，第 24–26 页；Stefano Gitti, *Mons. Gioacchino Salvetti O.F.M. (1769–1843) e la missione dei francescani in Cina* (Florence: Studi Francescani, 1958), 14–23。

42 ACGOFM Missioni 53 Raccolta di lettere Ly, 24 Oct. 1808.

43 APF SC Cina 3:695 Ly to Ciu, 24 Oct. 1809.

第十二章 小斯当东成为翻译

1 GT Staunton Papers, G. T. Staunton to parents, 21 June 1799, 7 May 1801; IOR B/123:375 Court Minutes, 6 July 1796.

2 G. T. Staunton, *Memoirs of the Chief Incidents*, 200; Smith, *Memoir and Correspondence*, 303.

3 Andrew West, "The Staunton Collection," www.babelstone.co.uk/Morrison /other/ Staunton.html.

4 GT Staunton Papers, G. T. Staunton to G. L. Staunton, 15 Aug. 1796. 英文本：IOR G/12/93 3:327–330 George III to Emperor of China, 20 June 1795。中文参考《英使马戛尔尼访华档案史料汇编》，第 230–234 页。

5 《英使马戛尔尼访华档案史料汇编》，第 493 页。

6 G. T. Staunton, *Memoirs of the Chief Incidents*, 18–19; Brodie, *Works of Sir Benjamin Collins Brodie*, 1:5; GT Staunton Papers, G. T. Staunton to parents, 5 Aug. 1796, 15 Aug. 1796, 29 Aug. 1796, 19 Sept. 1796, 7 Oct. 1796; G. T. Staunton, *Memoir of the Life and Family*, 366–367.

7 Arnould, *Life of Thomas, First Lord Denman*, 1:3, 9–10.

8 G. T. Staunton, *Memoirs of the Chief Incidents*, 20–22.

9 IOR B/122: 1249 Court of Directors minutes, 10 Feb. 1796; G. T. Staunton, *Miscellaneous Notices*, 201; Baring Archive, NP1 C.22.11 G. L. Staunton to Francis Baring, 16 Mar. 1796, NP1 B.3.3 William Baring, 18 Nov. 1802.

10 G. L. Staunton, *Authentic Account*, 2:234; GT Staunton Papers, Duke of Portland, 28 July 1797, Lord Mornington, 28 July 1797, Marquis of Lansdown, 15 Aug. 1797, 8 Mar. 1798; IOR B/126: 1229 Court of Directors minutes, 5 Apr. 1798, 1276–1277, 10 Apr. 1798; G. T. Staunton, *Memoir of the Life and Family*, 373.

11 GT Staunton Papers, G. T. Staunton to parents, 28 July 1799.

12 GT Staunton Papers, G. T. Staunton to parents, 26 June, 22 Oct. 1799.

13 GT Staunton Papers, G. T. Staunton to parents, 28 July 1799, 25 Jan. 1800.

14 GT Staunton Papers, G. T. Staunton to G. L. Staunton, 18 Apr. 1801.

15 GT Staunton Papers, G. T. Staunton to parents, 25 Jan. 1800.

16 IOR G/12/136:106 Canton consultations, 3 Dec. 1801; Ch'en, *Insolvency of the Chinese Hong Merchants*, 352–353; 毛亦可：《清代六部司官的"乌布"》，《清史研究》

2014 年第 3 期，第 83 页；中国第一历史档案馆：《嘉庆十四年书吏冒领库项案档案》，《历史档案》2018 年第 4 期，第 17 页；Hilary J. Beattie, *Land and Lineage in China: A Study of T'ung-ch'eng County, Anhwei, in the Ming and Ch'ing Dynasties* (Cambridge: Cambridge University Press, 1979)。

17 GT Staunton Papers, G. T. Staunton to G. L. Staunton, 27 Mar. 1800; IOR G/12/128:30–31, 50–51, 56 Canton Consultations 1800; Chen, *Chinese Law in Imperial Eyes*, 25–41, 79–82.

18 潘剑芬：《广州十三行行商潘振承家族研究（1714–1911 年）》，第 14、60、101 页；Jenkins, "Old Mandarin Home"；IOR G/12/134:78 Canton Consultations 1801。

19 Morrison, *Memoirs of the Life and Labours*, 1:468.

20 GT Staunton Papers, G. T. Staunton to G. L. Staunton, 27 Mar. 1800.

21 GT Staunton Papers, G. T. Staunton to G. L. Staunton, 27 Mar. 1800.

22 GT Staunton Papers, G. T. Staunton to G. L. Staunton, 26 May 1800

23 GT Staunton Papers, G. T. Staunton to G. L. Staunton, 27 Mar. 1800

24 IOR G/12/128:211 Canton Consultations 1800.

25 IOR G/12/128:105–107 Canton Consultations 1800; GT Staunton Papers, G. T. Staunton to G. L. Staunton, 27 Mar. 1800.

26 GT Staunton Papers, G. T. Staunton to G. L. Staunton, 27 Mar. 1800.

27 昭梿：《啸亭杂录》，第 110 页。

28 IOR G/12/128:209 Canton Consultations 1800. GT Staunton Papers, G. T. Staunton to G. L. Staunton, 26 May 1800.

29 GT Staunton Papers, G. T. Staunton to G. L. Staunton, 26 May 1800.

30 IOR G/12/136:107–108 Canton Consultations 1801–1802; GT Staunton Papers, G. T. Staunton to G. L. Staunton, 27 Mar. 1800.

31 G. T. Staunton, *Memoirs of the Chief Incidents*, 25–26.

32 Elphinstone Collection, BL MSS Eur F89/4 JF Elphinstone to mother, 26 Feb. 1801, 31 July 1801; Guy Duncan, "Hochee and Elphinstone" (unpubl. MS, 2004), 34, 54.

33 GT Staunton Papers, G. T. Staunton to J. Staunton, 20 Dec. 1806; 蔡鸿生：《清代广州》，第 70–76 页。

34 GT Staunton Papers, G. T. Staunton to parents, 21 June and 19 Oct. 1799, 25 Jan. and 27 Mar. 1800, 7 May 1801.

35 TNA FO 1048/14/67 Li Yao to G. T. Staunton JQ19/10/13.

36 Duncan, "Hochee and Elphinstone," 33–34; Ch'en, *Insolvency of the Chinese Hong Merchants*, 348–349.

37 William C. Hunter, *The "fan kwae" at Canton before Treaty Days, 1825–1844* (London: Kegan Paul, Trench & Co, 1882), 50–53; Van Dyke, *Canton Trade*, 77–94.

38 GT Staunton Papers, G. T. Staunton to G. L. Staunton, 20 Jan. 1800, 27 June 1800.

39 GT Staunton Papers, G. T. Staunton to G. L. Staunton, 27 June 1800, 9 Aug. 1800, 29 Feb. 1801; G. T. Staunton, *Ta Tsing Leu Lee*, 493–509, 540–543; G. T. Staunton, *Narrative of the Chinese Embassy*, 258–318; IOR G/12/133:38–49 Canton Consultations 1801; IOR G/12/134:48–52 Canton Consultations 1801.

40 IOR G/12/134:13–14, 52, 110–123, 125, 148 Canton Consultations 1801; IOR/G/12/136:101, 107, 115–120 Canton Consultations 1801–1802.

41 G. T. Staunton, *Memoir of the Life and Family*, 387; IOR G/12/136:209 Canton Consultations 1801–1802; GT Staunton Papers, G. T. Staunton to J Staunton, 5 Oct. 1801.

第十三章　乔治·斯当东爵士，翻译官与银行家

1 Sir George Leonard Staunton Papers, BL, Will.

2 Coutts Bank Archive, London, Coutts Ledgers S 1805–1806 Sir George Thomas Staunton.

3 Brodie, *Works of Sir Benjamin Collins Brodie*, 1:16, 18, 23, 32; Charles Butler, *Reminiscences of Charles Butler, Esq. of Lincoln's Inn* (London: John Murray, 1822), dedication.

4 GT Staunton Papers, G. T. Staunton to Jane Staunton, 9 Sept. 1802, and also 14 Sept. 1802.

5 《英吉利国新出种痘奇书》; IOR G/12/150 Canton Consultations 1805:11, 37。

6 《英吉利国新出种痘奇书》，第 6 页；Leung, "Business of Vaccination," 26；张嘉凤：《十九世纪初牛痘的在地化——以〈英吉利国新出种痘奇书〉、〈西洋种痘论〉与〈引痘略〉为讨论中心》。

7 Hariharan, "Relations between Macao and Britain"；刘芳、章文钦：《清代澳门中文档案汇编》，第 2 卷，第 744–746 页。

8 《清代外交史料·嘉庆朝》，第 1 册，第 11–13 页。

9 昭梿：《啸亭杂录》，第 110 页。

10 IOR G/12/148 Canton Consultations 1805:78.

11 中文参考《清代外交史料·嘉庆朝》，第 1 册，第 18–19 页。英文本：IOR G/12/148 Canton Consultations 1805:135–139。

12 IOR G/12/148 Canton Consultations 1805:135.

13 IOR G/12/148 Canton Consultations 1805:77.

14 IOR/G/12/148 Consultations 1805:78.

15 TNA FO 1048/5/1 Wood to Viceroy, 1805.

16 Coutts Bank Archive, Ledgers S 1805–1817 Sir George Thomas Staunton. 该图表是将定期向账户支付利息的资产相加而得出的，数字仅供参考。以这种方式记录的资产主要是英国政府百分之三、百分之四和百分之五的债券以及百分之五的海军股票。八千一百零七英镑来自阿尔科特的纳瓦布所欠之债务，继承自老斯当东。从 1809 年起，他母亲名下的资金增加到约一万六千英镑。这些数字不包括老斯当东遗嘱中转让的六万三千美元（约一万三千英镑）美国股票。这些数字也不包括在广州的投资，因此小斯当东无疑比这里显示的要富有得多。

17 GT Staunton Papers, G. T. Staunton to G. L. Staunton, 9 Aug. 1800, 18 Apr. 1801; Coutts Bank Archive, Ledgers S 1805–1817 Sir George Thomas Staunton. 关于潘有度，参见 G. T. Staunton, *Tablets in the Temple*, 8。

18 GT Staunton Papers, G. T. Staunton to G. L. Staunton, 27 Mar. and 26 May 1800, 26 Feb. 1801; Grant, *Chinese Cornerstone of Modern Banking*, 78–82; Hanser, *Mr. Smith Goes to China*, 83.

19 GT Staunton Papers, G. T. Staunton to G. L. Staunton, 5 May 1801.

20 GT Staunton Papers, G. T. Staunton to Jane Staunton, 6 June 1804, 1 Mar. 1805, 30 Dec. 1805, 26 Feb. 1806, James Mackintosh to G. T. Staunton, 15 Aug. 1805; Coutts Bank Archive, Ledgers S 1805 and 1812 Sir George Thomas Staunton; Bank of England Archive, London, Personal communication, 23 Dec. 2019; Weng Eang Cheong, *Mandarins and Merchants: Jardine Matheson & Co., a China Agency of the Early Nineteenth Century* (London: Curzon Press, 1979), 27–32.

21 G. T. Staunton, *Memoirs of the Chief Incidents*, 40.

22 G. T. Staunton, *Select Letters*, 48; Wong, "'We Are as Babies under Nurses'"; Morrison, *Memoirs of the Life and Labours*, 2:305.

23 Morrison, *Memoirs of the Life and Labours*, 1:153.

24 Morrison, *Memoirs of the Life and Labours*, 1:214. See also Morrison, *Memoirs of the Life and Labours*, 1:1–2, 77; Marshall Broomhall, *Robert Morrison: A Master Builder* (London: Student Christian Movement, 1927), 32–33; 杨慧玲：《19 世纪汉英词典传统》，第 102 页。

25 G. T. Staunton, *Memoirs of the Chief Incidents*, 35.

26 Morse, *Chronicles of the East India Company*, 3:40–43; G. T. Staunton,

Miscellaneous Notices, 262–279; Royal Asiatic Society, Thomas Manning Archive TM 1/1/40 Manning, 24 Feb. 1807.

27 G. T. Staunton, *Miscellaneous Notices*, 271.

28 Royal Asiatic Society, London, RAS 01.001 Chinese Court of Justice in the Hall of the British Factory at Canton, 9 Apr. 1807; G. T. Staunton, *Notices of the Leigh Park Estate*, 6; Morse, *Chronicles of the East India Company*, 3:52–53.

29 G. T. Staunton, *Ta Tsing Leu Lee*, 517.

30 GT Staunton Papers, G. T. Staunton to Jane Staunton, 5 Nov. 1805.

31 GT Staunton Papers, G. T. Staunton to Barrow, 25 Aug. 1807; G. T. Staunton, *Ta Tsing Leu Lee*, xxix–xxx.

32 G. T. Staunton, *Ta Tsing Leu Lee*, title page (original in Latin).

33 Royal Asiatic Society, George Thomas Staunton collection, 28–29.

34 G. T. Staunton, *Ta Tsing Leu Lee*, 148, 528.

35 G. T. Staunton , *Ta Tsing Leu Lee*, xxxii.

36 GT Staunton Papers, G. T. Staunton to G. L. Staunton, 26 May 1800; 潘剑芬：《广州十三行行商潘振承家族研究（1714–1911 年）》，第 38–41、97 页。

37 G. T. Staunton, *Miscellaneous Notices*, 57–58; Royal Asiatic Society, George Thomas Staunton Collection, 33; Jenkins, "Old Mandarin Home"; BL IOR Neg 11666 1857 Madeleine Jackson Papers, Memoir compiled c 1871 by James Molony (1795–1874), 30; G. T. Staunton, *Notes of Proceedings*, 9; Duncan, "Hochee and Elphinstone," 25.

38 Chen, *Chinese Law in Imperial Eyes*, 127–128.

39 Ong, "Jurisdictional Politics in Canton."

40 St. André, "'But Do They Have a Notion of Justice?,'" 14.

41 Chen, *Chinese Law in Imperial Eyes*, 113.

42 G. T. Staunton, *Ta Tsing Leu Lee*, ix–x.

43 G. T. Staunton, *Ta Tsing Leu Lee*, x–xi.

44 G. T. Staunton, *Memoirs of the Chief Incidents*, 51–53.

第十四章　英国占领澳门及其后果

1 BL Elphinstone Collection BL MSS Eur F89/4 JF Elphinstone to WF Elphinstone, 14 Dec. 1810.

2 For detailed narratives, see Wakeman, "Drury's Occupation of Macau"; Wang,

White Lotus Rebels and South China Pirates, 240–246.

3 刘芳、章文钦：《清代澳门中文档案汇编》，第 2 卷，第 749 页；《清代外交史料 · 嘉庆朝》，第 2 册，第 23-24、33-35 页。

4 IOR G/12/164 Consultations 1808:62.

5 《清代外交史料 · 嘉庆朝》，第 2 册，第 27 页。

6 《清代外交史料 · 嘉庆朝》，第 2 册，第 34 页。

7 《清代外交史料 · 嘉庆朝》，第 2 册，第 28 页。

8 《清代外交史料 · 嘉庆朝》，第 3 册，第 2 页。这一论证见 Wang,*White Lotus Rebels and South China Pirates*, 244。

9 IOR/G/12/164 Consultations 1808, 143;《清代外交史料 · 嘉庆朝》，第 2 卷第 36 页、第 3 卷第 13–16 页。.

10 GT Staunton Papers, G. T. Staunton to parents, 20 Jan. 1800; IOR G/12/269 Secret Consultations: 21–22 and 27 Feb. 1809, 25 Sept. 1805, 7 Jan. 1808 (reunnamed spy), 11 Jan. 1809; IOR G/12/164 Consultations 1808: 168–170, 191–192;António Aresta, "Portuguese Sinology: A Brief Outline," *Review of Culture* 31 (n.d.), http://icm.gov.mo.

11 IOR G/12/269 Secret Consultations: 27 Feb. and 7 May 1809.

12 G. T. Staunton, *Miscellaneous Notices*, 69.

13 Morrison, Memoirs of the Life and Labours, 1:395.

14 Morrison, *Memoirs of the Life and Labours*, 1:293. G. T. Staunton,*Notes of Proceedings*, 332; Kitson, *Forging Romantic China*, 161–162.

15 Morrison, *Memoirs of the Life and Labours*, 1:293; IOR G/12/170:23–27.

16 IOR G/12/170 Canton Consultations 1810:81–82. Chinese text: TNA FO 1048/10/34 Ruling by governor on Austin's petition, 1810.

17 IOR G/12/174 Canton Consultations 1810:149–151.

18 Ch'en, *Insolvency of the Chinese Hong Merchants*, 235–238.

19 TNA FO 1048/11/87 Sewn bundle of copies of Chinese official documents about the Ashing case;《清代外交史料 · 嘉庆朝》，第 3 册，第 31–33 页。

20 《清代外交史料·嘉庆朝》，第 3 册，第 18 页。李桓，《国朝耆献类征初编》，第 5 卷，第 2979、2981 页；FHA 03-1671-020 Songyun JQ16/3/22; IOR G/12/20Staunton to Barrow, 16 July 1811; IOR G/12/269 Secret Consultations: 19 Oct. 1811; Ch'en, *Insolvency of the Chinese Hong Merchants*, 93。

21 IOR G/12/176 Canton Consultations 1811:95, 99, 109; TNA FO 1048/11/18 Manhop's hong to Sir G Staunton.

22 IOR G/12/176 Canton Consultations 1811:116–117; IOR G/12/20 Staunton to Barrow 16 July 1811; TNA FO 1048/11/22 G. T. Staunton to Songyun 9 May (草案显然是作为发言稿保存的)。

23 IOR G/12/176 Canton Consultations 1811: 116–117.

24 English text: IOR/G/12/176 Consultations 1811, 120–126; Chinese text: TNA FO 1048/11/26 Document which Staunton tried to present. Staunton's holdings: GT Staunton Papers, G. T. Staunton to Jane Staunton, 7 Apr. 1815.

25 IOR G/12/176 Canton Consultations 1811:117–119. 亦参见昭梿:《啸亭杂录》，第88页。

26 IOR G/12/176 Canton Consultations 1811:127–130.

27 IOR G/12/269 Secret Consultations: 7 June 1811. See also IOR/G/12/176 Canton Consultations 1811: 133–137.

28 《清代外交史料 · 嘉庆朝》，第3册，第42–43页。

29 IOR G/12/176 Canton Consultations 1811:167; IOR G/12/269 Secret Consultations: 23 Dec. 1811.

30 IOR G/12/176 Canton Consultations 1811:188–189.

31 IOR G/12/176 Canton Consultations 1811:186, 198, 208.

32 IOR G/12/269 Secret Consultations: 19–20 Oct. 1811; IOR G/12/178 Canton Consultations 1811:45; Duncan, "Hochee and Elphinstone," 22–23.

33 FHA 02-01-008-002876-006 Songyun JQ 16/7/1; FHA 03-1681-098 Songyun JQ 16/9/24; IOR G/12/178 Canton Consultations 1811:48–49, 80–81.

34 GT Staunton Papers, G. T. Staunton to Jane Staunton, 26 July 1812.

35 G. T. Staunton, Miscellaneous Notices, 31.

36 G. T. Staunton, Miscellaneous Notices, 55.

37 G. T. Staunton, Memoirs of the Chief Incidents, 54.

38 G. T. Staunton, Miscellaneous Notices, 136. 亦可参见 *Minutes of Evidence Taken before the Committee of the Whole House, and the Select Committee, on the Affairs of the East India Company* (London, 1813), 739.

第十五章 一位通事和他的麻烦

1 GT Staunton Papers, G. T. Staunton to Jane Staunton, 14 Aug. 1814.

2 Wong, *Global Trade in the Nineteenth Century*, 72, 82–84, 95–97; Grant, "Failure of the Li- ch'uan Hong."

3 Ch'en, *Insolvency of the Chinese Hong Merchants*, 135, 168; GT Staunton Papers, G. T. Staunton to Jane Staunton, 22 Sept. 1814.

4 Morse, *Chronicles of the East India Company*, 3:214–219.

5 刘芳、章文钦：《清代澳门中文档案汇编》，第 2 卷，第 771–772 页；《清代外交史料·嘉庆朝》，第 4 册，第 23 页；IOR G/12/270 Secret Consultations, 1 Oct. 1814;《清史校注》，第 12 卷，第 1970 页。

6 TNA FO 1048/14/67 9th of 10 letters from Ayew in prison, FO 1048/14/68 10th of 10 letters from Ayew in prison, FO 1048/15/2 Ayew to Elphinstone, FO 1048/15/7 Ayew from prison to Elphinstone (度路利是这一时期唯一造访过中国南部海岸的白人海军将领).

7 TNA FO 1048/14/72 The confessions of Ayew and of his wife.

8 TNA FO 1048/14/108 Ayew from prison to Elphinstone, FO 1048/14/68 10th of 10 letters from Ayew.

9 TNA FO 1048/13/3 Letter to [?Elphinstone] from linguist Ayou in Peking, FO 1048/14/68 10th of 10 letters from Ayew.

10 TNA FO 1048/14/72 Another copy of FO 1048/14/71 with a report on the case by the Nan- hai magistrate, FO 1048/14/68 10th of 10 letters from Ayew, FO 1048/14/58 Letter from Ayew to Elphinstone; IOR/G/12/197:40–41 Amherst Embassy. 有关该案聚焦于李耀的通事角色的详细描述，参见王宏志:《1814 年"阿耀事件"：近代中英交往中的通事》。

11 11. TNA FO 1048/14/68 10th of 10 letters from Ayew.

12 IOR G/12/270 Secret Consultations, 4 and 11 Dec. 1814; TNA FO 1048/14/57Part of a letter from Ayew.

13 Morrison, *Memoirs of the Life and Labours*, 1:421.

14 TNA FO 1048/14/58 Letter from Ayew to Elphinstone.

15 TNA FO 1048/14/58 Letter from Ayew to Elphinstone.

16 GT Staunton Papers, G. T. Staunton to Jane Staunton, 14 Dec. 1814. 关于这些谈判的重要性，参见王宏志：《斯当东与广州体制》。

17 G. T. Staunton, *Miscellaneous Notices*, 216–217; IOR G/12/197 Lord Amherst's Embassy, 37; TNA FO 1048/14/96 Statement from Select Committee delivered to Sub- prefect Fu, FO 1048/14/73 Petition to viceroy and provincial treasurer.

18 IOR G/12/197:41 Lord Amherst's Embassy.

19 IOR G/12/197: 34–37, 42 Lord Amherst's Embassy; TNA FO 1048/14/96 Statement from Select Committee, FO 1048/14/73 Petition to viceroy, FO 1048/10/21 Peti-tion

from Capt. Austin to viceroy.

20 《清代外交史料 · 嘉庆朝》，第 4 册，第 23 页。

21 TNA FO 1048/14/59 1st of 10 letters from Ayew in prison to Staunton, FO1048/14/60 2nd of 10 letters from Ayew in prison to Staunton.

22 G. T. Staunton, *Miscellaneous Notices*, 213–215, 297; TNA FO 1048/14/63 5th of 10 letters from Ayew in prison to Staunton; IOR G/12/190:168–172 Canton Consulta-tions 1814; G. T. Staunton, *Corrected Report of the Speeches*, 38–39.

23 TNA FO 1048/14/80 Statement submitted to sub- prefect for Macao.

24 TNA FO 1048/14/63 5th of 10 letters from Ayew in prison to Staunton.

25 TNA FO 1048/14/65 7th of 10 letters from Ayew in prison to Staunton.

26 TNA FO 1048/14/65 7th of 10 letters from Ayew in prison to Staunton.

27 TNA FO 1048/14/82 Order from Viceroy and Hoppo to Select Committee.

28 FO 1048/14/87 Order from Hoppo to hong merchants.

29 FO 1048/14/87 Order from Hoppo to hong merchants.

30 G. T. Staunton, *Miscellaneous Notices*, 214–215; TNA FO 1048/14/66 8th of 10 letters from Ayew in prison to Staunton.

31 TNA FO 1048/14/89 Order from viceroy to Canton prefect.

32 TNA FO 1048/14/94 Senior hong merchants to Staunton; Morrison, *Chinese Commercial Guide*, 48–53; 梁廷楠：《粤海关志》，第 560–562 页；潘剑芬：《广州十三行行商潘振承家族研究（1714–1911 年）》，第 225 页。

33 《清代外交史料 · 嘉庆朝》，第 4 册，第 24、27 页。

34 《清代外交史料 · 嘉庆朝》，第 4 册，第 24–25 页。

35 TNA FO 1048/15/4 Ayew to Elphinstone; IOR G/12/270 Secret Consultations 3 and 5 Mar. 1815, 17 June 1815; Ch'en, *Insolvency of the Chinese Hong Merchants*, 354–355; 昭梿：《啸亭杂录》，第二卷；爱如生明清实录数据库，JQ14/7 12190–12192, 12219, JQ17/8 15339; 中国第一历史档案馆：《嘉庆十四年书吏冒领库项案档案》。刘德章的侄儿是刘洋。

36 《清代外交史料 · 嘉庆朝》，第 4 册，第 28 页。

37 《清代外交史料 · 嘉庆朝》，第 4 册，第 25 页。引文引自 IORG/12/270, 3 Mar. 1815。

38 IOR G/12/20:298 Board of Control Miscellaneous.

39 《清代外交史料 · 嘉庆朝》，第 3 册，第 1058 页。

40 Morrison, *Memoirs of the Life and Labours*, 1:424–425.

41 G. T. Staunton, *Miscellaneous Notices*, 244–245.

42 TNA FO 1048/14/108 Ayew from prison to Elphinstone and others.

43 TNA FO 1048/14/113 Ayew to Elphinstone.

44 TNA FO 1048/14/113 Ayew to Elphinstone.

45 GT Staunton Papers, G. T. Staunton to Jane Staunton, 14 Dec. 1814.

46 IOR G/12/196:191 Lord Amherst's Embassy (Select Committee with Staunton as president).

47 FO 1048/15/9 Ayew from San-shui hsien.

48 GT Staunton Papers, G. T. Staunton to Jane Staunton, 8 July 1815, 21 Sept. 1815.

第十六章　阿美士德使华

1 G. T. Staunton, Memoirs of the Chief Incidents, 41–43; IOR G/12/197:1–6 Barrow to Buckinghamshire, 14 Feb. 1815.

2 IOR G/12/196 Letter to China, 27 Sept. 1815; IOR G/12/196:7–8 Elphinstone to Buckinghamshire, 3 Mar. 1815, 38–44 Grant to China, 27 Sept. 1815, 75–76 Secret Commercial Committee to Amherst, 17 Jan. 1816.

3 IOR G/12/196:36 Buckinghamshire, 21 Sept. 1815, 100–102 Secret commercial committee to Amherst, 17 Jan. 1816; Douglas M. Peers, "Amherst, William Pitt, First Earl Amherst of Arracan" and R. M. Healey, "Ellis, Sir Henry (1788–1855)," in *Oxford Dictionary of National Biography* (2004), www.oxforddnb.com.

4 IOR G/12/196:189–191 Canton Secret Consultations, 12 Feb. 1816; GT Staunton Papers, G. T. Staunton to Jane Staunton, 21 Feb. 1816.

5 G. T. Staunton, *Notes of Proceedings*, 423; Davis, *Sketches of China*, 1:84; IOR G/12/196:274 Secret consultations, 17 June 1816; GT Staunton Papers, G. T. Staunton to Jane Staunton, 7 Aug. 1816.

6 Ellis, *Journal of the Proceedings*, 2:219. IOR G/12/196:112 Secret Commercial Committee to China, 26 Jan. 1816.

7 IOR G/12/196:215 Staunton to Amherst, 11 July 1816.

8 G. T. Staunton, Notes of Proceedings, 3; IOR G/12/196:217 Amherst to Staunton 11 July 1816.

9 IOR G/12/196:36 Buckinghamshire, 21 Sept. 1815. Healey, "Ellis, Sir Henry."

10 Ellis, *Journal of the Proceedings*, 1:111, 1:113; Clarke Abel, *Narrative of a Journey in the Interior of China, and a Voyage to and from That Country in the Years 1816 and 1817* (London: Longman, Hurst, Rees, Orme & Brown, 1819), 70, 76, 87–88; G.

T. Staunton, *Notes of Proceedings*, 39–40.

11 昭梿：《啸亭杂录》，第 423 页。

12 G. T. Staunton, *Notes of Proceedings*, 206.

13 IOR G/12/196:367 Secret consultations, 1 Jan. 1817. 亦参考王宏志：《1816 年阿美士德使团的翻译问题》,《翻译学研究》，2015 年。

14 《清代外交史料 · 嘉庆朝》，第 5 册，第 3 页。

15 张瑞龙:《天理教事件与清中叶的政治、学术与社会》，第 144–156 页；陈开科:《嘉庆十年》，第 330–352、456–457 页。

16 《清代外交史料 · 嘉庆朝》，第 6 册，第 20 页。

17 《清代外交史料 · 嘉庆朝》，第 5 册，第 5 页。

18 G. T. Staunton, *Notes of Proceedings*, 44.

19 《清代外交史料 · 嘉庆朝》，第 5 册，第 15 页；G. T. Staunton, *Notes of Proceedings*, 43–44;《英使马戛尔尼访华档案史料汇编》，第 512 页；Ellis, *Journal of the Proceedings*, 1:133。

20 《英使马戛尔尼访华档案史料汇编》，第 512 页。亦参见 IOR G/12/197:223 Amherst to Canning, 12 Feb. 1817; G. T. Staunton, *Notes of Proceedings*, 46–47.

21 IOR G/12/197 p 223, 234 Amherst to Canning, 12 Feb. 1817;《清代外交史料 · 嘉庆朝》，第 5 册，第 29 页；G. T. Staunton, *Notes of Proceedings*, 50; Morrison, *Memoir of the Principal Occurrences*, 20–21; Abel, *Narrative of a Journey*, 74.

22 《英使马戛尔尼访华档案史料汇编》，第 210 页。

23 《英使马戛尔尼访华档案史料汇编》，第 211 页。

24 Morrison, *Memoir of the Principal Occurrences*, 32 (adapted). 亦参见 Morrison, *Memoir of the Principal Occurrences*, 29；《英使马戛尔尼访华档案史料汇编》，第 211 页。

25 《清代外交史料 · 嘉庆朝》，第 5 册，第 50 页；Morrison, *Memoir of the Principal Occurrences*, 34; Ellis, *Journal of the Proceedings*, 1:235.

26 Ellis, *Journal of the Proceedings*, 1:239–40; G. T. Staunton, *Notes of Proceedings*, 85–86, 88–89, 91. 亦参见《英使马戛尔尼访华档案史料汇编》，第 515 页。

27 G. T. Staunton, *Notes of Proceedings*, 89, 亦见 85–89。

28 G. T. Staunton, *Notes of Proceedings*, 93.

29 G. T. Staunton, *Notes of Proceedings*, 30, 94; Ellis, *Journal of the Proceedings*, 1:167, 231–232, 255.

30 Morrison, *Memoir of the Principal Occurrences*, 37; G. T. Staunton, *Notes of Proceedings*, 100–103; Ellis, *Journal of the Proceedings*, 1:258–260; Davis, *Sketches*

of China, 1:138–139;《英使马戛尔尼访华档案史料汇编》，第 213 页。

31 G. T. Staunton, *Notes of Proceedings*, 103–104.

32 G. T. Staunton, *Notes of Proceedings*, 116.

33 G. T. Staunton, *Notes of Proceedings*, 118–122; Abel, *Narrative of a Journey*, 104–105; IOR G/12/197:286–288 Amherst to Canning, 8 Mar. 1817; Morrison, *Memoir of the Principal Occurrences*, 40.

34 G. T. Staunton, *Notes of Proceedings*, 121. Ellis, *Journal of the Proceedings*, 1:271; Abel, *Narrative of a Journey*, 106.

35 《清代外交史料 · 嘉庆朝》，第 5 册，第 55–60 页。

36 G. T. Staunton, *Notes of Proceedings*, 57–58, 162–163; Duke University Library Henry Hayne papers, Diary, 7 Sept. 1816.

37 《清代外交史料 · 嘉庆朝》，第 6 册，第 25 页。

38 G. T. Staunton, *Notes of Proceedings*, 162;《清代外交史料 · 嘉庆朝》，第 6 册，第 25 页；爱如生明清实录数据库，DG8/6 9582, DG8/10 9958；奕赓：《佳梦轩丛著》，雷大受点校，北京古籍出版社，1994 年，第 39 页。

39 G. T. Staunton, *Notes of Proceedings*, 330, 亦见 323。

40 Ellis, *Journal of the Proceedings*, 2:64.

41 G. T. Staunton, *Notes of Proceedings*, 150.

42 《清代外交史料 · 嘉庆朝》，第 5 册，第 59–60 页，第 6 册，第 12 页。

43 《清代外交史料 · 嘉庆朝》，第 5 册，第 59–60 页，第 6 册，第 19–20、25 页。

44 John McLeod, *Voyage of His Majesty' s Ship Alceste along the Coast of Corea to the Island of Lewchew* (London: John Murray, 1818), 152–53, 155–57, 163.

45 IOR G/12/197:365 Amherst to Canning, 21 Apr. 1817.

46 English text: IOR G/12/197:391–399 Translation of letter to Regent. 中文本见《英使马戛尔尼访华档案史料汇编》，第 213 页。

47 English text: IOR G/12/197:391–399 Translation of letter to Regent. 中文本见《英使马戛尔尼访华档案史料汇编》，第 213 页。

48 Wang Hongzhi, "1816 nian Ameishide shituan." Wang approves Morrison's translation for its accuracy.

49 GT Staunton Papers, G. T. Staunton to Jane Staunton, 3 Jan. and 8 July 1817.

50 《清代外交史料 · 嘉庆朝》，第 6 册，第 38 页。

51 《清代外交史料 · 嘉庆朝》，第 6 册，第 38 页。

第十七章　李自标四处藏匿的晚年

1 APF SOCP 73:316 Ly, 22 Nov. 1816;《清中前期西洋天主教在华活动档案史料》，第3册，第1085–1087页。

2 《清代外交史料 · 嘉庆朝》，第1册，第28页。

3 《清代外交史料 · 嘉庆朝》，第1册，第23页；ACGOFM Missioni 53 Raccolta di lettere degli alunni Cinesi, 184 Ly, n.d.

4 《清中前期西洋天主教在华活动档案史料》，第3册，第994–995页；此处的专家是甘家斌。关于张铎德，参考《清中前期天主教在华活动档案史料》，第2册，第901–902页；APF SC Cina 3:859–865 Salvetti, 25 Sept. 1811; APF SC Cina 2:165 Ciang, 15 Oct. 1803; APF SC Cina 3:871 Ly, 29 Oct. 1811。亦参见张瑞龙：《天理教事件与清中叶的的政治、学术与社会》，第275–276页。

5 《清中前期西洋天主教在华活动档案史料》，第3册，第1004页。

6 《清中前期西洋天主教在华活动档案史料》第3册，第1075–1076页；Sachsenmaier, *Global Entanglements*, 130–135。

7 APF SOCP 73:315 Ly, 22 Nov. 1816.

8 ACGOFM Missioni 53 Raccolta di lettere degli alunni Cinesi, 171 Ly, 2 Oct. 1810.

9 ACGOFM Missioni 53 Raccolta di lettere degli alunni Cinesi, 171 Ly, 2 Oct. 1810.

10 ACGOFM Misioni 53 Raccolta di lettere degli alunni Cinesi, 173 Ly, 26 Sept. 1815.

11 APF SOCP 73:248 Ly, 29 Sept. 1815.

12 APF SOCP 73:316 Ly, 22 Nov. 1816; APF SOCP 70:4 Ciao 1801; APF SC Cina 4:362–363 Salvetti, 15 Sept. 1814; Timmer, *Apostolisch Vicariaat van Zuid-Shansi*, 18–20;《赵家岭圣母堂简介》，2013年。

13 Léon de Kerval, *Deux Martyrs Francais de l'ordre des frères mineurs le R.P. Théodoric Balat et le Fr. André Bauer massacrés en Chine le 9 Juillet 1900* (Rome: Lemière, 1914), 119–120.

14 APF SC Cina 6:120 Salvetti 1825; APF SC Cina 10:306 De Donato, 30 Oct. 1841, 《赵家岭圣母堂简介》。乔瓦尼 · 博尔贾与枢机主教的关系并不密切，但这种关系对那不勒斯的博尔贾来说非常重要。

15 《清中前期西洋天主教在华活动档案史料》，第3册，第1085–1087页。

16 Timmer, *Apostolisch Vicariaat van Zuid-Shansi*, 20.

17 APF SC Cina 4:365 Li, 15 Sept. 1814.

18 APF SOCP 73:71, 75 Garofalsi [1817]. APF SOCP 73:153–155 Memoria sopra la necessità [1817].

19 APF SOCP 73:208–9 Salvetti, 28 Sept. 1813.

20 潘挹奎 :《武威耆旧传》，第 4 卷，第 15 页。

21 APF SC Cina 6:310 Ly, 10 Sept. 1826.

22 APF SC China 5:151 Ly, 8 Sept. 1821; AION 16/1/15 Ly, 22 Apr. 1825 (Petrus Van was from Machang).

23 AION 1/5 to Ly, Jan. 1822. AION 16/1/15 Ly, 13 Sept. 1821; *Elenchus alumnorum*, 4.

24 ACGOFM Missioni 53 Raccolta di lettere degli alunni Cinesi, 182 Ly, 18 Sept. 1826.

25 ACGOFM Missioni 53 Raccolta di lettere degli alunni Cinesi, 175 Ly, 26 Sept. 1815.

26 ACGOFM Missioni 53 Raccolta di lettere degli alunni Cinesi, 178, 2 Sep 1818.

27 AION 16/1/15 Ly to Borgia, 10 Sept. 1826.

28 AION 16/1/15 Ly to Borgia, 10 Sept. 1826.

29 AION 16/1/15 Ly to Borgia, 10 Sept. 1826.

30 AION 16/1/15 Ly to Borgia, 10 Sept. 1826.

31 Timmer, *Apostolisch Vicariaat van Zuid-Shansi*, 93.

32 APF SC Cina 6:310 Ly, 10 Sept. 1826.

33 APF SC Cina 6:659 Salvetti, 28 Oct. 1828.

34 ACGOFM Missioni 53 Raccolta di lettere, 204 Vam Minor, 19 Sept. 1832.

第十八章　小斯当东在议会

1 G. T. Staunton, *Memoirs of the Chief Incidents*, 74–75.

2 G. T. Staunton, *Memoirs of the Chief Incidents*, 109–110; R. G. Thorne, “Mitchell,” in *The History of Parliament: The House of Commons 1790–1820*, ed. R. Thorne (London: Secker & Warburg, 1986) (History of Parliament Online); Brown, *Palmerston*, 50.

3 Kitson, *Forging Romantic China*, 99; Gladwyn, *Leigh Park*, 30–34.

4 G. T. Staunton, Catalogue of the Library at Leigh Park, 13. 简 · 奥斯汀曾住在利园北部的查顿村，她的侄子乔治在罗兰城堡的圣约翰教堂中受到纪念。

5 G. T. Staunton, Select Letters, 56–57; GT Staunton Papers, Jane Macartney to G. T. Staunton, 18 Mar. 1812; John Sweetman, “Robert Batty, 1788–1848,” in *Oxford Dictionary of National Biography*, www.oxforddnb.com; GT Staunton Papers, G. T.

Staunton to Jane Staunton 9 Aug. 1812, 3 June 1818.

6 G. T. Staunton, *Memoirs of the Chief Incidents*, 118.

7 G. T. Staunton, *Memoirs of the Chief Incidents*, 117.

8 G. T. Staunton, *Memoirs of the Chief Incidents*, 118; O'Neill and Martin, "Backbencher on Parliamentary Reform."

9 Brodie, *Works of Sir Benjamin Collins Brodie*, 1:122; "The Members," in Fisher, *History of Parliament*.

10 Brodie, *Works of Sir Benjamin Collins Brodie*, 1:xvii, 68, 93; C. C. Boase and Beth F. Wood, "Brodie, Peter Bellinger (1778–1854)," in *Oxford Dictionary of National Biography*, www.oxforddnb.com; Arnould, *Life of Thomas*, 1:19; Nechtman, *Nabobs*.

11 Morrison, *Memoirs of the Life and Labours*, 2:259–262, 304–306; G. T. Staunton, *Notices of the Leigh Park Estate*, 12–13, 42–44; GT Staunton Papers, G. T. Staunton, Nov. 1828; G. T. Staunton, *Memoirs of the Chief Incidents*, 141.

12 G. T. Staunton, *Notices of the Leigh Park Estate*, 6–11. 到 1836 年这本书出版时，小斯当东已将描绘"海王星号"水手受审的画作原作赠给了皇家亚洲学会。

13 Morrison, *Memoirs of the Life and Labours*, 2:305; G. T. Staunton, *Tablets in the Temple*, 6.

14 British Museum, London, Inkstand by Robert Hennell (1979,1008.1).

15 Morrison, *Memoirs of the Life and Labours*, 2:343, 亦见 325。

16 G. T. Staunton, *Memoirs of the Chief Incidents*, 101; Royal Asiatic Society, George Thomas Staunton Collection, 27–29; Andrew West, "The Staunton Collection," www.babelstone.co.uk/Morrison/other/Staunton.html; Morrison, *Memoirs of the Life and Labours*, 1:523.

17 G. T. Staunton, *Narrative of the Chinese Embassy*, v. 中文本：图理琛：《异域录》，商务印书馆，1936 年（小斯当东使用的中国版本是满文版）。法文本：Souciet, *Observations mathématiques*, 148–165。

18 G. T. Staunton, *Narrative of the Chinese Embassy*, v.

19 G. T. Staunton, *Miscellaneous Notices*.

20 Morrison, *Memoirs of the Life and Labours*, 1:522–523.

21 G. T. Staunton, *Memoirs of the Chief Incidents*, 173; Morrison, *Memoirs of the Life and Labours*, 2:231.

22 GT Staunton Papers, Diary, 4 Dec. 1826, and Oct. 1826 to Feb. 1827 passim; G. T. Staunton, *Notices of the Leigh Park Estate*, 13, 43.

23 Gladwyn, *Leigh Park*, 53–57, 65–66.

24 Sir George Leonard Staunton Papers, BL, George Leonard Staunton Will; G. T. Staunton, *Memoirs of the Chief Incidents*, 147–150.

25 Henry Crabb Robinson, *Diary, Reminiscences and Correspondence of Henry Crabb Robinson, Barrister- at- Law F.S.A.*, ed. Thomas Sadler (London: Macmillan, 1869), 2:403. Cf. Nechtman, *Nabobs*, 234–235.

26 Maria Edgeworth, *Letters from England 1813–1844*, ed. Christina Colvin (Oxford: Clarendon, 1971), 450.

27 Martin Archer Shee, *The Life of Sir Martin Archer Shee, President of the Royal Academy, F.R.S. D.C.L.* (London: Longman, Green, Longman & Roberts, 1860), 2:247–248. William Fraser, ed., *Members of the Society of Dilettanti 1736–1874* (London: Chiswick Press, 1874), 32; GT Staunton Papers, Visitors to Leigh Park.

28 Farrell, "Staunton, Sir George Thomas," in Fisher, *History of Parliament*; O'Neill and Martin, "Backbencher on Parliamentary Reform."

29 GT Staunton Papers, Diary, 14 July 1831.

30 GT Staunton Papers, Diary, 14 July 1831.

31 Palmerston Papers BR 195/71A To Sir G.T. Staunton Bart.; GT Staunton Papers, Diary, 25 Oct. 1832 (newspaper clipping). David Brown, "Palmerston, South Hampshire and Electoral Politics, 1832–1835," *Hampshire Papers* 26 (2003).

32 Keele University, Sneyd Archive GB172 SC17/182 Baring Wall to Sneyd, 15 Aug. 1832.

33 *Hampshire Advertiser*, 10 Nov. 1832.

34 *Hampshire Telegraph*, 7 Jan. 1833.

35 G. T. Staunton, *Corrected Report of the Speeches*, 32.

36 *The Times*, 5 June 1833, 4 and 23 May 1834, 4.

37 GT Staunton Papers, Palmerston to G. T. Staunton, 7 Jan. 1834.

38 Lamentation of Sir G. Stan-ching-quot, Mandarin of the Celestial Empire(Portsea: Moxon, 1834), broadside held in BL.

39 GT Staunton Papers, Diary, 18 Jan. 1835.

40 GT Staunton Papers, Diary, 21 Jan. 1835 (newspaper clipping) and draft, 19 Jan. 1835.

41 GT Staunton Papers, Diary, 21 Jan. 1835 (newspaper clipping) and draft, 19 Jan. 1835.

42 Morrison, *Memoirs of the Life and Labours*, 2:505.

43 GT Staunton Papers, Diary, 5 and 7 Mar. 1835 (drafts).

44 Staunton: GT Staunton Papers, Diary, 7 Mar. 1835 (edicts). Morrison: *Sessional Papers Printed by Order of the House of Lords or Presented by Royal Command in the Session 1840* (1840) 8:35–39.

45 GT Staunton Papers, Diary, 7 Mar. 1835.

46 GT Staunton Papers, Diary, 7 Mar. 1835.

47 GT Staunton Papers, Diary, 13 May 1835.

48 Hugh Hamilton Lindsay, *Letter to the Right Honourable Viscount Palmerston n British Relations with China* (London: Saunders & Otley, 1836), 4.

49 G. T. Staunton, *Remarks on the British Relations*, 8; GT Staunton Papers, Diary notes for Leigh Park, 1836.

50 Staunton, *Remarks on the British Relations*, 28.

51 Staunton, *Remarks on the British Relations*, 16, 24.

52 Staunton, *Remarks on the British Relations*, 35–36. See also Dilip K. Basu, "Chinese Xenology and the Opium War: Reflections on Sinocentrism," *Journal of Asian Studies* 73, no. 4 (2014).

53 Staunton, *Remarks on the British Relations*, 38.

第十九章　鸦片战争

1 Polachek, *Inner Opium War*; Mao, *Qing Empire and the Opium War*,74–78.

2 Glenn Melancon, *Britain' s China Policy and the Opium Crisis: Balancing Drugs, Vio lence and National Honour, 1833–1840* (Aldershot: Ashgate, 2003), 74–79; 杨国桢 :《林则徐传》, 人民出版社，1981 年，第 144 页。

3 Hunter, *Bits of Old China*, 260–262; 陈德培 :《林则徐〈洋事杂录〉》, 第 23 页 ; "Letter to the Editor," *Canton Press*, 14 Nov. 1840, 17–18; FHA 05-08-003-000166-018 Duyusi 都虞司 DG 20/8/27, 04-01-12-0408-113 Li Hongbin 李鸿宾 DG 9/6/12; 谭树林 :《英华书院与晚清翻译人才之培养——以袁德辉、马儒翰为中心的考察》, 第 66 页。

4 McNeur, *Liang A- fa*, xiv, 71, 82–83, 88; 苏精 :《林则徐看见的世界》, 第 35–37 页。

5 George B. Stevens and W. Fisher Markwick, *The Life, Letters and Journals of the Rev. and Hon. Peter Parker, M.D. Missionary, Physician, and Diplomatist* (Boston: Congregational Sunday-School and Publishing Society, 1896), 175.

6 苏精 :《林则徐看见的世界》, 第 24、29–35 页 ; "Loss of the British Bark Sunda,"

Chinese Repository, 1 Jan. 1840, 484。

7 陈顺意 :《翻译与意识形态 : 林则徐翻译活动研究》, 武汉大学博士论文, 2016 年, 第 46–47、54–56、81–83、94、107–110、170–173 页 ; Algernon S. Thelwall, *The Iniquities of the Opium Trade with China* (London: W.H. Allen, 1839), ix; M. C. Curthoys, "Thelwall, Algernon Sydney (1795–1863)," in *Oxford Dictionary of National Biography*, www.oxforddnb.com.

8 苏精 :《林则徐看见的世界》, 第 3 页。陈顺意 :《翻译与意识形态》, 第 95–96 页。

9 陈德培 :《林则徐〈洋事杂录〉》; 陈胜粦 :《林则徐"开眼世界"的珍贵记录——林氏〈洋事杂录〉评介》, 第 1、3 页。

10 Mao, *Qing Empire and the Opium War*,122.

11 《鸦片战争档案史料》, 第 1 册, 第 673–675 页 ; 王宏志 :《第一次鸦片战争中的译者 · 上篇 : 中方的译者》。

12 苏精 :《林则徐看见的世界》, 第 17–18、43、58–60 页。

13 "Loss of the British Bark Sunda," *Chinese Repository*, 1 Jan. 1840.

14 Hobhouse, *Recollections of a Long Life*, 5:227–528. 关于另一种解释, 参见 Melancon, *Britain' s China Policy*, 104–107。

15 G. T. Staunton, *Memoirs of the Chief Incidents*, 139–141; Palmerston Papers GC/ST/36 G. T. Staunton to Palmerston, 3 May 1838, GC/ST/38 G. T. Staunton to Palmerston, 12 June 1838; GT Staunton Papers, Palmerston to G. T. Staunton, 12 May 1838, 10 June 1838.

16 G. T. Staunton, *Memoirs of the Chief Incidents*, 87–88; GT Staunton Papers, Palmerston to G. T. Staunton, 2 Apr. 1840. 关于另一种解释, 参见关诗珮:《英法〈南京条约〉译战与英国汉学的成立——"英国汉学之父"斯当东的贡献》。

17 TNA FO 17/41:116 G. T. Staunton to Palmerston, 17 Feb. 1840.

18 TNA FO 17/41:145 G. T. Staunton to Palmerston, 20 Feb. 1840.

19 G. T. Staunton, *Corrected Report of the Speech of Sir George Staunton on Sir James Graham' s Motion on the China Trade in the House of Commons, April 7, 1840* (London: Edmund Lloyd, 1840), 7; *The Times*, 7 Apr. 1840, 4–6;《鸦片战争档案史料》, 第 1 册, 第 669 页 ; GT Staunton Papers, Visitors to Leigh Park。

20 *The Times*, 10 Apr. 1840, 4. *The Times*, 7 Apr. 1840, 4–6, 8 Apr. 1840, 4.

21 Hobhouse, *Recollections of a Long Life*, 5:257–258.

22 GT Staunton Papers, Palmerston to G. T. Staunton, 24 Oct. 1840.

23 苏精 :《林则徐看见的世界》, 第 445 页。

24 王宏志 :《第一次鸦片战争中的译者 · 上篇 : 中方的译者》, 第 99 页 ; 季压西、陈

伟民 :《中国近代通事》，第 158、178 页 ; 李文杰 :《中国近代外交官群体的形成（1861–1911）》， 第 203、340–341 页。Porter, “Bannermen as Translators” ; McNeur, *Liang A- fa*, 88。

25 季压西、陈伟民 :《中国近代通事》，第 163–167 页。

26 季压西、陈伟民 :《中国近代通事》，第 169–170、185 页 ; 王宏志 :《第一次鸦片战争中的译者 · 上篇 : 中方的译者》，第 102 页。

27 Morrison, *Chinese Commercial Guide*, vi; 王宏志 :《第一次鸦片战争中的译者 · 上篇 : 中方的译者》，第 25、28–29 页 ; 关诗珮 :《英法〈南京条约〉译战与英国汉学的成立—— “英国汉学之父” 斯当东的贡献》，第 64 页。

28 王宏志 :《第一次鸦片战争中的译者 · 上篇 : 中方的译者》，第 17、24 页 ; Platt, *Imperial Twilight*, 277–278。

29 王宏志 :《第一次鸦片战争中的译者 · 上篇 : 中方的译者》，第 52、57 页 ; 关诗珮 :《英法〈南京条约〉译战与英国汉学的成立—— “英国汉学之父” 斯当东的贡献》，第 153–154 页。

30 TNA FO 17/63 G. T. Staunton, 19 Dec. 1842.

31 Barton Starr, “Morrison, John Robert,” in *Oxford Dictionary of National Bioraphy*, www.oxforddnb.com; 王宏志 :《第一次鸦片战争中的译者 · 上篇 : 中方的译者》，第 18、91 页 ; 关诗珮 :《英法〈南京条约〉译战与英国汉学的成立—— “英国汉学之父” 斯当东的贡献》，第 161–163 页 ; McNeur, *Liang A- fa*, 93, 97, 116。

32 Leonard, *Wei Yuan and China’s Rediscovery*, 97–98; 王宏志 :《第一次鸦片战争中的译者 · 上篇 : 中方的译者》，第 94 页 ; 陈顺意 :《翻译与意识形态》，第 47 页。

33 林则徐 :《林则徐全集》，海峡文艺出版社，2002 年，第 6 册，第 3086 页;陈胜粦:《林则徐 “开眼世界” 的珍贵记录——林氏〈洋事杂录〉评介》。

第二十章　忘却

1 *Hampshire Advertiser*, 17 Apr. 1852, 22 Feb. 1851.

2 *Hampshire Advertiser*, 17 Apr. 1852, 22 Feb. 1851.

3 G. T. Staunton, *Memoirs of the Chief Incidents*, 163, 亦见 162–166。

4 G. T. Staunton, *Inquiry into the Proper Mode of Rendering the Word “God,”* 31. *Hampshire Advertiser*, 24 Feb. 1838, 3 and 29 June 1839, 3.

5 G. T. Staunton, *Inquiry into the Proper Mode of Rendering the Word “God,”* 42.

6 G. T. Staunton, *Select Letters*, 4, 12, 14, 66.

7 G. T. Staunton, *Memoirs of the Chief Incidents*, 206.

8 *Gardeners' Chronicle and Agricultural Gazette*, 26 Apr. 1845, 275; Richard Carter, "Notes on the Differ ent Kinds of Banana Cultivated at Leigh Park, the Seat of Sir G.T. Staunton, Bart," *Gardener' s Magazine and Register of Rural and Domestic Improvement* 8 (1832): 506–507.

9 Jones, "Timeline of Leigh Park History," 19, 22, 25.

10 Royal Botanic Gardens, Kew, Archives: Directors' Correspondence 38/3 "Floriculture" ; Brodie, *Works of Sir Benjamin Collins Brodie*, 1:262.

11 Brodie, *Works of Sir Benjamin Collins Brodie*, 1:119–377; G. H. Lewes, "Brodie' s Psychological Inquiries," *Saturday Review* 1, no. 21 (22 Mar. 1856): 422–423.

12 Brodie, Works of Sir Benjamin Collins Brodie, 1:228, 262–263.

13 Brodie, Works of Sir Benjamin Collins Brodie, 1:122, 228, 299.

14 Lewes, "Brodie's Psychological Inquiries."

15 Brodie, *Works of Sir Benjamin Collins Brodie*, 1:194, 202, 244.

16 Brodie, *Works of Sir Benjamin Collins Brodie*, 1:240.

17 Brodie, *Works of Sir Benjamin Collins Brodie*, 1:225.

18 Brodie, *Works of Sir Benjamin Collins Brodie*, 1:333.

19 Brodie, *Works of Sir Benjamin Collins Brodie*, 1:372.

20 Brodie, *Works of Sir Benjamin Collins Brodie*, 1:373, 376–377.

21 GT Staunton Papers, Visitors to Leigh Park.

22 Janet H. Bateson, "Ho Chee, John Fullerton Elphinstone and the Lowdell Family" (RH7 History Group, 2008), www.rh7.org; Ch'en, *Insolvency of the Chinese Hong Merchants*, 348–351; Duncan, "Hochee and Elphinstone," 40, 53, 54, 58; Price, *Chinese in Britain*, 86.

23 Duke Staunton Papers, Visitors to Leigh Park; *Hampshire Advertiser*, 17 Apr. 1852, 3.

24 Hampshire Rec ord Office, Winchester, Copy/628/4 Will of Sir George Thomas Staunton of Leigh Park, 30 Jan. 1852; Steve Jones, "William Henry Stone of Leigh Park His Life, Including His Political Career and the Changing Face of the Leigh Park Estate," *Havant Borough History Booklet* 65 (n.d.): 8–15; Royal Asiatic Society, George Thomas Staunton Collection; Victoria and Albert Museum, London, A.17–1925 Ruyi sceptre.

25 AFP SC Cina 11:775 Grioglio 1845, 11:604 Agostino 1845.

26 APF SC Cina 14:275–276 Grioglio 1851; ACGOFM Missioni 53 Raccolta di letter Wang 1832; Harrison, Missionary's Curse, 65–91.

27 《天主教长治教区简史》;《赵家岭圣母堂简介》;《山西通志·民族宗教志》(中华书局,

1997，第 405 页）。

28 Timmer, *Apostolisch Vicariaat van Zuid-Shansi*, 93; Margiotti, *Cattolicismo nello Shansi*, 173; APF SOCP 43:587 Serrati, 16 Sept. 1739; APF SOCP 63:809 Kuo 1781.

结语

1 Liu, *Clash of Empires*, 31–86.

参考文献

Abbatista, Guido, ed. *Law, Justice and Codification in Qing China: European and Chinese Perspectives*. Trieste: Edizioni Università di Trieste, 2017.

Afinogenov, Gregory. *Spies and Scholars: Chinese Secrets and Imperial Russia's Quest for World Power*. Cambridge, Mass.: Harvard University Press, 2020.

Alexander, William. Journal of Lord Macartney's Embassy to China 1792–94. British Library, Add MS 35174.

——. Album of 379 drawings of landscapes, coastlines, costumes and everyday life made during Lord Macartney's embassy to the Emperor of China (1792–94). British Library, India Office Records, Prints, Drawings and Photographs, WD959.

Amsler, Nadine, Henrietta Harrison, and Christian Windler. "Introduction: Eurasian Diplomacies around 1800: Transformation and Persistence." *International History Review* 5 (2019).

Anderson, Aeneas. *A Narrative of the Embassy to China, in the Years 1792, 1793, and 1794*. London: J. Debrett, 1795.

Archivio della Curia Generalizia dell'Ordine dei Fratri Minori (ACGOFM). Rome.

Archivio Istituto Universitario Orientale Napoli (AION). Naples.

Archivio Storico di Propaganda Fide (APF). Rome.

Archivum Romanum Societatis Iesu. Rome.

Arnould, Joseph. *Life of Thomas, First Lord Denman, Formerly Lord Chief Justice of England*. 2 vols. Boston: Estes & Lauriat, 1874.

Baring Archive. London.

Barrow, John. *Auto-biographical Memoir of Sir John Barrow, Bart., Late of the Admiralty*. London: John Murray, 1847.

——. *Some Account of the Public Life and a Selection from the Unpublished Writings of the Earl of Macartney*. London: T. Caddell & W. Davies, 1807.

——. *Travels in China.* London: T. Cadell & W. Davies, 1804.

——. *A Voyage to Cochinchina in the Years 1792 and 1793*. London: T. Cadell & W. Davies, 1806.

Basu, Dilip K. "Chinese Xenology and the Opium War: Reflections on Sinocentrism." *Journal of Asian Studies* 73, no. 4 (2014).

Berg, Maxine. "Britain, Industry and Perceptions of China: Matthew Boulton, 'Useful Knowledge' and the Macartney Embassy to China 1792–94." *Journal of Global History* 1, no. 2 (2006): 269–288.

Biographical Memoir of Sir Erasmus Gower, Knt. Portsea: W. Woodward, 1815.

Bowen, H. V. *The Business of Empire: The East India Company and Imperial Britain, 1756–1833*. Cambridge: Cambridge University Press, 2006.

British Library (BL). London.

Brodie, Benjamin. *The Works of Sir Benjamin Collins Brodie.* London: Longman, Green, Longman, Roberts & Green, 1865.

Brown, David. *Palmerston: A Biography*. New Haven, Conn.: Yale University Press, 2010.

Burney, Fanny. *The Journals and Letters of Fanny Burney*. Edited by Joyce Hemlow et al. Oxford: Oxford University Press, 1972–1984.

蔡鸿生 :《清代广州行商的西洋观——潘有度〈西洋杂咏〉评说》,《广东社会科学》, 2003 年第 1 期。

Cappello, Felice. *Hieropaedia Catholica sive sacra instructio de diversis sacerdotii ordinibus in modum examinis exarata.* Neapoli: Petrus Perger, 1804.

——. *Progymnasmatum eloquentiae*. Neapoli: Fratres Simonii, 1763.

Chan Hok-Lam. "The 'Chinese Barbarian Officials' in the Foreign Tributary Missions to China during the Ming Dynasty." *Journal of the American Oriental Society* 88, no. 3 (1968).

陈德培等 :《林则徐〈洋事杂录〉》,《中山大学学报》(社会科学版), 1986 年第 3 期。

陈国栋 :《清代前期的粤海关与十三行》, 广东人民出版社, 2014 年。

陈开科:《嘉庆十年:失败的俄国使团与失败的中国外交》,社会科学文献出版社,2014 年。

Ch'en, Kuo-tung Anthony. *The Insolvency of the Chinese Hong Merchants 1760–1843*.

Taipei: Academia Sinica, 1990.

Chen, Li. *Chinese Law in Imperial Eyes: Sovereignty, Justice and Transcultural Politics.* New York: Columbia University Press, 2016.

陈胜粦：《林则徐“开眼看世界”的珍贵记录——林氏〈洋事杂录〉评介》，《中山大学学报》（社会科学版），1986 年第 3 期。

Chen, Song-chuan. *Merchants of War and Peace: British Knowledge of China in the Making of the Opium War*. Hong Kong: Hong Kong University Press, 2017.

陈显波：《主体文化对译者的影响——以弗朗西斯·百灵致两广总督信件翻译为例》，《佳木斯大学社会科学学报》，2011 年第 5 期。

Coutts Bank Archive. London.

Davies, C. Collin, ed. *The Private Correspondence of Lord Macartney Governor of Madras (1781–85).* London: Offices of the Royal Historical Society, 1950.

Davis, John Francis. *Sketches of China*. London: Charles Knight, 1841.

Di Fiore, Giacomo. *Lettere di missionari dalla Cina (1761–1775): La vita quotidiana nelle missioni attraverso il carteggio di Emiliano Palladini e Filippo Huang con il Collegio dei Cinesi in Napoli.* Napoli: Istituto Universitario Orientale, 1995.

Di Fiore, Giacomo, and Michele Fatica. “Vita di relazione e vita quotidiana nel Collegio dei Cinesi.” In *Matteo Ripa e il Collegio dei Cinesi di Napoli (1682–1869): Percorso documentario e iconografico*, edited by Michele Fatica. Napoli: Università degli Studi di Napoli “L’Orientale,” 2006.

Durand, Pierre-Henri. “Langage bureaucratique et histoire: Variations autour du Grand Conseil et de l’ambassade Macartney.” *Études chinoises* 12, no. 1 (1993).

Elenchus alumnorum, decreta et documenta quae spectant ad Collegium Sacrae Familiae Neapolis. Chang-hai: Typographia Missionis Catholicae, 1917.

Ellis, Henry. *Journal of the Proceedings of the Late Embassy to China.* 2 vols. London: John Murray, 1818.

Elphinstone Collection. British Library.

Fairbank, John King, ed. *The Chinese World Order: Traditional China’s Foreign Relations*. Cambridge, Mass.: Harvard University Press, 1968.

Farrell, Stephen. “Staunton, Sir George Thomas, 2nd bt. (1781–1859), of Leigh Park, Hants and 17 Devonshire Street, Portland Place, Mdx.” In *The History of Parliament: The House of Commons 1820–1832*, edited by D. R. Fisher. Cambridge: Cambridge University Press, 2009.

Fatica, Michele. “Gli alunni del *Collegium Sinicum* di Napoli, la missione Macartney presso l'imperatore Qianlong e la richiesta di libertà di culto per i cristiani cinesi [1792–1793]." In *Studi in onore di Lionello Lanciotti*, edited by S. M. Carletti, M. Sacchetti, and P. Santangelo. Napoli: Istituto Universitario Orientale, 1996.

——. *Matteo Ripa e il Collegio dei Cinesi di Napoli (1682–1869): Percorso documentario e iconografico.* Napoli: Università degli Studi di Napoli "L' Orientale," 2006.

Fatica, Michele, and Francesco D' Arelli, eds. *La missione cattolica in Cina tra i secoli XVIII–XIX: Matteo Ripa e il collegio dei cinesi: Atti del colloquio internazionale Napoli, 11–12 febbraio 1997.* Napoli: Istituto universitario orientale, 1999.

中国第一历史档案馆（FHA），北京。

Fisher, D. R., ed. *The History of Parliament: The House of Commons 1820–1832*. Cambridge: Cambridge University Press, 2009.

Fisher, Michael H. *Counterflows to Colonialism: Indian Travellers and Settlers in Britain 1600–1857.* Delhi: Permanent Black, 2004.

Fu, Lo-Shu. *A Documentary Chronicle of Sino-Western Relations (1644–1820).* Tucson: University of Arizona Press, 1966.

Gao, Hao. *Creating the Opium War: British Imperial Attitudes towards China, 1792–1840.* Manchester: Manchester University Press, 2020.

Gladwyn, Derek. *Leigh Park: A 19th Century Pleasure Ground*. Midhurst: Middleton Press, 1992.

Gower, Erasmus. A Journal of His Majesty's Ship Lion beginning the 1st October 1792 and ending the 7th September 1794. British Library, Add MS 21106.

Grant, Frederic D. *The Chinese Cornerstone of Modern Banking: The Canton Guaranty System and the Origins of Bank Deposit Insurance 1780–1933*. Leiden: Brill, 2014.

——. "The Failure of the Li-ch'uan Hong: Litigation as a Hazard of Nineteenth Century Foreign Trade." *American Neptune* 48, no. 4 (1988).

关诗珮：《翻译与调解冲突：第一次鸦片战争的英方译者费伦（Samuel T. Fearon, 1819–1854）》，"中央研究院"近代史研究所集刊，第 76 期，2012 年 6 月。

——.《英法〈南京条约〉译战与英国汉学的成立——"英国汉学之父"斯当东的贡献》，《翻译史研究》，2013 年。

Hanser, Jessica. "From Cross-Cultural Credit to Colonial Debt: British Expansion in Madras and Canton, 1750–1800." *American Historical Review* 124, no. 1 (2019): 87–107.

——. *Mr. Smith Goes to China: Three Scots in the Making of Britain's Global Empire.* New Haven, Conn.: Yale University Press, 2019.

Hariharan, Shantha. "Relations between Macao and Britain during the Napoleonic Wars: Attempt to Land British Troops in Macao, 1802." *South Asia Research* 30, no. 2 (2010).

Harrison, Henrietta. *The Missionary's Curse and Other Tales from a Chinese Catholic Village*. Berkeley: University of California Press, 2013.

——. "The Qianlong Emperor's Letter to George III and the Early-Twentieth-Century Origins of Ideas about Traditional China's Foreign Relations." *American Historical Review* 122, no. 3 (2017).

Hobhouse, John Cam. *Recollections of a Long Life*. 6 vols. London: John Murray, 1911.

黄一农 :《印象与真相——清朝中英两国的觐礼之争》,"中央研究院"历史语言研究所集刊,第 78 本第 1 分,2007 年 3 月。

Hunter, William C. *Bits of Old China*. London: Kegan Paul, 1855.

India Office Records (IOR), British Library. London.

Jami, Catherine. *The Emperor's New Mathematics: Western Learning and Imperial Authority during the Kangxi Reign (1662–1722)*. Oxford: Oxford University Press, 2011.

Jenkins, Lawrence Waters. "An Old Mandarin Home." *Essex Institute Historical Collections* 71, no. 2 (1935).

计秋枫 :《马戛尔尼使华事件中的英吉利"表文"考》,《史学月刊》,2008 年第 8 期。

季压西、陈伟民 :《中国近代通事》,学苑出版社,2007 年。

Jones, Steve. "Timeline of Leigh Park History." *Borough of Havant History Booklet* 97 (n.d.).

Journal of the Commissioners appointed by the President and Select Committee of Fort St. George, Madras, to conclude a treaty of peace on behalf of the East India Company with Tipu Sultan. British Library, Add MS 39857–8.

Keliher, Macabe. *The Board of Rites and the Making of Qing China*. Oakland: University of California Press, 2019.

Kim, Kyung-ran. "Foreign Trade and Interpreter Officials." In *Everyday Life in Joseon-Era Korea: Economy and Society*, edited by Michael D. Shin. Leiden: Brill, 2014.

Kitson, Peter J. *Forging Romantic China: Sino-British Cultural Exchange 1760–1840*. Cambridge: Cambridge University Press, 2013.

Kwee, Hui Kian. *The Political Economy of Java's Northeast Coast c. 1740–1800: Elite Synergy*. Leiden: Brill, 2006.

赖惠敏 :《乾隆皇帝的荷包》,"中央研究院"近代史研究所,2014 年。

Leonard, Jane Kate. *Wei Yuan and China's Rediscovery of the Maritime World*. Cambridge, Mass.: Council on East Asian Studies, Harvard University, 1984.

Leung, Angela Ki Che. "The Business of Vaccination in Nineteenth-Century Canton." *Late Imperial China* 29, no. 1, Supplement (2008).

Leung, Cécile. *Etienne Fourmont (1683–1745): Oriental and Chinese Languages in Eighteenth-Century France*. Leuven: Leuven University Press & Ferdinand Verbiest Foundation, 2002.

李长森：《近代澳门翻译史稿》，社会科学文献出版社，2016 年。

李桓编：《国朝耆献类征初编》，1883 年，文海出版社，重印，1966 年。

Li, Hui（李慧）. "Il Dictionarium Latino-Italico-Sinicum di Carlo Orazi da Castrorano O.F.M. (1673–1755)." Sapienza PhD dissertation, 2014–2015.

黎难秋：《中国口译史》，青岛出版社，2002 年。

李文杰：《中国近代外交官群体的形成（1861—1911）》，生活·读书·新知三联书店，2017 年。

李于锴：《李于锴遗稿辑存》，兰州大学出版社，1987 年。

梁廷楠：《粤海关志》，袁钟仁点校，广东人民出版社，2014 年。

刘芳、章文钦编：《清代澳门中文档案汇编》，2 卷，澳门基金会，1999 年。

刘黎：《中英首次正式外交中百灵致两广总督信件的翻译问题》，《重庆交通大学学报》（社会科学版），2016 年第 2 期。

Liu, Lydia H. *The Clash of Empires: The Invention of China in Modern World Making*. Cambridge, Mass.: Harvard University Press, 2004.

马子木：《论清朝翻译科举的形成与发展（1723–1850）》，《清史研究》，2014 年第 3 期。

Macartney, George. *An Embassy to China Being the Journal Kept by Lord Macartney during His Embassy to the Emperor Ch'ien-lung 1793–1794*. Edited by J. L. Cranmer-Byng. London: Longmans, 1962.

——. George Macartney Papers. Asia Collections, Cornell University Library, Ithaca, N.Y. (Macartney Cornell MS).

——. Journal of a Voyage from London to Cochin China 11/9/1792–15/6/1793. Copy ca. 1805. Wellcome Trust, MSS 3352

——. Papers of George Macartney, 1st Earl Macartney. Bodleian Library, Oxford.

Mao Haijian. *The Qing Empire and the Opium War: The Collapse of the Heavenly Dynasty*. Translated by Joseph Lawson et al. Cambridge: Cambridge University Press, 2016.

Margiotti, Fortunato. *Il cattolicismo nello Shansi dalle origini al 1738*. Rome: Edizioni

"Sinica Franciscana," 1958.

Mcgee, Nicholas. "Putting Words in the Emperor's Mouth: A Genealogy of Colonial Potential in the Study of Qing Chinese Diaspora." *Journal of World History* 30, no. 4 (2019).

McNeur, George Hunter. *Liang A-fa: China's First Preacher, 1789–1855.* Edited by Jonathan A. Seitz. Eugene, Oregon: Pickwick, 2013.

McNulty, Paul. "The Genealogy of the Anglo-Norman Lynches Who Settled in Galway." *Journal of the Galway Archaeological and Historical Society* 62 (2010).

Millward, James A., et al., eds. *New Qing Imperial History: The Making of Inner Asian Empire at Qing Chengde.* London: Routledge Curzon, 2004.

《明清宫藏中西商贸档案》，中国第一历史档案馆编，中国档案出版社，2010 年，8 卷。

爱如生明清实录数据库，北京爱如生数字化技术研究中心，2016 年。

Morrison, John Robert. *A Chinese Commercial Guide, Consisting of a Collection of Details Respecting Foreign Trade in China*. Canton: Albion Press, 1834.

Morrison, Robert. *A Memoir of the Principal Occurrences during an Embassy from the British Government to the Court of China in the Year 1816*. London, 1819.

Morrison, Robert, and Eliza A. Morrison. *Memoirs of the Life and Labours of Robert Morrison D.D.* 2 vols. London: Longman, Orme, Brown, Green and Longmans, 1839.

Morse, Hosea Ballou. *The Chronicles of the East India Company Trading to China, 1635–1834*. 5 vols. Oxford: Clarendon, 1926–1929.

Mosca, Matthew William. *From Frontier Policy to Foreign Policy: The Question of India and the Transformation of Geopolitics in Qing China. Stanford,* Calif.: Stanford University Press, 2013.

——. "The Qing State and Its Awareness of Eurasian Interconnections 1789–1806." *Eighteenth-Century Studies* 47, no. 2 (2014).

The National Archives (TNA). London.

National Archives of Ireland. Dublin.

Nechtman, Tillman W. *Nabobs: Empire and Identity in Eighteenth-Century Britain*. Cambridge: Cambridge University Press, 2010.

Old Bailey Proceedings Online. www.oldbaileyonline.org.

O'Neill, Mark, and Ged Martin. "A Backbencher on Parliamentary Reform, 1831–1832." *Historical Journal* 23, no. 3 (1980).

Ong, S. P. "Jurisdictional Politics in Canton and the First English Translation of the Qing Penal Code (1810)." *Journal of the Royal Asiatic Society* 20, no. 2 (2010).

Palmerston Papers, Southampton University Archive. Southampton.

潘剑芬：《广州十三行行商潘振承家族研究（1714–1911 年）》，社会科学文献出版社，2017 年。

潘挹奎：《武威耆旧传》，约 1820 年。

Perdue, Peter C. *China Marches West: The Qing Conquest of Central Eurasia*. Cambridge, Mass.: Harvard University Press, 2005.

——. "The Tenacious Tributary System." *Journal of Contemporary China* 24, no. 96 (2015).

Peyrefitte, Alain. *The Collision of Two Civilisations: The British Expedition to China in 1792–1794.* Translated by Jon Rothschild. London: Harvill, 1993.

Platt, Stephen R. *Imperial Twilight: The Opium War and the End of China's Last Golden Age.* New York: Knopf, 2018.

Polachek, James. *The Inner Opium War.* Cambridge, Mass.: Harvard University Press, 1992.

Porter, David. "Bannermen as Translators: Manchu Language Education in the Hanjun Banners." *Late Imperial China* 40, no. 2 (2019).

Price, Barclay. *The Chinese in Britain: A History of Visitors and Settlers.* Stroud: Amberley Publishing, 2019.

Pritchard, Earl H. "The Crucial Years of Early Anglo-Chinese Relations, 1750–1800." *Research Studies of the State College of Washington* 4, nos. 3–4 (1936).

——. "The Instructions of the East India Company to Lord Macartney on His Embassy to China and His Reports to the Company 1792–1794." *Journal of the Royal Asiatic Society of Great Britain and Ireland* 70, nos. 2–4 (1938).

Proudfoot, William Jardine. *Biographical Memoir of James Dinwiddie, LL.D.* Liverpool: Edward Howell, 1868.

《钦定大清会典事例》，昆冈等编修，1220 卷，外务部，1899 年。

《清代外交史料 · 嘉庆朝》，故宫博物院编，1932–1935 年。

《清高宗（乾隆）御制诗文全集》，10 册，中国人民大学出版社，1993 年。

《清史稿校注》，15 卷，台北"国史馆"，1986 年。

《清中前期西洋天主教在华活动档案史料》，中国第一历史档案馆编，中华书局，2003 年。

Roebuck, Peter, ed. *Macartney of Lisanoure, 1737–1806: Essays in Biography*. Belfast: Ulster Historical Foundation, 1983.

Royal Asiatic Society. George Thomas Staunton Collection in the RAS Library, May 1998 (unpublished MS).

Sachsenmaier, Dominic. *Global Entanglements of a Man Who Never Travelled: A Seventeenth-Century Chinese Christian and His Conflicted Worlds*. New York: Columbia University Press, 2020.

Smith, Pleasance, ed. *Memoir and Correspondence of the Late Sir James Edward Smith M.D.* London: Longman, Rees, Orme, Brown, Green & Longman, 1832.

《松文清公升官录》，北京图书馆藏珍本年谱丛刊，北京图书馆出版社，1999 年。

Souciet, Etienne. *Observations mathématiques, astronomiques, geographiques, chronologiques, et physiques tirées des anciens livres chinois ou faites nouvellement aux Indes et à la Chine par les pères de la Compagnie de Jesus.* Paris: Rollin, 1729.

Standaert, Nicolas. "Jean François Foucquet's Contribution to the Establishment of Chinese Book Collections in European Libraries: Circulation of Chinese Books." *Monumenta Serica* 63, no. 2 (2015).

St. André, James. " 'But Do They Have a Notion of Justice?' Staunton's 1810 Translation of the Great Qing Code." *The Translator* 10, no. 1 (2004).

Staunton, George Leonard. *An Authentic Account of an Embassy from the King of Great Britain to the Emperor of China.* 2 vols. London: W. Bulmer, 1797.

——. Sir George Leonard Staunton Papers, 1753–1804. British Library.

Staunton, George Thomas. *Catalogue of the Library at Leigh Park, 1842.* Adams, 1842.

——. *Corrected Report of the Speeches of Sir George Staunton on the China Trade in the House of Commons, June 4, and June 13, 1833.* London: Edmund Lloyd, 1833.

——. George Thomas Staunton Papers, 1743–1885. David M. Rubenstein Rare Book & Manuscript Library, Duke University. Reproduced in China through Western Eyes: Manuscript Records of Traders, Travellers, Missionaries & Diplomats, Adam Matthews.

——. *An Inquiry into the Proper Mode of Rendering the Word "God" in Translating the Sacred Scriptures into the Chinese Language.* London: Lionel Booth, 1849.

——. *Memoir of the Life and Family of the Late Sir George Leonard Staunton Bart.* Hampshire: Havant Press, 1823.

——. *Memoirs of the Chief Incidents of the Public Life of Sir George Thomas Staunton, Bart.* London: L. Booth, 1856.

——. *Miscellaneous Notices Relating to China and Our Commercial Intercourse with That Country Including a Few Translations from the Chinese Language*. London: John Murray, 1822.

——, trans. *Narrative of the Chinese Embassy to the Khan of the Tourgouth Tartars.*

London: John Murray, 1821.

——. *Notes of Proceedings and Occurrences during the British Embassy to Pekin in 1816.* Hampshire: Havant Press, 1824.

——. *Notices of the Leigh Park Estate Near Havant 1836*. London: Edmund Lloyd, 1836.

——. *Remarks on the British Relations with China and the Proposed Plans for Improving Them*. London: Edmund Lloyd, 1836.

——, ed. *Select Letters Written on the Occasion of the Memoirs of Sir G.T. Staunton Bart. by His Private Friends*. London, 1857.

——. *Tablets in the Temple,* Leigh Park. 1840.

——, trans. *Ta Tsing Leu Lee; Being the Fundamental Laws, and a Selection from the Supplementary Statutes, of the Penal Code of China.* London: T. Cadell & W. Davies, 1810.

Stifler, Susan Reed. "The Language Students of the East India Company's Canton Factory." *Journal of the North China Branch of the Royal Asiatic Society* 69 (1938).

苏精：《林则徐看见的世界：〈澳门新闻纸〉的原文与译文》，广西师范大学出版社，2017 年。

谭树林：《英华书院与晚清翻译人才之培养——以袁德辉、马儒翰为中心的考察》，《安徽史学》，2014 年第 2 期。

《天主教长治教区简史》，《教友生活》编，1997 年。

Timmer, Odoricus. *Het Apostolisch Vicariaat van Zuid-Shansi in de eerste vijf-en-twintig jaren van zijn bestaan (1890–1915).* Leiden: G.F. Théonville, 1915.

Torikai, Kumiko. *Voices of the Invisible Presence: Diplomatic Interpreters in Post–World War II Japan.* Amsterdam: John Benjamins, 2009.

Van Dyke, Paul A. *The Canton Trade: Life and Enterprise on the China Coast, 1700–1845.* Hong Kong: Hong Kong University Press, 2005.

Villani, Stefano. "Montucci, Antonio." In *Dizionario biografico degli italiani (1960–).* 2018. http://treccani.it.

Wakeman, Frederic. "Drury's Occupation of Macau and China's Response to Early Modern Imperialism." *East Asian History* 28 (2004).

Waley-Cohen, Joanna. "China and Western Technology in the Late Eighteenth Century." *American Historical Review* 98, no. 5 (1993).

王宏志：《第一次鸦片战争中的译者·上篇：中方的译者》，《翻译史研究》，2011 年。

——.《第一次鸦片战争中的译者·下篇：英方的译者》，《翻译史研究》，2012 年。

——.《翻译与近代中国》，复旦大学出版社，2014 年。

——.《马戛尔尼使华的翻译问题》,“中央研究院”近代史研究所集刊, 2009 年第 63 期。

——.《斯当东与广州体制中英贸易的翻译：兼论 1814 年东印度公司与广州官员一次涉及翻译问题的会议》,《翻译学研究》, 2014 年第 17 卷，第 225–259 页。

——.《1814 年“阿耀事件”：近代中英交往中的通事》,《中国文化研究所学报》, 2014 年第 59 期。

Wang, Wensheng. *White Lotus Rebels and South China Pirates: Crisis and Reform in the Qing Empire.* Cambridge, Mass.: Harvard University Press, 2014.

Wang Yuanchong. *Remaking the Chinese Empire: Manchu-Korean Relations, 1616–1911.* Ithaca, N.Y.: Cornell University Press, 2018.

Wong, John D. *Global Trade in the Nineteenth Century: The House of Houqua and the Canton System.* Cambridge: Cambridge University Press, 2016.

Wong, Lawrence Wang-chi. “ ‘We Are as Babies under Nurses’: Thomas Manning (1772–1840) and Sino-British Relations in the Early Nineteenth Century.” *Journal of Translation Studies* 1, no. 1 (2017).

Wu, Huiyi. *Traduire la Chine au XVIIIe siècle: les jésuites traducteurs de textes chinois et le renouvellement des connaissances européennes sur la Chine (1687–ca. 1740).* Paris: Honoré Champion, 2017.

《武威简史》, 武威县志编纂委员会编，武威县印刷厂，1983 年。

《武威市民族宗教志》, 甘肃民族出版社，2002 年。

杨慧玲：《19 世纪汉英词典传统——马礼逊、韦三畏、翟理斯汉英词典的谱系研究》, 商务印书馆，2012 年。

《鸦片战争档案史料》, 中国第一历史档案馆，天津古籍出版社，1992 年。

《英吉利国新出种痘奇书》, 1805 年，1885 年重印，牛津大学博德利图书馆（Bodleian Library Sinica）。

《英使马戛尔尼访华档案史料汇编》, 中国第一历史档案馆编，国际文化出版公司，1996 年。

Yoon, Wook. “Prosperity with the Help of ‘Villains,’ 1776–1799: A Review of the Heshen Clique and its Era.” *T’oung Pao* 98, nos. 4/5 (2012).

Zetzsche, Jost Oliver. *The Bible in China: The History of the Union Version, or The Culmination of Protestant Missionary Bible Translation in China.* Sankt Augustin: Monumenta Serica Institute, 1999.

张嘉凤：《十九世纪初牛痘的在地化——以〈英吉利国新出种痘奇书〉、〈西洋种痘论〉与〈引痘略〉为讨论中心》, “中央研究院”历史语言研究所集刊，第 78 本，2007 年第 4 分。

张瑞龙：《天理教事件与清中叶的政治、学术与社会》，中华书局，2014 年。
张双智：《清代朝觐制度研究》，学苑出版社，2010 年。
昭梿：《啸亭杂录》，何英芳点校，中华书局，1980 年。

插图来源

1.1. George Ernest Morrison, *Liangchow from the Bell Tower Looking North*, 1910. Mitchell Library, State Library of New South Wales.

2.1. Lemuel Francis Abbott, *George Macartney and George Leonard Staunton*, ca. 1785. © National Portrait Gallery, London.

3.1. Gaspar Butler, *Panoramic View of the Bay of Naples*, eighteenth century. National Maritime Museum, Greenwich.

3.2. *The Chinese Church and College*, nineteenth century. Santangelo Collection. Photo: Pedicini fotografi, Naples.

3.3. Entrance hall of Chinese College. Author's photograph.

3.4. Chinoiserie porcelain boudoir of Queen Maria Amalia. Courtesy of Italian Ministry of Cultural Heritage and Activities and Tourism—Museum and Royal Park of Capodimonte.

4.1. George Thomas Staunton's Diary, 1791. David M. Rubenstein Rare Book & Manuscript Library, Duke University.

4.2. Thomas Hickey, *George Thomas Staunton,* 1792. MOCA (Museum of Contemporary Art), Yinchuan. Photo: Martyn Gregory Gallery, London.

6.1. John Barrow, *A General Chart on Mercator's Projection*, 1794. From George Leonard Staunton, *An Authentic Account of an Embassy from the King of Great Britain to the Emperor of China*. W. Bulmer, 1797. Adapted by David Cox.

6.2. William Alexander, *HMS Lion*, 1792. © The Trustees of the British Museum. All rights reserved.

6.3, 7.1, 7.2, 7.4, 8.1, 8.2.	WD959 William Alexander's Sketches of the Macartney Embassy to China 1793 by permission of the British Library.
7.3, 8.3, 10.1.	WD961 William Alexander's Sketches of the Macartney Embassy to China 1793 by permission of the British Library.
9.1.	*Giving a Banquet at the Wanshuyuan* (《万树园赐宴图》), 1753. Provided by the Palace Museum, Beijing.
9.2.	William Alexander, *The Court of Chien-Lung*. The Huntington Library, Art Museum, and Botanical Gardens. Gilbert Davis Collection.
12.1.	John Hoppner, *Jane Staunton and Her Son*, ca. 1794. Courtesy of Patrick Dingwall.
12.2.	*Puankhequa II*. Collection of Hong Kong Museum of Art.
13.2.	*The Trial of the Neptune Sailors in the English Factory*, 1807. National Maritime Museum, Greenwich.
13.3.	Thomas Allom, *The Fountain Court in Consequa's House*, Canton. From Thomas Allom, *The Chinese Empire Illustrated. Fisher*, 1843.
14.1.	Staunton's statement to Songyun. The National Archives, ref. FO1048/11/26.
14.2.	Letter from Songyun. The National Archives, ref. FO1048/11/45.
16.1.	Sir Thomas Lawrence (British, 1769–1830), *Lord Amherst*, 1821, oil on canvas, 93 × 57 1/2 in. (236 × 146 cm), Toledo Museum of Art (Toledo, Ohio). Purchased with funds from the Libbey Endowment, Gift of Edward Drummond Libbey, 1964.
17.1, 17.2.	Zhaojialing. Author's photographs.
18.1, 18.2.	Joseph Francis Gilbert, *Leigh Park* and *Temple Lawn*, ca. 1832. Reproduced by kind permission of Portsmouth Museum Service, Portsmouth City Council.
18.3.	© Martin Archer Shee, *George Thomas Staunton*, 1833; Crown Copyright: UK Government Art Collection.
18.4.	Joseph Francis Gilbert, *The Lake at Leigh Park*. Photo: Paul Carter, Southampton.
20.1.	The Victoria Regia House, *Leigh Park, Havant*. Hampshire Record Office, ref. TOP 151/2/2.
20.2.	*Hochee Playing Chess with His Son*. Courtesy of Celia Duncan.